HISTORIAS DE LA
BIBLIA

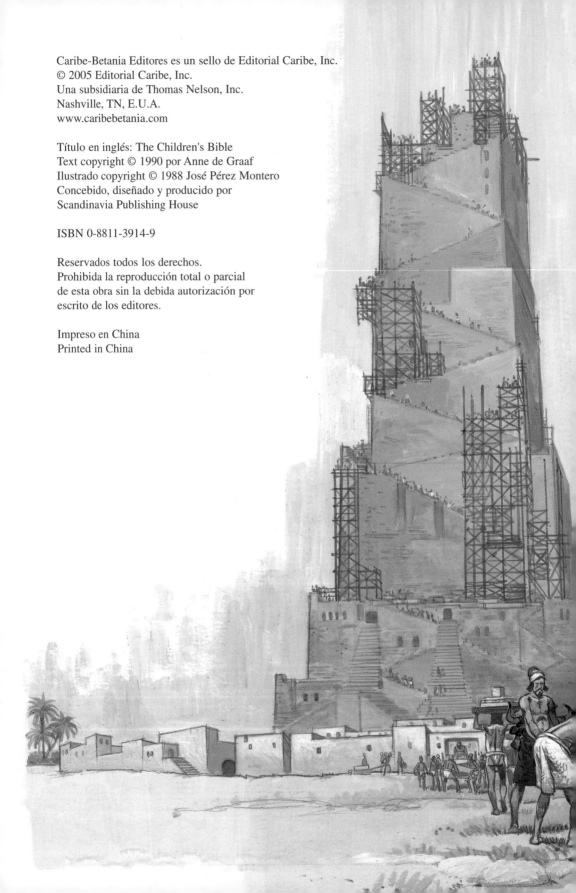

Caribe-Betania Editores es un sello de Editorial Caribe, Inc.
© 2005 Editorial Caribe, Inc.
Una subsidiaria de Thomas Nelson, Inc.
Nashville, TN, E.U.A.
www.caribebetania.com

Título en inglés: The Children's Bible
Text copyright © 1990 por Anne de Graaf
Ilustrado copyright © 1988 José Pérez Montero
Concebido, diseñado y producido por
Scandinavia Publishing House

ISBN 0-8811-3914-9

Impreso en China
Printed in China

Obsequiado a

_____

por

_____

el día

_____

Mi Familia

Nombre

Padre

Abuelos paternos

Madre

Abuelos maternos

Hermanos y hermanas

Hermanos y hermanas

Hermanos y hermanas

HISTORIAS DE LA

BIBLIA

Narradas por
Anne de Graaf

Ilustraciones de
José Pérez Montero

CONTENIDO

El Nuevo Testamento

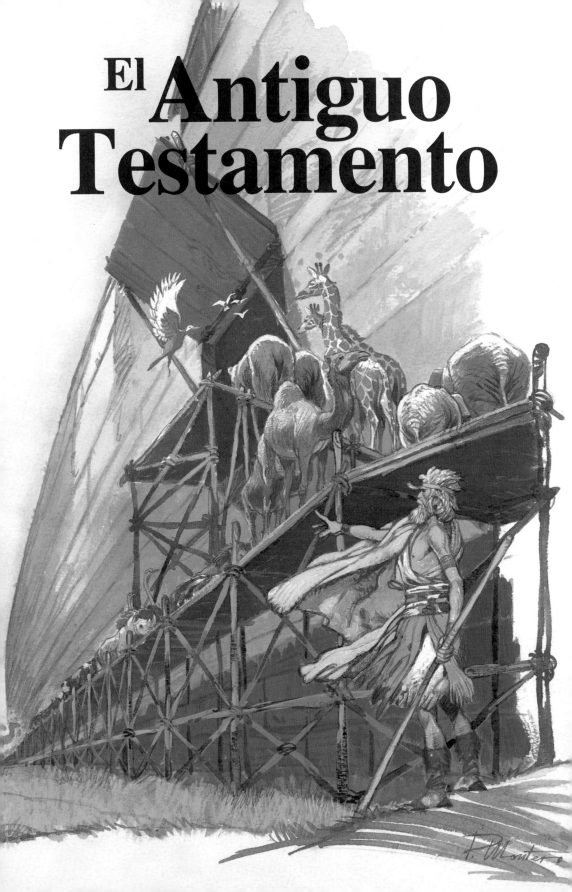

El Antiguo Testamento

Dios hace todo

Génesis 1.1-19

Hace mucho tiempo solo había
oscuridad. Es difícil imaginarse la
nada, pero aparte de Dios, eso era
todo lo que había.

Entonces Dios hizo la luz. Así
podían existir el día y la noche y ya
no había solo oscuridad.

Luego Dios hizo la tierra y la
dividió en partes. En algunas partes
puso océanos y mares, y en otras
partes dejó grandes extensiones de
tierra. Dios hizo todas las plantas y
los árboles y los puso para que
crecieran en la tierra.

Dios puso las estrellas y los
planetas en el cielo. Hizo el sol y la
luna para que siempre viniera el día
después de cada noche.

Todo está bien

Génesis 1.20-25; 2.3-6

Cuando Dios vio toda el agua que cubría la tierra, hizo los peces, grandes y pequeños. Algunos eran tan pequeños que no se podían ver.

Hizo aves grandes y pequeñas, de muchos colores para que volaran en el cielo. Eran de color azul brillante, verde oscuro, marrón, púrpura, rojo, blanco y negro.

Cuando miró la tierra, Dios vio que la hierba se mecía con la brisa y que los frutos maduros colgaban en los árboles. Él sabía que éste era un buen lugar para los animales. Entonces hizo abejas pequeñitas y grandes elefantes, cocodrilos, ovejas, leones y toda clase de animales. Pero todavía no tenían nombres. Cada animal vivía en el sitio correcto; y no eran muchos. Además, había suficiente comida y agua para todos ellos.

El primer hombre y la primera mujer

Génesis 1.26-31; 2.1-7, 18-23

En aquella época no había personas en la tierra. Dios quería hacer a alguien que fuera como él. Dios puso la mano en el suelo, recogió un puñado de polvo, lo sopló y luego creó una persona que fue el primer hombre.

Dios le llevó a Adán las diferentes clases de animales. "Ponles el nombre que quieras", le dijo Dios. Entonces Adán le puso a uno hipopótamo y a otro mariposa. Cuando Adán terminó, Dios vio que ninguno de los animales podía ser el ayudante especial de Adán.

Entonces, mientras Adán dormía, Dios tomó una parte de Adán y con ella hizo una persona como Adán, pero diferente. Ella fue la primera mujer. Cuando Adán despertó se sentía muy feliz. "Aquí hay alguien que puede ser mi compañera", dijo. Pero ella no tenía nombre.

Cuando Dios terminó de hacer a Adán y a la mujer, se sintió satisfecho. Dios decidió descansar un día. Entonces el bendijo todo lo que había hecho.

El Jardín del Edén

Génesis 2.8-17, 24-25

Dios eligió la parte más bonita de la tierra y se la dio a Adán y a la mujer. Era un jardín llamado el Edén. En el Edén todos los animales vivían en paz y ninguno tenía miedo.

Adán y la mujer amaban mucho a Dios. Ellos caminaban desnudos por el jardín porque no tenían por qué sentir vergüenza. Para ellos había algo que era mucho mejor que todas las hermosas flores, los grandes árboles y los ricos aromas del Edén: sabían que Dios los amaba mucho.

Dios les dijo a Adán y a la mujer que podían hacer todo lo que quisieran. Solo había una regla que tenían que cumplir. Dios les dijo: "Pueden comer el fruto de cualquier árbol del jardín, menos el de uno; el árbol del conocimiento del bien y del mal". El hombre y la mujer entendieron.

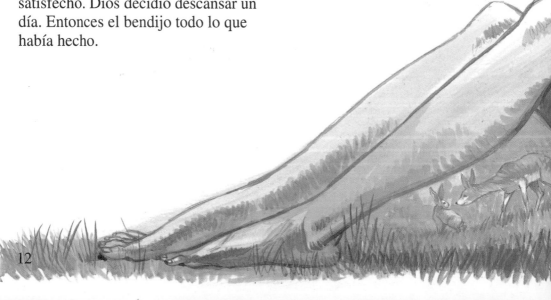

13

Por una fruta

Génesis 3.1-19

De todos los animales que había en el Edén, la serpiente era la más inteligente y astuta. Un día, la serpiente se arrastró hasta donde estaba la mujer y la engañó diciéndole: "Tú no tienes que obedecer a Dios. Puedes comer la fruta de ese árbol que está en medio del jardín. ¡No morirás!"

Entonces la mujer caminó hacia el árbol. Ella no sabía qué hacer, pero al final tomó una decisión.

Ella tomó una de las frutas y comió un pedazo. Luego llevó la fruta a Adán y le pidió que comiera también. Tan pronto los dos comieron un pedazo de la fruta, sintieron como si una nube estuviera sobre ellos. La luz del sol dejó de brillar y todo se puso frío. Adán y la mujer sintieron miedo por primera vez.

Ellos habían hecho algo malo. Dios estaba muy triste porque tenía que disciplinar a sus hijos, pero lo hacía porque en verdad le importaban ellos. Él quería que Adán y la mujer supieran que ellos eran responsables por cualquier decisión que tomaran. Algunas decisiones pueden hacernos mucho bien, pero otras pueden causarnos mucho dolor.

Fuera del Edén

Génesis 3.20-24

Dios le dijo a Adán y a la mujer que debían salir del jardín del Edén. Porque si no, dijo Dios, ellos podrían desobedecer otra vez y comer la fruta del otro árbol prohibido: el árbol de la vida.

Adán y la mujer se miraron el uno al otro. Ellos estaban juntos, pero aún así sentían miedo de lo que podría pasarles fuera del Edén. Cuando salieran del jardín, ellos tendrían que trabajar mucho para obtener suficiente alimento.

Fue entonces cuando Adán le puso nombre a la mujer. La llamó Eva, que significa "Vida".

Adán y Eva bajaron sus cabezas. Se sentían muy tristes. Ellos sabían que Dios seguiría amándolos. Pero lo peor del castigo era que ellos no volverían a ser tan amigos de Dios como lo eran antes de desobedecerlo.

Los dos hermanos

Génesis 4.1-2

Cuando salieron del Edén, Adán y Eva tuvieron relaciones sexuales. Al poco tiempo tuvieron su primer hijo, al que llamaron Caín. Luego tuvieron otro hijo y lo llamaron Abel.

Caín y Abel ayudaban a sus padres con el trabajo, ahora que no vivían en el Edén. Tenían que trabajar mucho para tener suficiente alimento.

Caín ayudaba con el cultivo de la tierra. Siempre esperaba con ansia que lloviera sobre las semillas que había sembrado. El grano que cosechaba se podía moler para hacer harina para el pan. También recogía legumbres y frutas.

Abel ayudaba criando ovejas y cabras. Ordeñaba las cabras y a veces las mataba para comer la carne.

16

El primer asesinato

Génesis 4.3-16

Un día Caín tomó algunos de los productos que había cultivado y se los ofreció a Dios como una forma de decirle gracias. Abel hizo lo mismo, pero eligió el cordero mejor y más gordo para ofrecérselo a Dios.

Dios miró los regalos que los dos muchachos le ofrecían. El regalo de Abel le gustó más que el de Caín.

Esto hizo que Caín se enojara. Él no creía que Dios era justo. Dios le dijo a Caín que podía escoger entre hacer las cosas bien o hacerlas mal. Él decidió enojarse.

Caín pensó en un plan. Le dijo a Abel que fueran al campo y ahí Caín hizo algo muy malo. Mató a Abel.

Dios lo llamó y le dijo: "Caín ¿dónde está tu hermano Abel?" Caín encogió los hombros.

Dios le dijo: "Has actuado mal. Como castigo, no podrás cultivar tus terrenos. Te enviaré muy lejos de aquí". Entonces Caín tuvo que vivir en la región de Nod, que significa "Errante".

17

Noé construye un barco

Génesis 6.5-22

Pasaron muchos años. Después de tanto tiempo, la mayoría de la gente ya no se preocupaba más por Dios. Ya no les enseñaban a los niños a darle gracias a Dios. Una y otra vez las personas les gustaba hacerse daño, mentían y actuaban mal.

Dios miró a las personas y se puso muy triste. Vio todo el dolor que se causaban unos a otros. Deseó no haberlas creado junto al resto de los animales de la tierra. Entonces decidió destruir los seres vivos que él había puesto en la tierra.

En esa época, cuando tantas personas eran tan malas, había un hombre diferente. Se llamaba Noé. A menudo Noé le pedía ayuda a Dios. Noé escuchaba a Dios y le obedecía. Esto le gustaba a Dios.

Dios le dijo a Noé: "Voy a destruir a toda la gente. Traeré una gran inundación para que cubra la tierra y todos se ahoguen. Pero te salvaré a tí y a los que tú amas. Construye un gran barco y hazlo como te lo indico. Luego pon en él una pareja de animales de cada clase. Llena el barco de comida. Así estarás a salvo".

Noé confiaba en Dios. Dios le dio a Noé los planos para hacer el barco que llamó arca.

El viaje del arca

Génesis 7.1-16

Cuando el arca estuvo terminada, la familia de Noé subió y dejó la puerta abierta. Muy pronto toda clase de animales, aves y reptiles se dirigieron hacia el arca de Noé. ¡Qué hermoso espectáculo! El ruido era tal que los vecinos de Noé salía a ver qué pasaba y luego movían la cabeza en señal de desaprobación.

Los leones rugían, los burros rebuznaban, los perros ladraban, los pájaros trinaban y las ovejas balían. Los animales entraban al arca de dos en dos, y eran de todo tipo, color y tamaño. Los gusanitos ondulaban su cuerpo, los caballos hacían cabriolas y los conejos saltaban.

Cuando todos los animales estuvieron adentro, Dios cerró la puerta del barco y la aseguró para que ninguno se saliera. Y entonces comenzó a llover. Y llovió, llovió y llovió.

19

El rescate

Génesis 7.17—8.1

Llovió y llovió, llovió y llovió. El agua caía a torrentes del cielo. Llovió cuarenta días y cuarenta noches. El arca de Noé subía cada vez más alto. El agua la levantó y la llevó al otro lado de las montañas.

Al inundarse la tierra, todos los seres vivos se ahogaron. Todos murieron: las personas, los animales y los pájaros. No había ni un lugar seco en donde vivir. Había agua por todas partes.

Los días se hicieron semanas. Noé y su familia se quedaron dentro del arca; el sol no brillaba porque los nubarrones oscuros tapaban la luz.

Dios no olvidó la promesa que le había hecho a Noé. Cuando pasaron los cuarenta días, Dios ordenó al viento que soplara sobre la tierra.

El fin de la tormenta

Génesis 8.2—9.17

Cuando Noé despertó ese día, todo estaba oscuro. ¿Qué era diferente? Al

momento lo supo. Ahora Noé podía oir las olas que golpeaban los lados del gran barco. Antes, el ruido de la lluvia no le permitía oir las olas. ¡Al fin había dejado de llover!

Noé corrió por todo el barco y los despertó a todos. "¡Se acabó! ¡La inundación se acabó! ¡Démosle gracias a Dios porque puso fin a la tormenta!"

Pero se necesitaron varios meses más para que la tierra estuviera lo suficientemente seca como para dejar salir los animales. Al salir, los animales sacudían la cabeza y hacían aún más ruido que cuando entraron al arca. Chillando y bufando, mugiendo y maullando, se abalanzaron de dos en dos sobre la rampa y corrieron por todas partes.

Noé y su familia le dieron gracias a Dios por haber cuidado de ellos.

Cuando Dios escuchó las gracias, prometió que nunca más volvería a destruir a todas las seres vivientes. Entonces Dios buscó todos los colores e hizo el primer arcoiris. "Pongo mi arcoiris en las nubes como señal de mi promesa de nunca más inundar toda la tierra".

Los constructores de la ciudad

Génesis 10.1—11.4

Los hijos de Noé tuvieron muchos hijos, que a su vez tuvieron muchos hijos y estos tuvieron muchos hijos más. Las familias se fueron a vivir por todas partes. Aprendieron a cultivar la tierra, a criar animales y a construir grandes ciudades.

Como todos venían de la misma familia, todos hablaban el mismo idioma. Cuando un forastero llegaba de lejos, todos podían entender lo que decía.

Algunas personas idearon un plan y dijeron: "Construyamos la ciudad, la más grande y mejor que se haya construido para hacernos famosos. Así no tendremos que ir más de aquí para allá. Finalmente viviremos en un solo lugar".

Esa gente era muy lista. En vez de usar piedras para construir, usó ladrillos. Para unir los ladrillos usaron alquitrán en vez de mezcla. Las paredes que hacían eran las más fuertes y las más altas y estaban muy orgullosos de sí mismos. Decidieron no darle gracias a Dios por las cosas que usaban para construir.

"¡Somos tan inteligentes!", decían.

Más allá de las nubes

Génesis 11.5-9

En la ciudad había una torre enorme. Todos en la ciudad creían que eran tan buenos constructores que podían hacer que la torre fuera tan alta como el cielo.

Cuando Dios vio lo que la gente estaba tratando de hacer, se dio cuenta de que tenía que detenerlos. De otro modo, pronto se creerían dioses y no personas. Sentirían demasiado orgullo y eso no es saludable. Entonces Dios mezcló los idiomas que hablaban.

Las personas ya no hablaban un solo idioma sino muchos. Si una persona decía "Hola", la otra no le entendía. Así todo era muy difícil de hacer, y sobre todo construir una enorme torre.

La ciudad que nunca terminaron de construir se llamaba Babel. Esto quiere decir "Confusión" porque fue ahí que el Señor hizo una confusión con todos los idiomas del mundo.

Dios escoge a Abram

Génesis 12.1-9

Muchísimos años después vivieron un hombre llamado Abram y su esposa Sarai. Eran felices, excepto por una cosa. Ellos querían tener un bebé, pero pasaban los años y no tenían ninguno.

Una noche, Abram oyó que Dios le hablaba: "Abram, haré que tu familia sea muy grande. Todas las personas en todas partes del mundo serán bendecidas por tu causa".

El Señor le dijo a Abram que se fuera de la casa. Abran no sabía hacia dónde lo llevaría el Señor, pero hizo lo que le dijo.

Le dijo a Sarai lo que había pasado y ella también tenía confianza en Dios. Ella les ordenó a los sirvientes que doblaran las tiendas y las cargaran sobre los camellos.

"¿Pero adónde vamos?" le preguntaban ellos.

"No sé", les dijo ella y luego sonrió. Si Abram podía esperar a que Dios les dijera para dónde iban, ella también podía esperar.

La promesa de Dios

Génesis 13.14-18; 15.1-21; 17.1-27

Dios guió a Abram y a Sarai, con todos sus camellos, ovejas, cabras y sirvientes, hasta la tierra de Canaán. Les dijo: "Esta es la tierra que les daré a sus hijos". Pero Dios no quería que Abram se detuviera en Canaán. Todavía no.

Abram y Sarai se llevaron sus tiendas a Mamré, en Hebrón. Año tras año deseaban tener un hijo. Finalmente Sarai se hizo demasiado vieja para tener bebés.

Entonces, una noche Abram oyó que Dios decía: "Mira al cielo y cuenta las estrellas".

Abram vio las estrellas que parpadeaban por todas partes. "Algún día tu familia será tan numerosa como las estrellas que hay en el cielo", le dijo Dios.

Entonces Dios les dio nuevos nombres a Abram y Sarai. Abram se convirtió en Abraham, que significa "Padre de muchos", y Sarai se convirtió en Sara, que significa "Princesa".

Camino a Sodoma

Génesis 18.1-33

Poco tiempo después, Abraham
recibió a tres visitantes. Abraham
sabía que uno de los tres hombres era
en realidad el Señor. Subió con los
tres a una colina. Desde ahí podían
ver la ciudad de Sodoma.

El Señor dijo: "He oído que las
personas que viven en Sodoma son
verdaderamente malvadas. Si eso es
cierto, destruiré ese lugar".

Los dos hombres que habían
viajado con el Señor eran en realidad
ángeles disfrazados. Ellos se fueron
para Sodoma.

Abraham quería hacerle una
pregunta al Señor, pero no se atrevía.
Sin embargo, él sabía que el Señor
era su amigo y también su Dios.
Entonces se animó a preguntarle:

"Señor, ¿y si hay cincuenta personas buenas en Sodoma? ¿Qué les pasará?"

"No le haré daño a la ciudad si todavía quedan cincuenta personas buenas".

Entonces Abraham le preguntó una y otra vez, mencionando un número cada vez más pequeño. ¿Salvaría el Señor la ciudad por cuarenta y cinco personas buenas? ¿Por cuarenta? ¿Treinta? ¿Veinte? ¿Diez? A cada pregunta, el Señor respondía que sí.

El rescate de Lot

Génesis 19.1-29

No había diez personas buenas en Sodoma, solamente cuatro. El único hombre bueno en la ciudad malvada de Sodoma era Lot. Era sobrino de Abraham. Vivía en Sodoma con su esposa y dos hijas.

Lot se encontró a los ángeles, que iban disfrazados de hombre. "Vengan a mi casa. Ahí estarán a salvo de la gente malvada de aquí".

Aún así, la gente de Sodoma trató de maltratar a los ángeles. Los ángeles le dijeron a Lot: "Tú debes venir con nosotros. El Señor ya no soporta este sitio tan malo. ¡Lo va a destruir! ¡Te ayudaremos a escapar, pero no debes mirar hacia atrás!"

Unas horas más tarde, el Señor hizo que lloviera fuego sobre Sodoma. Lot y su familia estaban a salvo, pero la esposa de Lot volvió la cara para ver e ¡inmediatamente se convirtió en una enorme piedra!

Dios había cumplido la promesa hecha a Abraham. Había protegido a las personas buenas de Sodoma.

Nace Isaac

Génesis 21.1-6

Sara no debía preocuparse, pues Dios les había prometido un hijo a Abraham y a ella. Cuando los tres forasteros visitaron a Sara y Abraham, el Señor les prometió que dentro de un año tendrían un hijo.

En efecto, en menos de un año sucedió lo imposible. Sara, que ya estaba demasiado vieja para tener bebés, tuvo un hijo. Abraham tenía cien años cuando nació el bebé de Sara. Él y Sara estaban tan felices y tan agradecidos con Dios porque finalmente había oído sus oraciones, que los dos lloraron de alegría.

Cada vez que Abraham veía al niño, sonreía. Y Sara sonreía todo el tiempo. El niño los hacía tan felices que a menudo reían juntos. Entonces le pusieron al bebé Isaac, que significaba "Él ríe". El niño era una buena razón para reir y estar felices.

Abraham e Isaac

Génesis 22.1-2

"¡Abraham!", llamó la voz de Dios. "Toma a tu hijo. A tu único hijo Isaac. Sé cuánto lo amas y por eso te pido hacer esto que es tan difícil. Quiero que me devuelvas a Isaac".

Abraham no dijo nada. El Dios que él conocía jamás querría que él matara a su propio hijo. Abraham sabía eso. Dios había prometido que Isaac tendría muchos hijos y entonces ¿cómo podría pasar eso si Isaac muriera?

Era como ir de la mano de un amigo cuando no puedes ver para dónde vas. El amigo ha dicho que vas camino a un hoyo profundo y que puedes caer en él. De todos modos te aferras a la mano de tu amigo porque es la única guía en la que puedes confiar. Tu amigo no te abandonará. Lo sigues paso a paso.

Abraham sabía que él podía decidir no confiar en Dios. Podía decir que no, correr atemorizado y tratar de esconderse. Pero ¿quién puede esconderse de Dios? O podía decidir confiar en Dios. Quizás en el plan de Dios había más de lo que parecía.

Confianza verdadera

Génesis 22.3-8

A la mañana siguiente, Abraham despertó a su hijo muy temprano: "Ven, Isaac, vamos a dar un paseo".

Como Isaac ya era un joven, Abraham lo hizo cargar la leña. Le dijo a su hijo que iban a ofrecerle un sacrificio a Dios. Abraham llevaba el cuchillo.

Algunas veces Isaac le había hecho ofrendas a Dios para darle gracias. Pero esta vez era diferente. Algo faltaba.

"Padre", le dijo Isaac.

"Dime, hijo mío".

"Tengo la leña", dijo Isaac, "pero ¿dónde está el cordero que generalmente sacrificamos como ofrenda?"

Abraham le contestó: "Dios proveerá".

Salvado a tiempo

Génesis 22.9-18

Después de viajar tres días, Abraham dijo que ya habían llegado lo suficientemente lejos. Entonces le dijo a Isaac que subiera al altar.

Isaac miró a su padre. Pudo ver en los ojos de Abraham el amor que su padre sentía por él. Isaac decidió confiar en Abraham. Mientras se acostaba, le pidió a Dios que lo mantuviera a salvo.

Abraham se paró junto a Isaac, con el cuchillo en alto. Justo cuando iba a matar a su hijo, un ángel le dijo: "¡Abraham, Abraham!" Abraham se detuvo, sosteniendo el brazo a medio levantar. "No le hagas daño al muchacho. Ya has demostrado cuánto confías en Dios para todo, inclusive para entregarle la vida de Isaac, que es tan especial para tí".

Abraham volvió la vista y vio un carnero cuyos cuernos se habían enredado en un arbusto. Esa era la ofrenda que Dios había provisto.

El ángel lo llamó de nuevo desde el cielo: "Abraham, Dios dice que como confías tanto en él, hará que tu familia sea tan numerosa como las estrellas del cielo. Todas las otras naciones del mundo serán bendecidas gracias a tí".

Isaac y su padre se abrazaron. Tanto el padre como el hijo se sentían muy felices de estar juntos.

Misión imposible

Génesis 24.1-61

Muchos años después, Abraham le dijo a su sirviente: "Regresa a mi país y busca una esposa para Isaac".

Esta misión era casi imposible. Había tantas mujeres. Durante todo el viaje, el sirviente oró al Dios de Abraham. Finalmente llegó a un pozo en la tierra donde una vez había vivido Abraham.

Oró así: "Dios de mi amo Abraham. Escoge a la mujer que tú sabes es la correcta para Isaac. Dime cuál es. Si le pido agua y me dice: 'Bebe, que también les daré agua a tus camellos', entonces sabré que ella es la elegida".

Al rato el sirviente vio a un grupo de mujeres jóvenes que se dirigían hacia él. Entonces le pidió a una de ellas: "Por favor dame un poco de agua de tu cántaro". Esta era la prueba. ¿Qué iría a decir ella?

Ella le contestó: "Bebe, que también les daré agua a tus camellos". El sirviente se emocionó mucho. No tardó en explicarle a ella cuál era su misión. Supo que se llamaba Rebeca. Pronto se convertiría en la esposa de Isaac.

Rebeca

Génesis 24.62-67

El día que llegaron el sirviente y Rebeca, Isaac estaba en el campo meditando. Levantó la vista y vio que unos camellos se acercaban. "¿Quién es esa mujer tan hermosa?", se preguntó.

Al mismo tiempo, Rebeca vio a Isaac y le preguntó al sirviente de Abraham: "¿Quién es ese hombre tan guapo?"

"Ese es Isaac". Ella inmediatamente se cubrió la cara con el velo. Pero le brillaron los ojos cuando Isaac detuvo el camello. Fue amor a primera vista.

Dios sabía cuál era exactamente la persona que podía cuidar a Isaac y cuál podía cuidar a Rebeca.

33

Los hermanos gemelos

Génesis 25.22-26

Isaac y Rebeca se casaron y vivieron muy felices. Pero pasaban los años y no tenían ningún bebé. Rebeca e Isaac esperaron mucho tiempo hasta que por fin Isaac oró a Dios, pidiéndole que Rebeca pudiera tener un bebé.

Poco tiempo después, Dios respondió a la oración de Isaac, pero no de la manera esperada. En el vientre de Rebeca no había uno, sino dos bebés. ¡Tendría gemelos!

Los gemelos crecieron. A menudo Rebeca podía sentir los piecesitos que empujaban. Una noche, Rebeca despertó de repente. Los bebés habían estado pateando y moviéndose tanto, que a ella le dolía. Oró a Dios: "Señor, ¿están bien mis bebés? Si a mí me duele cuando se mueven y patean, a ellos les debe doler también. ¿Por qué pasa esto?"

Dios le respondió: "Los dos bebés que llevas en tu vientre algún día serán los padres de naciones enteras. Un pueblo se hará más fuerte que el otro. Y el hijo mayor hará lo que el menor le diga".

Llegó el momento en que los bebés de Rebeca nacerían. El mayor, el primero en nacer, tenía la piel rojiza. Tenía todo el cuerpecito cubierto de vellos. Lo llamaron Esaú, que quiere decir "Velludo".

Un momento después nació el hermano. Su manita se aferraba al pie de Esaú. Entonces los padres lo

llamaron Jacob, que quiere decir "Se aferra al talón".

Una cena muy cara

Génesis 25.27-34

Pasaron muchos años y los muchachos crecieron. Los dos eran buenos para cosas diferentes. Jacob era callado y a menudo ayudaba en la casa y hablaba con sus padres. Esaú era bueno para cazar animales salvajes.

Un día, mientras Jacob cocinaba un potaje, Esaú regresó de cazar.

Tenía mucha hambre pues no había comido nada en todo el día.

"Rápido, ¡dame un poco de ese potaje!" le dijo a Jacob. Se sentó al otro lado del fuego, frente a Jacob. No podía esperar a que Jacob le sirviera el potaje.

Jacob escuchaba mientras su hermano hablaba de lo hambriento que estaba y entonces pensó en un plan. Jacob sabía que Esaú tenía algo que él quería: la herencia que había adquirido por nacer primero.

Como Esaú era el mayor, tenía el derecho a recibir todas las riquezas, animales y sirvientes de su padre, Isaac, cuando éste muriera. Ese derecho lo había adquirido al nacer. Jacob quería ese derecho. Entonces Jacob hizo un trato con Esaú. "Si en verdad tienes tanta hambre", le dijo Jacob, "si tienes mucha, mucha hambre, entonces véndeme tu derecho a la herencia y te daré un poco de potaje".

Esaú no entendió bien lo que su hermano menor estaba diciendo. Esaú tenía tanta hambre que sintió que el estómago se le salía y que iba a morir de hambre. No importaba lo que tuviera que hacer, pero quería comida. "Sí, está bien. Lo que digas. Ahora dame un poco de potaje".

"Primero júramelo", dijo Jacob. Entonces Esaú le juró a Jacob que le vendería su derecho a la herencia.

La astucia de Rebeca

Génesis 27.1-40

Jacob se convirtió en el hijo favorito de Rebeca. Ella también amaba a Esaú, pero solo quería lo mejor para Jacob.

Cuando Isaac se hizo muy viejo, ya no podía ver. Un día, Isaac le dijo a Esaú; "Hijo mío, como eres el mayor, quiero darte mi bendición. Sin embargo, primero ve a cazar y cocina algo sabroso para mí. Después te daré mi bendición".

Rebeca había escuchado lo que Isaac le dijo a Esaú. Cuando se fue Esaú, ella le dijo a Jacob: "Tu padre le va a dar su bendición a Esaú. Yo quiero que eso sea para tí. Anda y mata dos de tus mejores cabras. Las prepararé exactamente como le gustan a Isaac. Entonces le traerás la carne a tu padre y serás tú el que reciba su bendición y no tu hermano".

Jacob hizo lo que le dijo su madre. Cuando la comida estuvo lista, Rebeca le pegó piel de cabra en el cuello, los brazos y las manos de Jacob para que la piel se sintiera como la piel velluda de Esaú. Jacob entró al aposento de su padre.

"¿Cómo encontraste comida tan rápido, hijo mío?", le preguntó Isaac.

"El Señor me ayudó".

"Pero tu voz es como la de Jacob. Ven acá", dijo Isaac. Lo tocó y sintió el vello de la piel de cabra. "Pero te sientes como Esaú", le dijo.

Luego Isaac probó la comida que Jacob le dio. "Ah", dijo, "aquí tienes tu bendición".

La bendición era algo muy especial. Isaac sabía que Dios estaba escuchando. Le pidió a Dios que hiciera rico a su hijo y que hiciera que otras personas, inclusive su hermano, sirvieran a Jacob. Pidió a

Dios que bendijera a todos los que fueran buenos con su hijo y que maldijera a los que fueran malos. Cuando Isaac terminó de orar, Jacob salió del aposento.

Poco después de que se fuera Jacob, regresó Esaú de su viaje de cacería. Se dirigió presuroso al aposento de su padre, pero Isaac le dijo: "¿Por qué has vuelto de nuevo?"

"Pero si esta es la primera vez que vengo", le dijo Esaú.

Isaac suspiró. "Entonces ese debe haber sido Jacob. Esaú, tu hermano se robó tu bendición".

Esaú se puso furioso.

La familia se divide

Génesis 27.41-46

Esaú no podía creer que su hermano menor lo hubiera engañado por segunda vez. La primera vez, Jacob se había adueñado de su derecho a heredar todas las riquezas que Issac

le dejaría. Luego Jacob se había robado su bendición, la protección de Dios para el futuro. Esaú estaba tan furioso que decidió matar a su hermano.

Rebeca descubrió el plan de Esaú y le avisó a Jacob. "Tendrás que irte muy lejos. Vete y quédate con mi familia", le dijo. Jacob empacó sus cosas, se despidió rápidamente y luego desapareció en el desierto.

Cuando Esaú se enteró, ya Jacob no estaba. Esaú sabía que era inútil tratar de perseguirlo. Entonces se quedó con sus padres, y los cuidó cuando se hicieron viejos. Es cierto que Esaú no tenía la bendición de su padre y que había sido lo suficientemente tonto como para cambiar su herencia por un plato de potaje, pero Esaú sabía que era un honor cuidar a sus padres mientras envejecían. Esaú se haría cargo de mantener a la familia unida hasta que regresara Jacob.

La lucha con Dios y el nuevo nombre de Jacob

Génesis 32.1-31

Después de pasar veinte años en tierra de su madre, finalmente llegó el día en que Jacob pensó que debía regresar a la casa. Él tenía dos esposas, varios hijos y cientos y cientos de ovejas y cabras.

Conforme se acercaba a su casa se sentía más y más nervioso por Esaú. ¿Todavía estaría enojado su hermano?

La noche antes de que Esaú se encontrara con Jacob, éste se sintió muy inseguro. Iba a ser una noche llena de sorpresas y que Jacob nunca olvidaría.

Estando Jacob de pie y solo bajo las estrellas, preocupado y en oración, se le apareció un hombre que salió del desierto. Estaba oscuro y Jacob no podía ver quién era el hombre. No era Esaú. Quienquiera que fuera, el hombre era muy fuerte y peleó con Jacob.

Durante toda la noche los dos hombres lucharon, dieron vueltas en

la arena, sudorosos y jadeantes. Pero ninguno vencía al otro. Tenían la misma fuerza. Entonces el forastero le golpeó la cadera a Jacob y le zafó un hueso. Jacob sentía un gran dolor.

El forastero le dijo: "Suéltame, que pronto va a amanecer".

Entonces Jacob se dio cuenta quién era. "Este no es un hombre," pensó Jacobo. "O es un ángel o ...

¿será? Es el Señor, Dios mismo en persona".

"¿Cómo te llamas?", le preguntó el forastero.

"Jacob".

"No. Ya no eres más Jacob. Tu nuevo nombre es Israel, porque has luchado con Dios y con los hombres, y has vencido", dijo el forastero.

"Ahora dime cómo te llamas tú", dijo Jacob.

El forastero no contestó. Bendijo a Jacob. De pronto el forastero se fue y Jacob supo que había visto a Dios cara a cara. El cielo se puso rosado y dorado mientras Jacob cojeaba de regreso al campamento.

La lucha en la tienda

Génesis 37.1-4

Jacob finalmente llegó a su casa y supo que Esaú después de todo lo había perdonado. Jacob llegó justo a tiempo para ver a su padre antes de que muriera. Esaú, por su parte, se fue a hacer su propia vida.

Durante el largo viaje a casa, la esposa favorita de Jacob, Raquel, había muerto. Le dejó dos hijos, José y Benjamín. Las otras esposas de Jacob tuvieron diez hijos.

Jacob se quedó en casa de sus padres, donde crió a sus doce hijos. José y Benjamín eran los favoritos de Jacob porque eran los hijos de Raquel. Esto ponía celosos a los otros hijos.

Un día Jacob le hizo una túnica muy elegante a José. Llamó a su hijo a la tienda y le dijo: "Toma, hijo mío. Esto es para tí".

José quedó muy sorprendido. Tener una túnica nueva era algo muy especial y, además, nunca había visto una tan linda como esa. "No merezco algo tan hermoso".

"No seas tonto, José. Es un regalo. Te la doy porque así lo quiero".

José tomó la hermosa túnica. Pero cuando los hermanos vieron el regalo, se pusieron todavía más celosos que antes. "¿Por qué nosotros no recibimos regalos como ese?", refunfuñaban.

El sueño de José

Génesis 37.5-11

Una mañana, José despertó sobresaltado. Había tenido un sueño muy extraño. Era tan real ... tenía que comentarlo con alguien.

José fue a buscar a sus hermanos. "Nunca adivinarán lo que soñé anoche", les dijo cuando los encontró. A pesar de que los hermanos eran malvados, José estaba tan emocionado por el sueño que no

se acordó de eso. Les dijo: "Tuve un sueño extraño. Estábamos todos en el campo, tratando de hacer manojos de trigo. De repente, mi manojo se levantó y quedó derecho mientras los de ustedes hicieron un círculo alrededor del mío y le hacían reverencias".

Los hermanos se enojaron. "¿Quién te crees que eres? ¡No eres ningún rey! ¡Ninguno de nosotros te hará nunca la reverencia!"

Unos días después José tuvo otro sueño. De nuevo, se lo contó a sus hermanos. "Escuchen", les dijo. "Tuve otro sueño y esta vez el sol y la luna y once estrellas me hacían reverencias". Esto hizo que los hermanos se enojaran aún más.

Cuando José le contó a su padre sobre los sueños, Jacob se puso muy serio. "No te sientas muy orgulloso de tí mismo, José", le dijo Jacob.

En el pozo

Génesis 37.12-24

José se sentó en el suelo a jugar bola con su hermano Benjamín. Cuando Jacob vio a los muchachos les dijo: "José, quiero que vayas al sitio donde tus hermanos llevaron las ovejas a pastar. Asegúrate de que todo esté bien. Luego regresa y cuéntame lo que has visto".

José se levantó de un salto y se despidió de su padre con un abrazo. Luego se puso en camino. "Es un buen día para una aventura", pensó. José caminó y caminó. Después de un tiempo, vio el campamento de sus hermanos.

Sin embargo, cuando ellos lo vieron se molestaron.

"Ahí viene ese soñador tonto de José. Sabemos la forma de deshacernos de él de una vez por todas. Lancémoslo en uno de los pozos que hay cerca. Después podemos decir que lo mató un animal salvaje. ¡Ja! Sus sueños no se harán realidad si está muerto".

"No, esperen", dijo el hermano mayor, que se llamaba Rubén. "Láncenlo al pozo, pero no lo maten. Al menos no por ahora". Rubén decía esto porque sabía que si él sacaba después a José del pozo, su padre lo consideraría un héroe.

José subió jadeando la última colina y llegó sonriente. Finalmente había encontrado a sus hermanos. Pero cuando les vio las caras dejó de sonreir.

Los hermanos se pararon en círculo a su alrededor. Él se iba a un lado y a otro, luego para otro lado y para otro, pero estaba atrapado. Antes de que José pudiera hacer nada, saltaron sobre él. Le rompieron la hermosa túnica y lo lanzaron a un pozo seco y oscuro.

José gritó pero de nada le sirvió. ¡Pum! Cayó al fondo. Cuando miró hacia arriba. Lo único que podía ver eran las caras de sus hermanos, que se reían y le lanzaban arena. Se cubrió la cara con las manos y se recostó a la pared. Cuando los hermanos por fin se fueron, José se puso a llorar.

Mientras sollozaba, deseaba estar en la casa con su padre y su hermano, jugando en el sol.

Camino a Egipto

Génesis 37.25-35

Más tarde, ese mismo día, uno de los hermanos de José tuvo una idea terrible. Judá señaló hacia una caravana. "¿Ven esos mercaderes de esclavos? Vendámosles a José". Rubén no estaba ahí para salvar a José. Estaba en el campo cuidando las ovejas.

Cuando llegaron los mercaderes de esclavos, los hermanos de José lo sacaron del pozo. Los mercaderes pagaron veinte monedas de plata por José. Lo ataron a un burro y se fueron por el desierto.

Cuando Rubén regresó al campamento se asomó al pozo. "José", susurró, "todo está bien. Mañana te sacaré". Rubén todavía planeaba convertirse en héroe. Pero nadie le contestó. "¡José!", gritó. Solo había silencio.

"¿Por qué le hablas a un pozo vacío?", se rió Judá.

"Pero ¿dónde está José?", preguntó Rubén. "¿Qué le han hecho a nuestro hermano?" Tomó a Judá y lo sacudió.

"Cálmate", le dijo Judá. "Aquí tienes tu parte". Le dio a Rubén dos monedas de plata.

"¿Lo vendieron como esclavo?"

"Sí. Y a esta hora nuestro hermano consentido va camino a Egipto", dijo Judá entre dientes.

Pero Rubén sabía lo que José significaba para Jacob, su padre. Esa noticia le partiría el corazón.

Al día siguiente los hermanos mataron una cabra y mancharon con la sangre la túnica de José. Regresaron a la casa y le enseñaron la túnica a Jacob.

Jacob se lamentó: "¡La túnica de mi hijo! Algún animal lo mató. ¡De seguro José está muerto!"

José tiene que trabajar mucho

Génesis 37.36; 39.1-6

José viajó muy, muy lejos con los mercaderes de esclavos. "Dios, mi Señor", susurraba bajo el sol ardiente, "no sé cómo serán las cosas en Egipto. Quizás tenga que cargar piedras para que los egipcios construyan las pirámides. Pero, Señor, sé que dondequiera que esté, tú estarás ahí. Por favor, ayúdame".

De noche, mientras miraba las estrellas, José oraba por su familia. "Creo saber por qué mis hermanos me hicieron esto. Yo actué con demasiado orgullo. Lo siento, Señor. Por favor cuida en especial a mi hermano Benjamín. Y por favor cuida a mi padre para que un día lo pueda ver de nuevo".

Después de muchos días de viaje, la caravana llegó a una gran ciudad. Vendieron a José en el mercado de esclavos. Cuando José vio a su nuevo dueño, supo que Dios lo estaba cuidando.

El hombre que compró a José se llamaba Potifar. Tenía mucho dinero, pero, sobre todo, era muy amable. José no tendría que acarrear ladrillos para las pirámides. En vez de eso, podría trabajar en la casa de Potifar.

José trabajaba mucho para Potifar. Él siempre trataba de tener algo que hacer. Cada vez que hacía algo, José se preocupaba por hacerlo bien, de modo que Dios estuviera satisfecho.

Al principio José limpiaba la casa. Después supervisaba el trabajo del campo y cuidaba de que las comidas se prepararan bien. Al poco tiempo, Potifar encargó a José de todo lo que tenía. ¡Lo único que Potifar tenía que hacer era decidir lo que quería cenar cada noche!

En la prisión

Génesis 39.7-20

Mientras trabajaba para Potifar, José se hizo un hombre. Todos los trabajos que hacía, los hacía bien.

Un día, la esposa de Potifar pensó: "Ah, José es tan guapo. Mi esposo se fue de viaje por unos días. Quizás pueda hacer que José se acueste conmigo".

Entonces le dijo a José que fuera a su habitación.

Cuando José llegó, la esposa de Potifar le dijo: "Ven conmigo a la

Potifar le estaba pidiendo. Pero José no hizo lo que ella le pedía. Potifar le había confiado muchas cosas a José. Además, a Dios no le gustaría que José traicionara esa confianza.

José le dijo no con la cabeza. "Usted es muy hermosa", le dijo, "pero no estaría bien".

La esposa se Potifar se ofendió de que un esclavo la rechazara. Ella trató de obligarlo a besarla. Él la hizo a un lado y salió corriendo, pero ella arrancó un pedazo de la túnica a José.

Cuando Potifar regresó a casa, la esposa le enseñó el trozo de la túnica de José y le dijo una mentira: "¡José me atacó! Y tú creías que podías confiar en él. ¡Ja! Qué clase de hombre tan horrible has traído a nuestra casa". Potifar le creyó a su esposa. Llamó a los guardas y les dijo que enviaran a José a la prisión. "¡Y que nunca salga de allí!", gritaba mientras se llevaban prisionero a José.

cama, José. Eres tan guapo y fuerte. Ven y bésame".

José sabía que a muchos hombres les gustaría hacer lo que la esposa de

47

Los sueños de dos hombres

Génesis 40.1-23

José permaneció en una celda de la prisión por muchos días. Una mañana, dos prisioneros se acercaron. Tenían un problema. "Anoche tuvimos unos sueños terribles. ¿Puedes decirnos qué significan?"

José les dijo: "No puedo ayudarlos, pero mi Dios sí puede".

El primer hombre había sido el copero del faraón. Él dijo: "En mi sueño ví una vid. La vid tenía tres ramas. Tan pronto como en las ramas brotaban flores, éstas se convertían en uvas. Yo tenía la copa del faraón en mi mano. Tomé las uvas, las exprimí en la copa del faraón y se la dí a él".

José oró pidiéndole ayuda a Dios. Luego supo la respuesta. "Esto es lo que significa su sueño. Las tres ramas son tres días. Dentro de tres días el faraón lo dejará en libertad. Pero, por favor, ¿le podría hablar de mí al faraón para que me saque de esta prisión?"

El segundo hombre había sido el principal panadero del faraón. Él dijo: "En mi sueño ví tres canastas de pan sobre mi cabeza. En la más alta había pasteles para el faraón. Después, unos pájaros se posaron sobre mi cabeza. Se comieron los pasteles que eran para el faraón".

José respiró profundo. Dios le había indicado lo que significaba el sueño. No era agradable. "Las tres canastas significan tres días. Dentro de tres días el faraón ordenará que le corten la cabeza y los pájaros se comerán su cuerpo".

Tres días después las cosas pasaron exactamente como José las había predicho.

El sueño del Faraón

Génesis 41. 1-8

Pasaron dos largos años. Durante ese tiempo, José no tuvo noticias del copero del faraón. Se mantenía ocupado atendiendo a los demás prisioneros. Compartía con ellos su comida y limpiaba las celdas. Día tras día contemplaba los rayos de sol que penetraban por la ventana protegida con barrotes. Él le pedía a Dios que le ayudara a recobrar su libertad.

Una mañana, en el palacio, el faraón se despertó gritando: "¡Tuve un sueño horrible! Eera tan real, que estoy seguro que significa algo muy importante". El faraón miró a sus sirvientes. "¡No se queden ahí parados! ¡Busquen a alguien que sepa qué significan los sueños!", les gritaba. Los sirvientes se alejaron aterrorizados.

Todos los magos y sabios llegaron al palacio. Escuchaban los sueños que el faraón les contaba. Estudiaban los mapas, hacían dibujos en sus pergaminos y movían la cabeza. No, definitivamente no sabían qué significaban los sueños.

49

Vacas gordas y vacas flacas

Génesis 41.9-32

El copero real permanecía de pie junto al faraón. Se aseguraba de que la copa de vino del faraón estuviera siempre llena. Eso no era algo fácil de hacer cuando el faraón estaba tan enojado.

De pronto, el copero recordó la promesa que él había hecho. Se sintió muy mal por haberse olvidado de José durante tanto tiempo.

"Su Majestad", le dijo el copero, "cuando estaba en la prisión le hice una promesa a un esclavo hebreo. Él me dijo lo que significaba mi sueño. Se suponía que tenía que hablarle de él a usted. Yo sé que él podría ayudarle ahora".

El faraón asintió con la cabeza. "Traigan aquí a ese prisionero". Dos guardas se apresuraron a traer a José.

José se rasuró y se cambió de ropas para ir a ver al faraón. El faraón le dijo: "Tuve un sueño y nadie puede decirme lo que significa. ¿Puedes hacerlo tú?"

"No, yo no puedo, pero Dios sí", le contestó José.

El faraón le dijo: "En el sueño, me vi de pie junto al Río Nilo. Luego vi que siete vacas gordas salían del río.

Detrás de ellas venían siete vacas flacas y feas. Las siete vacas flacas y feas se comieron a las siete vacas gordas. Pero cuando terminaron, todavía se veían tan flacas y feas como antes".

"Pero eso no es todo. También soñé con siete espigas de trigo llenas que crecían en un solo tallo. Después brotaron otras siete espigas secas y quemadas por el viento. El grano malo destruyó el grano bueno. Les conté todo esto a los magos pero ninguno me pudo decir qué significa". El faraón miró a José.

José bajó la mirada y oró: "Por favor, Dios, ¿qué significa todo esto?" Entonces lo supo. Dios le abrió la mente a José. Ahora sabía lo que significaban los sueños.

"Su Majestad, los dos sueños significan lo mismo. Habrá siete años de abundancia. Hasta los pobres tendrán mucho alimento. Pero después vendrán otros siete años. Las cosechas no prosperarán. Se acabarán todos los alimentos. Todos tendrán hambre durante esos años".

José le dijo al faraón que estas cosas sucederían muy pronto.

José ayuda al Faraón

Génesis 41.33—42.3

José permaneció frente al faraón.
Respiró hondo y dijo: "Su Majestad
debería poner a alguien a cargo de
toda la comida en Egipto. Debería
almacenarse lo que sobre. Cuando se
sequen las cosechas, la gente podrá
comer lo que se ha almacenado. Así
no tendrán que pasar hambre".

El faraón llamó a sus consejeros. Estos hablaban entre sí, gesticulaban y volvían a consultarse. Se pusieron nuevamente de pie cuando el faraón le dijo a José: "Tu Dios está contigo de una manera especial. Te ayuda a ver lo que los demás no ven. Creo que puedo confiar en tí. Tú eres la persona indicada para este trabajo. Administrarás mi casa, a mi gente y todos los graneros en mis propiedades. No habrá nadie más importante que tú en todo Egipto, excepto yo".

José dio un paso hacia atrás. Esa misma mañana había estado en prisión. Ahora el faraón le daba un nombre egipcio que quería decir "Dios habla; Él vive", pues el faraón sabía que Dios había hablado a través de José.

En los años siguientes sucedió lo que José había predicho. Hubo siete años de buenas cosechas. José llenó todos los graneros, construyó graneros nuevos y también los llenó.

Cuando llegaron los siete años de malas cosechas, Egipto fue el único país en donde había alimentos. De todas partes llegaron personas en busca de alimento.

La hambruna, como se llamaban los años de cosechas malas, se extendió hasta la tierra de Canaán. Ahí todavía vivían el padre y los hermanos de José. Ellos se habían hecho muy ricos durante los siete años de abundancia. Pero cuando empezaron los años de escasez, Jacob y sus once hijos se quedaron sin alimentos. La mayoría de los hijos ya habían crecido y tenían sus propias familias que alimentar. Todos tenían hambre.

Los hermanos refunfuñaban: "¿Qué haremos ahora? ¿Dónde conseguiremos comida?"

Jacob sabía que en Egipto había comida. Él había oído decirlo a unos mercaderes que pasaban por el lugar. Entonces les dijo a los hijos: "Si no quieren morirse de hambre, vayan a Egipto. Lleven dinero y compren comida".

Los hermanos aprenden la lección

Génesis 42.4-38

Los hermanos cargaron los camellos y los burros. Se pusieron en camino a Egipto. Sin embargo, no todos los hijos de Jacob se fueron. Benjamín se quedó en casa.

Benjamín era el hijo favorito de Jacob. Después de perder a José, Jacob nunca dejó que el hijo menor de Raquel estuviera lejos. Jacob todavía echaba mucho de menos a José, y Benjamín era único que hacía reir a su padre. "No", pensó Jacob. "Benjamín debe quedarse conmigo. ¿Qué haría si también perdiera al segundo hijo de Raquel?"

Benjamín y Jacob despidieron a los diez hermanos. Al momento, todo lo que veían era una nube de polvo. Jacob tomó a Benjamín de la mano. Padre e hijo oraron. Oraron por los diez hermanos. Oraron pidiendo que estuvieran a salvo y regresaran pronto a casa.

Cuando los hermanos llegaron a Egipto fueron directamente a ver al hombre encargado de vender trigo. Ese era José. Ellos no lo reconocieron. José parecía egipcio y se comportaba como tal.

Sin embargo, José sí sabía quiénes eran ellos. Pero no se los dijo, sino que los llamó espías.

"¡No somos espías, somos hermanos!", le dijeron. "Eramos doce pero uno murió y el más joven se quedó con nuestro padre".

"No les creo", dijo José. "Si no son espías, entonces pruébenlo devolviéndose a su casa. Traigan al más joven. Entretanto, uno de ustedes se quedará aquí como prisionero". José señaló hacia su hermano Simeón.

Los hermanos estaban boquiabiertos. Entonces José dijo: "Primero todos deben pasar tres días en la prisión".

Cuando pasaron tres días, nueve de los diez hermanos se fueron a casa. De camino se dieron cuenta que el dinero que habían usado para pagar el trigo les había sido devuelto. "Ay, no", se lamentaron. "El egipcio creerá que nos robamos el trigo".

Cuando los hermanos llegaron a casa le contaron a Jacob lo que había pasado. Le preguntaron si podían llevar a Benjamín a Egipto.

"¡Definitivamente no! Nadie alejará a Benjamín de mí. No. Benjamín se queda aquí".

Jacob ni siquiera quería oir a los hermanos. Él pensó: "Basta con que José esté muerto. Ahora dejaron a Simeón. No, jamás se llevarán a Benjamín".

55

Benjamín puede ir

Génesis 43.1-34

El trigo de Egipto se acabó poco a poco. Ya casi no había nada. Jacob y sus hijos y sus esposas e hijos comían sólo dos veces al día. Al poco tiempo, solo podían comer una vez al día.

Una y otra vez, los hermanos le pedían permiso a Jacob para regresar a Egipto. Después de todo, Simeón todavía estaba allá. Pero Jacob siempre decía que no. Él sabía que eso sería despedirse de Benjamín.

Finalmente no tuvo alternativa sino pensar en su familia tan numerosa. Entonces dijo que sí. Y Judá, el hermano que había vendido a José como esclavo, dijo que el se ocuparía especialmente de Benjamín. "Nada le pasará", le prometió a Jacob.

"Nada más para asegurarme", dijo Jacob, "lleven el doble de dinero. Así podrán pagarle al egipcio por la carga de trigo anterior. Llévenle miel, perfume, pistachos y almendras de regalo".

Tan pronto llegaron los hermanos a Egipto, fueron a ver a José. Él no pudo más que admirar a su hermano Benjamín, que se había convertido en un joven apuesto.

"Vengan, quédense en mi casa y cenaremos juntos", dijo José. Después sacó a Simeón de la cárcel. Cuando los hermanos llegaron a la casa le comentaron al administrador sobre el dinero que se habían encontrado cuando iban camino a su tierra. Él les dijo que no se preocuparan.

"¿Cómo está su padre?", preguntó José mientras sostenía la respiración.

"Está muy bien", contestaron los hermanos.

José miró nuevamente a Benjamín. Extendió el brazo y puso la mano sobre la cabeza de Benjamín. "Que Dios te acompañe, hijo mío", le dijo. Luego se alejó. Los hermanos le hacían la reverencia, tal y como aparecía en el sueño que José había tenido tantos años antes.

De pronto los recuerdos fueron demasiado para José. Salió corriendo de la habitación. Una vez que estuvo solo, lloró y lloró. "Señor", oró, "Tú nos has reunido nuevamente. Los amo mucho a todos".

José secó sus lágrimas. Regresó donde estaban los hermanos. Hubo una gran fiesta que duró casi toda la noche. Pero José nunca dijo a sus hermanos quién era él en realidad.

La copa robada

Génesis 44.1-34

A la mañana siguiente, los hermanos se fueron a casa. Iban felices. Habían rescatado a Simeón, habían comprado alimento para sus familias y habían cenado con un hombre importante. Lo mejor de todo era que Benjamín estaba a salvo.

No se imaginaban que José tenía un plan. Le había ordenado a un sirviente que escondiera su copa de plata en la bolsa de Benjamín. Por eso los guardias del palacio los persiguieron.

Los guardias galoparon hasta alcanzar a los hermanos. "Bájense de

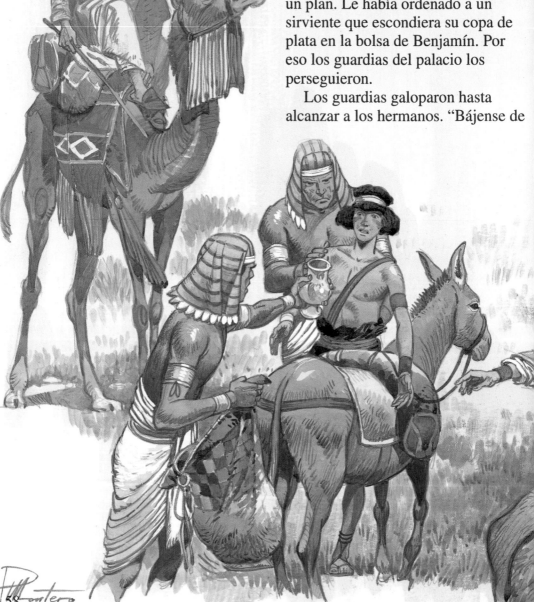

58

sus camellos y de sus burros", les ordenaron.

"¿Qué hicimos mal?", preguntó Rubén.

"Uno de ustedes se robó la copa de plata de nuestro amo".

"Pero ¿por qué íbamos a robarla?", dijeron los hermanos.

Los guardias revisaron los camellos y los burros uno a uno. El último que revisaron fue el burro en que viajaba Benjamín. Cuando revisaron la bolsa gritaron. El guardia levantó la copa de plata en el aire.

Los hermanos se quejaron: "¡Oh, no! Esto es terrible. Benjamín, ¿qué hiciste?"

Benjamín estaba tan sorprendido que solo podía mover la cabeza.

"¡Pero yo no la tomé!"

Los guardias les ordenaron regresar al palacio de José. Los hermanos le suplicaron a José: "No fue nuestra intención llevarnos tu copa de plata. Por favor, perdónanos".

"Ustedes pueden irse", dijo José. "Solamente el ladrón debe quedarse".

Judá dijo: "Pero nuestro padre morirá si no llevamos a Benjamín de regreso. Ya perdió un hijo. No podría soportar perder a este también".

"Por favor, te suplico que me dejes quedarme en vez de él. Por favor, si Benjamín se queda aquí, ninguno de nosotros podrá presentarse de nuevo ante nuestro padre". Judá se arrodilló.

Se revela la verdad

Génesis 45.1-24

José miró a Judá arrodillado. Vio lo asustado que estaba Benjamín. Entonces les dijo a los sirvientes: "Salgan. Quiero estar a solas con estos hombres".

Los sirvientes salieron. José dijo: "Soy su hermano José". No le creían. Estaban tan asustados que no podían ver ni escuchar. "Abran los ojos", les dijo José. Se les acercó. "Soy José, el que vendieron a Egipto".

Cuando José dijo eso, los hermanos se quedaron viéndolo. Entonces se asustaron más. Si realmente era José, entonces los mataría por lo que le habían hecho.

"No, no. No tengan miedo, hermanos. No se enojen con ustedes mismos. Dios me envió aquí para asegurar que hubiera suficiente alimento para nuestra familia".

Los hermanos de José lo miraban con los ojos muy abiertos.

"¿No ven?", les dijo. "Ustedes no me enviaron aquí, sino que fue Dios. Dios me puso a gobernar sobre todos los egipcios, excepto el faraón. Todo esto era parte del plan de Dios para cuidar de nuestra familia. Ahora regresen rápido donde nuestro padre. Díganle que traiga a Egipto a toda la familia y que se dé prisa. Me aseguraré de que tengan suficiente alimento".

José extendió los brazos hacia Benjamín. Le dio un fuerte abrazo y se puso a llorar. Estaba tan feliz de verlo de nuevo.

Cuando el faraón oyó la noticia, les dio muchas carretas a los hermanos para que pudieran traer a Egipto a las esposas, los hijos y todas sus pertenencias. El faraón se sentía muy feliz por José.

Antes de que se fueran, José les dio a los hermanos muchos animales y otras cosas hermosas. "Llévenle esto a mi padre", les dijo.

Un bebé en un bote

Éxodo 1.1—2.4; 6.20

La familia de José se fue a vivir a Egipto. Vivieron ahí por cientos de años. Al hacerse muy numerosa, la familia de José era conocida como los israelitas o hebreos.

Cuatrocientos años después de que José llevara su familia a Egipto, empezó a reinar como faraón un hombre malvado. No le gustaban los israelitas. El faraón los convirtió en esclavos a todos. ¡Luego ordenó matar a todos los varones hebreos recién nacidos!

La mamá de uno de los bebés hizo todo lo posible para que su hijo viviera. Era un bebé muy hermoso, con ojos negros muy vivaces. Durante tres meses logró tener al bebé escondido. Pero sabía que se le estaba acabando el tiempo.

"Debe haber algo que podamos hacer para salvarlo", le decía al esposo. Noche tras noche oraban para que se les ocurriera algo. Los otros niños, Miriam y Aarón, oraban con ellos.

Entonces la familia tuvo una idea. La madre tejió una canasta con mimbre. Tomaron el bebé, lo envolvieron en telas suaves y lo pusieron en la canasta.

Miriam y su madre llevaron la canasta al río. La pusieron en el agua. "Miriam, cuídalo", dijo la madre.

Salvado por una princesa

Éxodo 2.5-9

Dios había escuchado las oraciones de la familia del bebé. Él tenía planes muy especiales para ese niño. La canasta se fue flotando río abajo. Entonces una de las hijas del faraón, una princesa, decidió ir a nadar en ese preciso momento.

La princesa estaba de pie en el agua. Reía junto a sus sirvientes. El sol brillaba y parecía que los pájaros también reían con ellas. La princesa le lanzó agua a una de sus acompañantes. Al poco tiempo las muchachas estaban lanzándole agua, riendo y corriendo una detrás de otra.

De repente, una de las sirvientas vio la canasta. "Su Alteza, venga a ver lo que nos ha traído el río", le dijo. Llevó la canasta hasta la orilla y la puso en la arena.

"Ahhhh", exclamaron las muchachas. Dentro de la canasta

estaba un hermoso bebé. Se había descobijado y estaba llorando.

"Debe ser un niño hebreo", dijo la princesa. Ella sabía que su padre había ordenado matar a los niños hebreos. Por eso este bebé era aún más preciado. "Tiene tanta hambre. ¿Hay algo que podamos darle?"

Miriam había estado observando y orando. Ella quería que la princesa le salvara la vida a su hermanito. Entonces corrió hacia la princesa. "Conozco a una mujer hebrea que podría alimentarlo. ¿Quiere que vaya a traerla?"

"Sí. Una vez que pueda comer por sí solo podrás traerlo a mí de nuevo".

Entonces el bebé volvió con su familia. Ahí, sus padres, su hermano y su hermana lo amaban y lo cuidaban. Todos le daban gracias a Dios por responder a sus súplicas.

Moisés lucha por la libertad

Éxodo 2.10-14

Cuando el bebé tenía más o menos tres años, su familia se lo devolvió a la princesa. Ella le sonrió y dijo: "Este niño será como mi propio hijo".

Cuando Moisés creció, supo que era hebreo y no egipcio. Siempre que veía que su pueblo era tratado como esclavo, se enojaba mucho. "No es justo", le suplicaba a la princesa.

Ella le decía: "No podemos oponernos a lo que hace el faraón. Él es el rey".

Pasaron los años y Moisés se hizo hombre. Un día, cuando caminaba

por la calle, vio que un egipcio golpeaba a un esclavo hebreo.

"¡No!", le gritó. Lo golpeó contra la pared y el egipcio cayó muerto en la arena. Entonces Moisés lo enterró ahí mismo. Al día siguiente Moisés vio a dos hebreos que peleaban. "¡No!", le dijo a uno de ellos, "¿Por qué lo estás golpeando?"

Los hebreos notaron la ropa fina que vestía Moisés. "¿Quién es usted para decirnos que no peleemos? ¿No mató usted a un egipcio ayer?" Se rieron pues sabían que el faraón mandaría a matar a Moisés en cuanto se enterara de lo que había hecho.

Moisés sintió miedo. "Si estos dos esclavos saben que yo maté al egipcio, ¿quién más lo sabrá?", se preguntó. "Debo irme de Egipto, y pronto".

El arbusto que ardía sin fósforo

Éxodo 2.15—3.10

El faraón se enteró de que Moisés había matado al egipcio. Los guardias siguieron a Moisés por el desierto, pero no lo pudieron hallar. En el desierto, Moisés se encontró con un hombre sabio llamado Jetró. Moisés se casó con una de las hijas de Jetró. Durante los siguientes cuarenta años cuidó a su familia en el desierto.

Un día Moisés estaba cuidando las ovejas de Jetró cuando vio algo muy extraño. Al pie de una montaña vio un arbusto ardiendo, pero el fuego no se extendía. El arbusto no se quemaba.

Entonces Moisés oyó que una voz le decía: "¡Moisés, Moisés!"

"Aquí estoy".

"Acércate", le dijo la voz. "Quítate las sandalias. Estás pisando tierra santa. Soy el Dios de tu padre, el Dios de Abraham, el Dios de Isaac y el Dios de Jacob".

Cuando Moisés oyó esto, cayó al suelo. Tenía miedo de mirar a Dios.

El Señor le dijo: "He visto con cuanta crueldad tratan los egipcios a mi pueblo. Ha llegado el momento de que yo los rescate. Los traeré de nuevo a la tierra que le prometí a Abraham y a Isaac hace ya tanto tiempo. Es una tierra hermosa, con suficiente agua para las cosechas.

"Ahora vete, Moisés. Te envío donde el faraón para que saques de Egipto a mi pueblo, los israelitas".

Mil y una excusas

Éxodo 3.11—4.9

Moisés dijo: "¿Quién soy yo? No soy tan importante como para decirle al faraón que deje salir de Egipto a nuestro pueblo".

La respuesta de Dios a Moisés fue muy sincilla: "Estaré contigo".

Moisés dijo: "Pero nadie creerá que hablo por tí. ¿Cómo le mostraré a la gente quién eres?"

Dios le dijo a Moisés: "YO SOY EL QUE SOY. Ese es mi nombre. Dile eso a la gente. Diles que el Dios que los escogió como un pueblo especial te ha enviado".

Moisés todavía no estaba listo para hacer lo que Dios le pedía. Como ponía tantas excusas, Dios se enojó. Moisés dijo: "Cuando les diga quién eres, no me creeran".

"La gente mayor, los líderes, te creerán", le dijo Dios. "Y para probar que estoy contigo, pídele al faraón que te permita llevar a la gente al desierto a un viaje de tres días. Pídele al faraón tan solo tres días para que la gente pueda adorarme. Cuando el faraón diga que no, entonces mostraré mi poder y heriré de muerte a los egipcios.

Moisés dijo: "Pero, ¿y si aún así no me hacen caso?"

El Señor le preguntó: "¿Qué tienes en la mano?"

"Mi bastón", contestó Moisés.

"Lánzalo al suelo", le dijo Dios. Cuando Moisés lo lanzó, el bastón se convirtió en serpiente y Moisés salió huyendo. Cuando Dios le dijo que lo tomara de nuevo, Moisés estiró el brazo y tomó la culebra. De inmediato, se convirtió de nuevo en su bastón.

El Faraón dice que no

Éxodo 4.10—5.2

Moisés trató de poner todas las excusas imaginables. Cuando le dijo a Dios que no podía hablar bien, el Señor le dijo que su hermano Aarón podía hablar en vez de él. Finalmente Moisés no tuvo más excusas y obedeció. Moisés era el hombre escogido por Dios.

Moisés se despidió de su familia y se dirigió a Egipto. De camino se encontró con su hermano Aarón.

Cuando Moisés y Aarón llegaron a Egipto, fueron a ver al faraón. Le dijeron: "El Señor, el Dios de Israel dice: 'Deja ir a mi pueblo para que me adore durante tres días'".

El faraón dijo: "¡No! ¿Por qué habría yo de obedecer a este Dios? No dejaré que el pueblo de Israel se vaya!"

68

Dios promete actuar

Éxodo 5.22—7.16

Después de que Moisés se reunió con el faraón, oró al Señor: "Dios, estoy tan confundido. ¿Qué debo hacer?"

Dios le dijo: "Como el faraón no los deja salir, demostraré mi poder. Sabrán que yo soy Dios".

Cuando Moisés fue a ver al faraón, éste le dijo que él no conocía al Señor. Sin embargo, muy pronto sabría de seguro quién era Dios. Todo esto era parte del plan de Dios.

Dios le dijo a Moisés: "Vuelve donde el faraón y pídele de nuevo que deje salir a mi pueblo de este país".

Moisés discutió con Dios: "¿Por qué habría de escucharme el faraón?"

Dios le dijo que todo estaba bien. Le recordó a Moisés que él no era el que tenía que hablar, sino su hermano Aarón. Le advirtió a Moisés que cuando el faraón dijera que no, el Señor entraría en acción.

Moisés y Aarón fueron de nuevo a ver al faraón. Para probar que realmente hablaban por Dios, lanzaron el bastón de Moisés al suelo. Se convirtió en serpiente. El faraón llamó a los adivinos. Cuando ellos lanzaron sus bastones al suelo, también se convirtieron en serpientes. Entonces la serpiente de Moisés se comió a las otras. Aún así, el faraón no quería hacer lo que Moisés le pedía. El Señor le dijo a Moisés que como el faraón no aceptaba, había llegado el momento de que Dios le demostrara su poder al faraón.

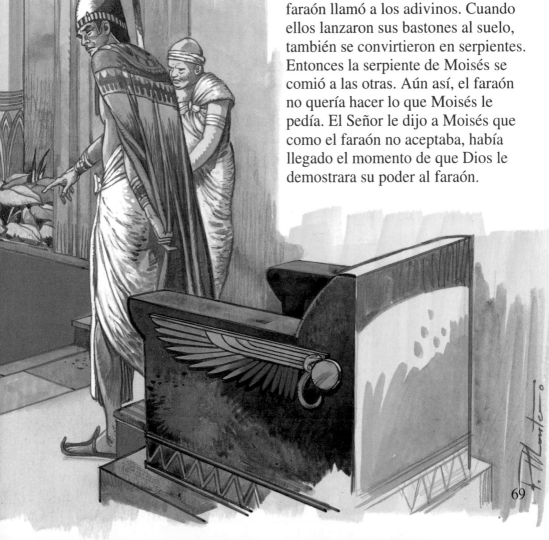

Plagas terribles

Éxodo 7.17—10.29

Cuando el faraón dijo que no, Dios castigó a los egipcios por no dejar salir a su pueblo.

Dios le envió diez plagas a Egipto. Las plagas son desastres naturales que suceden todos al mismo tiempo y en un mismo lugar. El faraón llamó a su adivinos y sabios para que hicieran desaparecer las plagas. Sin embargo, Dios quitaba las plagas solo cuando Moisés se lo pedía.

Con la primera plaga, el agua se convirtió en sangre. Cuando Moisés extendió su bastón sobre el Río Nilo, lo convirtió en un río de sangre. Todos los arroyos y los canales, los pozos y las lagunas se llenaron de sangre. Los peces murieron y el río olía a podredumbre.

Una semana después Dios le dijo a Moisés que de nuevo le pidiera al faraón que dejara salir a los israelitas. Le dijo también que le advirtiera al faraón que si no obedecía, Dios llenaría el Nilo de ranas.

Cuando el faraón dijo que no, aparecieron miles y miles de ranas. Salieron del río, de los arrollos y los canales, y cubrieron todo Egipto. Hasta entraron en las casas. La gente se despertó al oir cómo croaban.

70

El faraón le pidió a Moisés que alejara las ranas. Moisés oró y todas las ranas murieron. Pero aún así el faraón no creía en Dios y no dejaba salir a su pueblo.

Dios envió una gran plaga de mosquitos. Los egipcios tenían que cubrirse la boca para hablar. De otro modo los mosquitos se les metían hasta la garganta. Después Dios envió una plaga de otros moscas más grandes.

Dios envió enfermedades que atacaban al ganado. La piel de la gente y el cuero de los animales se ponía roja y les picaba mucho.

Dios envío tormentas y granizos. El viento sopló con mucha fuerza y llegaron grandes nubes de langostas. Se comieron todo lo verde que encontraron. Al poco tiempo no había nada que comer en Egipto. Solo había ramas secas y tallos sin hojas.

Finalmente, Dios hizo que el sol dejara de salir durante tres días. En vez de tener día y noche, solo había noche, oscuridad y más oscuridad.

Dios le dio al faraón una y otra oportunidad. Pero el faraón no cambiaba de opinión. Aún así, no dejaba que el pueblo de Israel se fuera. Después de que Dios hizo que el sol no saliera durante tres días, el faraón estaba tan enfadado que le gritó a Moisés: "¡Quítate de mi vista!"

La última plaga

Éxodo 11.1-10

El faraón no había querido escuchar. A través de Moisés, Dios le había advertido al faraón que enviaría una última plaga. Después de la décima plaga, el faraón finalmente dejó que el pueblo de Israel saliera de Egipto.

Moisés le dijo al faraón: "Morirá el hijo mayor de todas las familias egipcias, sean estas de personas libres o esclavas. También morirá la primera cría de todo animal. Sin embargo, los hijos de las familias hebreas estarán a salvo. Esto será así para demostrarle que Dios establece una diferencia entre su pueblo y el de él".

El faraón no creía que algo así sucediera. Eso significaría la muerte de su propio hijo. Los egipcios iban a perder todos los becerros, los cabritos y los corderos. El faraón temblaba de ira. ¡Cómo se atrevía un hebreo a amenazarlo así!

El faraón decidió no creer en el poder de Dios. Cerró su mente y se dijo: "Esto no podría suceder nunca".

"¡Sal! ¡Sal de aquí!", le gritó a Moisés. Moisés se alejó del faraón.

La pascua judía

Éxodo 12.1-42

El pueblo de Israel tenía miedo. Cuando oyeron lo que Dios iba a hacer se preguntaban: "¿Cómo estaremos a salvo?"

Moisés les dijo que Dios tenía reglas especiales para ellos. Esa noche, todos los que cumplieran las reglas de Dios estarían protegidos.

La noche de la última plaga se llamó la Pascua y fue cuando Dios pasó de largo por las casas del pueblo

de Israel. Dios los mantuvo a salvo. Moisés le dijo al pueblo de Israel que siempre debería recordar la noche de Pascua. Deberían contarle la historia de lo que pasó a sus hijos y a los hijos de sus hijos y así a todos los descendientes.

La noche de Pascua, el pueblo de Israel comió cordero y pan. Antes de comer, pintaron el exterior de las puertas de las casas. Para eso usaron la sangre del cordero que se iban a comer. Así, cuando el Señor pasara por Egipto, sabría cuáles casas dejar a salvo. De ese modo sabría dónde vivía el pueblo de Israel.

Al descubrir al hijo muerto en cada hogar egipcio, un grito de dolor invadió todo país. Todos los padres egipcios lloraron esa noche. Y el pueblo de Israel esperaba. Ellos sabían que estaban a salvo porque eran el pueblo escogido de Dios.

Cuando el faraón vio a su hijo mayor muerto en la cama, se dio cuenta de que la culpa era suya. Nada de esto habría sucedido si hubiera hecho caso a Aarón y a Moisés.

Entonces el faraón mandó a llamar a Moisés y a Aarón esa noche y les dijo: "¡Váyanse! ¡Ustedes, la gente y todos los animales!"

Se oyó que tocaban en todas las puertas de los israelitas: "¡Es hora de irnos!" Recogieron sus cosas y cargaron a los bebés sobre las espaldas. Reunieron sus pertenencias, su ganado y sus ovejas, y se fueron de Egipto. Ahora estaban camino hacia la tierra que Dios les había prometido.

Dios indica el camino

Éxodo 13.17—14.13

Todo el pueblo de Israel se reunió en un lugar. Dios les indicaba el camino durante el día mediante una columna de nube. Salieron todos juntos y la siguieron. En la noche se convertía en una columna de fuego para alumbrarlos. Así la gente siempre sabía por dónde ir.

Dios los condujo por el desierto hacia el Mar Rojo. Los israelitas eran un pueblo muy numeroso. Formaban una franja más ancha que el mismo camino en el desierto. Como llevaban muchos animales, levantaban una inmensa nube de polvo al caminar.

En Egipto, el faraón había cambiado de parecer. "¿Quiénes van a construir los edificios y a fabricar los ladrillos?", se preguntaba.

Entonces el faraón reunió seiscientos carruajes de los mejores que tenía, así como a los mejores hombres de su ejército. Emprendieron la persecusión del pueblo de Israel.

"Acampa en las orillas del Mar Rojo", le dijo Dios a Moisés. "El faraón pensará que estás atrapado entre el agua y su ejército. Pero esta será otra oportunidad para que yo demuestre mi poder. Los egipcios sabrán que soy Dios".

El pueblo de Israel acampó donde Moisés le dijo. Pero algo estaba mal. Los que estaban en las orillas del campamento podían sentir las vibraciones en el suelo. Levantaron la mirada y vieron que se acercaba una nube de polvo. Se oyó un grito. ¡El faraón los perseguía! Y ellos estaban ahí, sin poder moverse a ningún lado que no fuera el agua. "¡Estamos atrapados!", gritaban.

Le gritaron a Moisés: "¿Qué nos has hecho? Nos sacaste de Egipto para que nos mataran en el desierto? ¡Mejor nos hubiéramos quedado como esclavos! ¡Así al menos aún estaríamos vivos!"

Moisés les dijo: "No. No estamos atrapados. Dios luchará por nosotros. Lo único que tienen que hacer es quedarse tranquilos. Confíen en él".

La gente no le creía a Moisés. Tenían pánico. Corrían de un lado al otro del campamento. Caminaban por la orilla como animales enjaulados. Algunos hombres trataron de planear algo para que la gente cruzara el agua. Los niños comenzaron a gritar y a correr por todas partes. Los bebés lloraban. Las mujeres veían acercarse los carruajes. ¡En cualquier momento llegarían el faraón y sus seiscientos hombres!

Una muralla de olas

Éxodo 14.14-31

Moisés trataba de calmar a la gente.
"No se preocupen", les decía. "Hoy
verán a Dios en acción". La gente
estaba demasiado asustada para
poner atención.

Dios les dijo: "¿Por qué lloran así?
Moisés, levanta tu bastón y el mar se
dividirá. Habrá una muralla de olas a
ambos lados. El agua no los tocará.
Camina con la gente por entre las
murallas de agua. Yo los protegeré.
Cuando los egipcios traten de
seguirlos, haré que las aguas se
junten y los ahoguen".

Moisés levantó su bastón. Un fuerte viento del este sopló sobre las aguas de modo que se levantaron. ¡Se formó una ruta entre las dos paredes de agua! En la oscuridad, la gente y todas sus ovejas y su ganado corrieron entre las olas. Apenas podían creer lo que estaba pasando.

En la mañana estuvieron a salvo en la otra orilla. Cuando el faraón despertó, gritó: "¡Si ellos pueden cruzar por tierra seca en medio del mar, yo también puedo!"

El faraón y sus tropas se lanzaron por la ruta. Estaban a mitad de camino entre las dos orillas cuando

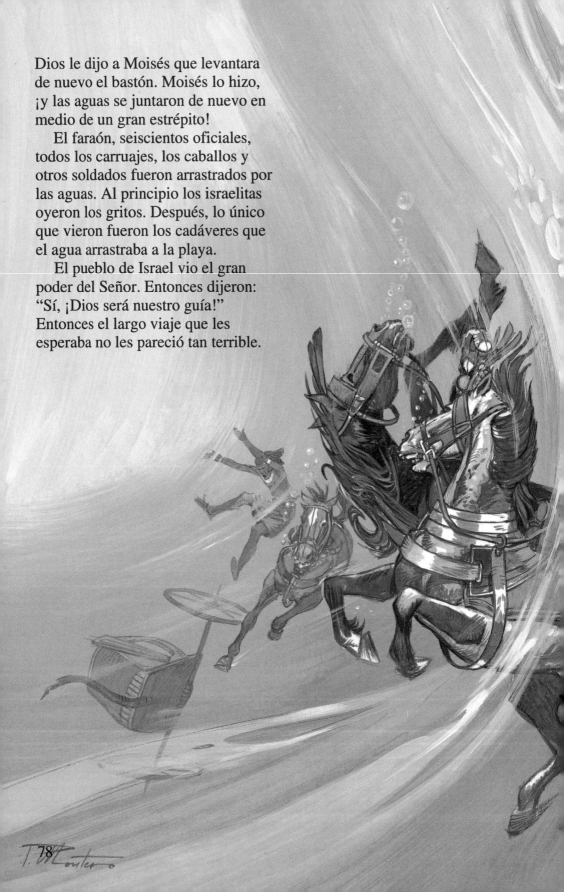

Dios le dijo a Moisés que levantara
de nuevo el bastón. Moisés lo hizo,
¡y las aguas se juntaron de nuevo en
medio de un gran estrépito!

El faraón, seiscientos oficiales,
todos los carruajes, los caballos y
otros soldados fueron arrastrados por
las aguas. Al principio los israelitas
oyeron los gritos. Después, lo único
que vieron fueron los cadáveres que
el agua arrastraba a la playa.

El pueblo de Israel vio el gran
poder del Señor. Entonces dijeron:
"Sí, ¡Dios será nuestro guía!"
Entonces el largo viaje que les
esperaba no les pareció tan terrible.

Sin nada que beber

Éxodo 15.1-27

Cuando el faraón y sus hombres se ahogaron, los israelitas cantaron y bailaron. Estaban muy contentos de estar a salvo. Miriam, la hermana de Moisés, dirigía el baile de las mujeres. Entraban y salían de uno y otro de los grupos alrededor de las hogueras. Ella tocaba la pandereta mientras la seguían las demás mujeres.

Moisés cantó una canción sobre el gran poder y la fuerza de Dios. Moisés le dio gracias a Dios por salvar a su pueblo y por sacarlos de Egipto.

Pronto llegó el día en que debían seguir el viaje. Iban siguiendo la columna de nube de Dios.

Caminaron por el desierto durante tres días. Durante todo ese tiempo no pudieron encontrar agua para beber. Se detuvieron junto a una laguna de agua mala. Si tomaban de esa agua se enfermarían. Ver el agua y saber que no podían tomarla los hizo sentir aún más sed.

Dos millones de personas sedientas comenzaron a quejarse. Le gritaban a Moisés: "¿Qué nos has hecho? Nos estamos muriendo de sed. Podríamos estar a salvo en nuestros hogares, en Egipto. Al menos ahí teníamos agua, frutas y pescado. ¡Aquí no tenemos nada!" Ya la gente se había olvidado que Dios les había prometido cuidarlos.

Moisés llamó a Dios. El Señor le mostró un trozo de madera. Moisés lanzó la madera en la laguna. El agua se hizo potable. La gente se abalanzó en la laguna, riendo y jugando. Ahora podrían tomar hasta saciar la sed.

Moisés les dijo: "Siempre recuerden que el Señor en verdad los cuida". Y para probarlo, Dios guió a la gente a doce sitios diferentes en los que el agua brotaba del suelo. Había palmeras para dar sombra a las tiendas. Era un lugar perfecto para establecer el campamento. El Señor de nuevo los había cuidado.

Sin nada que comer

Éxodo 16.1-36

Pronto llegó el momento de levantar el campamento y seguir viajando. Poco después, la gente de nuevo se quejaba. No les gustaba el sol ardiente. No les gustaba la falta de agua y comida. Los bebés lloraban, las mujeres gemían y los hombres refunfuñaban.

Cuando tenían cerca de dos meses de andar en el desierto, los israelitas se quedaron sin comida. Le gritaron a Moisés: "¿Qué hiciste con nosotros? Aquí no hay nada. Ahora moriremos todos. ¡Todo es culpa tuya!"

Moisés les dijo: "Dios cuidará de nosotros. ¡Confíen en él!" Pero no le ponían atención. Eran testarudos y querían tenerse lástima.

Entonces el Señor le habló a Moisés: "Les daré pan todas las mañanas y carne en las tardes. Dependerán de mí para todo lo que necesitan. Aprenderán a confiar en mí".

A la mañana siguiente, la tierra amaneció cubierta con finas gotas de rocío. Cuando el sol secó el rocío, la gente vio que en el suelo había hojuelas blancas de pan.

En la tarde, una bandada de codornices se posó alrededor del campamento. La gente pudo tomar todas las que necesitaban. Asaron las aves y se las comieron. Gracias a Dios, la gente siempre tuvo suficiente comida durante todo el tiempo que viajaron por el desierto.

Dios en la montaña

Éxodo 19.1-25

El pueblo de Israel viajó por el
desierto durante tres meses. Cuando
llegaron a la montaña Sinaí, entonces
acamparon. Las mujeres se alegraron
de poder descansar. Ellas cuidaban a
los niños. Los hombres contaron los
animales y levantaron las tiendas.
Muy pronto, el olor a comida se
sintió en todas partes.

Al final de la tarde, Moisés
caminó entre las familias. Los niños
corrían hacia él y él les acariciaba la
cabeza. Después de saludar a la gente,
Moisés se dirigió a la montaña. Moisés
sabía que Dios quería encontrarse
con él ahí. Ya era el momento.

Mientras subía por los peñascos,
oyó que Dios le decía: "Moisés, dile
a la gente que si me obedece, serán
mi pueblo especial".

Moisés bajó de la montaña.
Reunió a los líderes del pueblo. Les
dijo lo que Dios había dicho. Había
una gran multitud. Todos los
hombres sostenían antorchas
mientras Moisés les hablaba: "El
Señor Dios los ha escogido a ustedes.
¿Le seguirán? ¿Le obedecerán?"

Un fuerte grito se oyó entre la
multitud. "¡Haremos lo que el Señor
diga!"

Unos días después, Moisés y
Aarón subieron por los peñascos. La
montaña estaba cubierta de humo. Se
oía un sonido como si una enorme
trompeta sonara dentro de la nube. La
gente podía oir el sonido pero no
podía ver de donde venía. Temblaban
de miedo. Este fue un gran momento
para el pueblo de Israel. Dios había
venido a encontrarse con ellos.

Los primeros diez mandamientos

Éxodo 20.1-21

Cuando Moisés y Aarón subieron la montaña, Dios bajó a su encuentro. Venía en una nube de humo y fuego. Dios quería darle a al pueblo un conjunto de leyes o mandamientos. El pueblo podría entonces aprender y dirigir sus vidas según estas leyes. Sabría la diferencia entre el bien y el mal.

Dios le dio a Moisés los Diez Mandamientos. "Dile al pueblo", le dijo Dios, "que soy el señor su Dios. Yo los saqué de Egipto, donde eran esclavos. Que no adoren a ningún otro dios más que a mí. Yo seré su único Dios. No construyan ídolos para adorarlos.

"No juren, no mencionen mi nombre tan solo para impresionar a los demás. Usen mi nombre únicamente cuando están orando.

"Dediquen el séptimo día de la semana a descansar. No trabajen ese día.

"Obedezcan a su padre y a su madre. Demuéstrenles respeto y hónrenlos. Nunca se burlen de ellos.

"Nunca maten a nadie. Nunca traten de separar a un hombre ni a una mujer de su esposa o esposo.

"No tomen nada que no sea suyo.

"No mientan ni digan cosas falsas sobre los demás, ni inventen cosas. Y no desperdicien el tiempo deseando lo que no tienen".

Cuando Dios terminó de hablar, un fuerte sonido de trompetas llenó el aire.

Dios cuida a su pueblo

Éxodo 20.22—31.18

Moisés permaneció frente a Dios. El hombre y Dios estaban juntos. Dios amaba mucho a Moisés. Él quería que su pueblo supiera cuanto los quería también a ellos.

Dios dijo: "Los mantendré saludables. Tendrán muchos hijos. Así serán fuertes mientras los llevo a la Tierra prometida".

Moisés había permanecido en la nube oscura por mucho tiempo, hablando con Dios.

Bajó algunas veces para ver a su gente. Cuando Dios dijo que quería darle a Moisés los Diez Mandamientos escritos en una tabla de piedra, Moisés se quedó en la montaña.

Moisés se quedó con Dios durante cuarenta días y cuarenta noches. Toda la gente esperó y esperó.

Cuando Dios terminó de decirle a Moisés todas estas cosas, él le dio dos tablas de piedra planas. Dios mismo había escrito las leyes en esas tablas.

85

El becerro de oro

Éxodo 32.1-35

Cuando Moisés se volvió para
regresar, Dios de súbito le dijo:
"¡Algo terrible ha sucedido! Ya la
gente ha olvidado sus promesas.
Están adorando a un becerro de oro".

 La gente había esperado y
esperado a que Moisés bajara de la
montaña. Como Moisés no aparecía,
pensaron que había muerto. De
nuevo, decidieron no confiar en Dios.
Le pidieron al hermano de Moisés,
Aarón, que les hiciera otro dios.
Aarón había recogido todos los

brazaletes y anillos de oro. Con el oro derretido les hizo un becerro de oro.

Dios se enojó muchísimo. Le dijo a Moisés: "Los mataré a todos. Comenzaré de nuevo y escogeré a otro pueblo para que sea especial".

Moisés le suplicó a Dios que no los matara. Entonces comenzó a bajar de la montaña. Llevaba consigo las tablas de piedra que Dios le había dado. Conforme se acercaba al campamento, Moisés escuchaba ruidos cada vez más fuertes.

Entonces vio el becerro de oro que brillaba a la luz del sol. "¡Ustedes son un pueblo malvado!", les gritó. La música se detuvo y la gente se quedó inmóvil.

"¿Cómo pueden hacer esto después de todo lo que el Señor ha hecho por ustedes?", gritaba Moisés. En medio de su furia, agitaba las tablas de piedra en las que Dios había escrito. Las tiró al suelo y se hicieron mil pedazos.

Moisés castigó a la gente. Después regresó a la montaña. Dios le dijo a Moisés que la gente de Israel ya no lo hacían feliz como antes. Dios estaba muy, pero muy desilusionado.

Los segundos diez mandamientos

Éxodo 33.1-34.35

Moisés le suplicó a Dios que perdonara al pueblo de Israel. Dios dijo que como era Moisés el que lo pedía, él escucharía. Como Dios y Moisés eran buenos amigos, él mantendría las promesas que le había hecho al pueblo.

Moisés era muy amigo de Dios. Entonces le pidió a Dios: "Muéstrame el camino a tí". Dios le dijo a Moisés que moriría si lo dejara ver y saber todo lo que hay que saber sobre Dios. Sería demasiado.

Sin embargo, Dios le dijo a Moisés que podía regresar a la cima del Monte Sinaí. Dios pasaría por ahí para que Moisés pudiera ver más sobre el poder de Dios. Esto sería lo más cercano que una persona pudiera estar de Dios.

Moisés subió de nuevo la montaña. El Señor bajó de la nube para estar con Moisés. Moisés cayó al suelo. La gloria de Dios era demasiado grande. Moisés mantenía los ojos cerrados y repetía una y otra vez cuán grande era Dios. De nuevo le suplicó a Dios que perdonara a su pueblo y los siguiera considerando como Su pueblo escogido.

Dios dijo que sí. Luego, él hizo una promesa especial. Por segunda vez, Dios le dictó a Moisés las leyes para el pueblo. Prometió llevar al pueblo de Israel a la tierra que él le había dicho a Abraham que sería para sus descendientes.

Dios le dio las leyes a Moisés por segunda vez. Moisés grabó las tablas de piedra y Dios escribió las leyes de nuevo. Moisés se quedó en la montaña durante cuarenta días, igual que lo había hecho la primera vez que Dios le dio los Diez Mandamientos.

Cuando pasaron los cuarenta días. Moisés bajó por los peñascos. Regresó al campamento. Esta vez la gente había cumplido la promesa. Habían esperado a que regresara. Habían sido buenos.

89

Se ve la tierra prometida

Números 13.1-30

La gente viajó muchos meses por tierra desconocida. Un día Dios le dijo a Moisés: "Envía espías a Canaán, el país que te daré. Diles que vean qué clase de tierra es. Averigua cómo es la gente que vive ahí".

Moisés hizo lo que Dios le dijo. Escogió a un hombre de cada una de las doce tribus de Israel. Moisés levantó la mano y bendijo a los doce hombres cuando salían del campamento.

Después de muchos, muchos días, los hombres regresaron. Uno era Caleb y otro era Josué, el general. Caleb y Josué le dijeron a Moisés:

"¡Sí! Debería ver la tierra. Es tan hermosa, con muchos árboles grandes y suaves colinas. Hay flores por todas partes y las cosechas son buenas y abundantes. Realmente es como Dios lo prometió: una tierra de leche y miel".

Solo había un problema. La gente que vivía en esa tierra eran muy buenos guerreros. Josué y Caleb sabían que con la ayuda de Dios podrían sacar a esa gente de la tierra prometida.

Pero no todos estuvieron de acuerdo con Josué y Caleb Algunos de los otros espías eran personas que causaban problemas. Al final, les echaron a perder el viaje a todos ese día.

No somos lo suficientemente fuertes

Números 13.31—14.12; Deuteronomio 1.19-33

Los otros espías no estaban de acuerdo con Josué y Caleb. No confiaban en que Dios les ayudaría a ganar las batallas. Pensaban que era muy peligroso pelear contra las tribus de Canaán.

Los israelitas les creyeron a esos hombres, en vez de creer en las promesas de Dios. "Ay, Moisés", se lamentaban. "Mire lo que ha hecho!"

Moisés se indispuso. ¡Otra vez la gente se quejaba! "Moisés, ¡queremos regresar a Egipto!"

"Moisés, fue idea suya que saliéramos de Egipto. No debimos haberle prestado atención nunca. Mire, ahora moriremos y ¿para qué?"

Moisés y Aarón cayeron de rodillas. Le suplicaron a la gente que confiaran en Dios. Josué y Caleb se rasgaron la ropa. Juraban que la tierra prometida por Dios era un buen lugar en donde vivir. Pero la gente no quería escucharlos. Eran muy testarudos. Les gustaba tenerse lástima a sí mismos.

El castigo de cuarenta años

Números 14.13-45; Deuteronomio 1.34-46

Una vez más, Dios perdonó al pueblo. Pero tenían que pagar por ser tan testarudos. Con demasiada frecuencia no creían en Dios ni confiaban en él. Por eso Dios dijo que nunca llegarían a la tierra prometida.

"Esta gente deberá vagar por todas partes", dijo. "Todos pasarán el resto de sus vidas en el desierto. Todos excepto Caleb y Josué, que creyeron en mí. Pude haberlos llevado a la tierra prometida en un año. En vez de eso, la gente vagará por el desierto durante cuarenta años. Morirán en el desierto. Sus hijos serán los que finalmente se establezcan en la tierra de leche y miel. Este es el castigo para ellos". Cuando la gente oyó esto, todos lloraron. Sin embargo, era demasiado tarde. Dios ya había tomado una decisión.

A pesar del castigo de Dios, la gente decidió que, como la tierra estaba tan cerca, de todos modos irían y pelearían contra las tribus. Se habían olvidado de que Dios acababa de decir que no serían ellos los que echarían a las tribus. Serían sus hijos los que lo harían.

La gente se fue a luchar pero perdieron. Muchos hombres murieron en una batalla que Dios no les ayudó a ganar.

Durante los siguientes cuarenta años el pueblo de Israel vagó de un lugar a otro. El Señor no dejó de guiarlos, pero él no los llevó directamente a la tierra prometida. El castigo era verdadero. Tendrían que pasar el resto de la vida caminando en círculos, muy cerca de Canaán, pero sin poder entrar nunca en ella.

Escoger la vida o la muerte

Deuteronomio 29.1—30.20; 31.2

Moisés tenía más de cien años. Reunió a la gente por última vez. Él sabía que pronto iba a morir. Gritó con una voz poderosa: "¡Pueden escoger! Todos los que quieran vivir, ¡levanten la mano!"

La multitud murmuraba: "¿Qué querrá decir?"

"¡Por supuesto, queremos vivir!"

"¡Sí, sí", gritaban. Todos levantaron la mano.

"Todos los que quieran morir, ¡que levanten la mano!", gritó Moisés.

Todos bajaron las manos rápidamente. Se oyó un gran silencio. Se mantenían a la espera. Entre la multitud se oyó un bebé llorar.

"Hoy," gritó Moisés, "ustedes han dicho que escogen la vida y no la muerte. Dios quiere prometerles algo. Él desea darles comida y agua, buena tierra y grandes rebaños. Esto es la vida. Él desa darles paz. Él les dará todo esto si ustedes obedecen Sus mandamientos.

"Pero si hacen las cosas por sí mismos, si se vuelven orgullosos, si se olvidan de cómo Dios los sacó de Egipto, ¡entonces ustedes se arruinarán! ¿Me creen?" Moisés hizo una pausa.

"Sí, Moisés. ¡Obedeceremos!", gritó la gente. Moisés bajó la cabeza y oró para que así fuera. Él amaba mucho a su pueblo, aún cuando le hubieran causado tantos problemas.

La canción de Moisés y sus últimos días

Deuteronomio 31.1—34.7

Antes de morir, Moisés escribió una hermosa canción para su pueblo. Él

sabía que iba para una tierra prometida diferente a Canaán. Iba a estar con Dios, su mejor amigo.

La canción de Moisés hablaba del amor de Dios. Hablaba de todo lo fiel que Dios había sido a través de los años, de su poder y su gloria.

Cuando terminó de cantar, Moisés se sintió muy cansado. Él ansiaba ver la tierra prometida. Le preguntó a Dios si ya había llegado su hora.

"Sí", le dijo el Señor, "ahora puedes ver la tierra, pero no puedes llegar a ella. Sube al Monte Nebo. Desde ahí verás la tierra de Canaán". Cuando Moisés llegó a la cumbre, vio al otro lado del Río Jordán. Esa era la tierra prometida.

Moisés permaneció en esa montaña por muchas horas. Se mantuvo de pie, mirando. Sus ojos se deleitaron al ver la tierra de Dios. Flores silvestres cubrían las colinas. Grandes árboles se mecían con la brisa.

Moisés dijo: "Gracias, Señor". Con solo ver la tierra era suficiente.

Mientras contemplaba la tierra que pronto le pertenecería a su pueblo, Moisés murió. Murió siendo todavía fuerte, capaz de ver y pensar con claridad. Dios enterró a Moisés en un valle cerca de la montaña. Moisés era el amigo de Dios.

Espió al enemigo

Josué 2.1-3

Cuando Moisés murió, Josué se convirtió en el líder del pueblo de Dios. Una vez que acamparon a orillas del Río Jordán, Josué llamó a dos de sus mejores hombres para reunirse en secreto. Ellos eran soldados valientes y astutos. "Tengo una misión secreta para ustedes", les dijo.

A los dos hombres les gustaban las misiones secretas.

"Quiero que vayan de espías a la tierra al otro lado del río. Lleguen a la ciudad de Jericó. Averigüen qué tan fuerte es. Averigüen si la gente está preparada para luchar contra nosotros y cuántos soldados tienen. Vean qué tipos de armas usan y si son de bronce o de hierro. Luego regresen y me lo dicen todo. Después de que crucemos el Río Jordán, atacaremos Jericó".

Los hombres asintieron con la cabeza. Esa tarde, los dos espías se introdujeron en la ciudad. Esta estaba rodeada de murallas altas y anchas. En la noche se cerraban bien las puertas. Los guardias hacía patrulla sobre las murallas.

Los dos hombres pasaron junto a un grupo de soldados. Una de ellos se volvió y dijo: "¿Quiénes son esos dos forasteros?"

"¡Parecen israelitas!"

"¡Deténganse! ¡Espías! ¡Esos dos hombres son espías! ¡Deténganlos!"

Los dos podían oir la multitud que los perseguía. Se fueron por un lado y por otro. Corrían por las callejuelas angostas, tratando de encontrar un lugar en donde esconderse.

"¡Aquí!", les susurró alguien. Los hombres se detuvieron y alzaron la mirada. Vieron a una mujer asomándose a una ventana. "Aquí", les decía, señalando la puerta que estaba justo debajo de ella. Los espías de Josué abrieron la puerta y entraron rápidamente.

Los espías se escapan

Josué 2.3-14

Los espías israelitas miraron a su alrededor. Vieron a la mujer que estaba de pie al otro lado de la habitación. "Yo los esconderé", les dijo. "Síganme".

La mujer de Jericó llevó a los espías al techo de la casa. Ahí les mostró dónde esconderse. Los espías esperaron hasta que anocheciera.

Cuando el rey de Jericó oyó que había espías, les ordenó a los soldados que buscaran por toda la ciudad. Pronto llegaron a la casa donde se escondían los espías.

Los soldados entraron a la casa de la mujer. "Sí, estuvieron aquí, pero ya se fueron. Si se apuran, los podrán alcanzar", dijo ella.

Los guardias se apresuraron a salir de la casa. Llegaron a la puerta de la ciudad justo antes de que la cerraran.

Ahora no podrían regresar a la ciudad hasta la mañana siguiente.

"¡Rápido!", les dijo la mujer a los israelitas. "¡Rápido, que ahora es su oportunidad. Apúrense y salgan ahora que los soldados no están!"

Los dos hombres bajaron de su escondite. "Sé todo sobre ustedes, gente de Israel", les dijo. "Dios está de su parte. Él bendice todo lo que ustedes hacen. Todos los hombres de Jericó tienen miedo de luchar contra ustedes".

"Si los ayudo a escapar, ¿se acordarán de mí y no me harán daño cuando ustedes conquisten Jericó?"

"Nuestras vidas por la suya", respondieron los hombres. "Sí. La salvaremos si nos ayuda a salir de aquí". La mujer asintió con la cabeza. Entonces los hizo subir otro tramo de escaleras.

Salvados por una cuerda roja

Josué 2.15-22

Los hombres subieron por las escaleras angostas hasta llegar a una pequeña habitación. "Así es como van a escapar", les dijo la mujer. Señaló hacia una pequeña ventana. Esa parte de la casa era en realidad parte de la muralla que rodeaba a Jericó. La mujer les dio una cuerda. "Si bajan por aquí, caerán en las afueras de la ciudad. Vayan hacia las colinas. Permanezcan escondidos durante tres días".

Los hombres tomaron la cuerda. "¿Cómo se llama usted?"

"Soy Rahab".

"Rahab, cuando ataquen los israelitas, ate esta cuerda roja a la ventana. Nos aseguraremos de que no se lastime a nadie que viva aquí cuando ataquemos Jericó".

El otro espía murmuró: "Pero si habla y nos apresan, nuestro ejército no se compadecerá de usted".

Ella asintió con la cabeza. Los hombres abrieron la ventana y ataron la cuerda roja a una columna. Así salieron de la casa. Al bajar, apoyaban los pies contra la muralla. Cuando llegaron al suelo no había sonado ninguna alarma. Luego desaparecieron en la oscuridad. Rahab subió la cuerda y la guardó. Ella sabía que ése era su boleto de seguridad. Si Dios quería que la gente de Israel capturara Jericó, entonces de seguro lo harían.

En la frontera de la tierra prometida

Josué 2.23—3.13

Los espías de Israel se escondieron por tres días. Cuando se sintieron a salvo, regresaron corriendo al campamento y se presentaron ante Josué.

"Esto es demasiado bueno para ser cierto", le dijeron los hombres. "Esta mujer que nos ayudó nos dijo que todos los hombres de Jericó nos tienen miedo. La ciudad es nuestra".

Entonces los tres hombres bajaron la cabeza y le dieron gracias a Dios por ayudarlos. Cuando Josué terminó de orar, volvió la mirada hacia sus hombres.

"Invadiremos Jericó dentro de pocos días. Hoy, sin embargo, es el día que hemos esperado tanto tiempo". Al principio los oficiales no entendían lo que quería decir. Entonces, vieron una gran sonrisa en la cara cubierta de barba de Josué. "¡Hoy es el día en que el Señor nos conducirá hacia la tierra prometida!" Los hombres entendieron la orden y se corrieron donde los otros líderes. Les dieron la noticia a todos los que estaban en el campamento. La noticia pronto corrió de un extremo a otro: "¡Hoy es el día!"

La gente estaba muy emocionada. Habían contado los días que estuvieron esperando. ¡Se habían acabado los cuarenta años de vagar de un lado a otro!

La travesía por el rio Jordán

Josué 3.14—4.24

Josué les ordenó a los sacerdotes que llevaran el arca al otro lado del río. Cuando los pies de los sacerdotes tocaron el agua, las olas retrocedieron. El agua formó una inmensa pared. Un camino seco se formó frente a los sacerdotes.

Caminaron hasta la mitad del río. Ni una gota de agua los tocó. "¡Estaban completamente secos!" Entonces Josué le dijo a la gente que los siguieran. Una a una las familias, los camellos, todas las personas, los burros y el ganado, atravesaron el Río Jordán ese día. Al caminar, pasaban junto a los sacerdotes que llevaban el arca.

El pueblo de Israel tardó todo el día en pasar junto a los sacerdotes. Al otro lado estaba la nueva tierra. Cuando todos cruzaron el río, Josué miró desde la colina donde había estado observándolo todo. Él recordó la promesa que Dios le había hecho a su antepasado Abraham.

Dios le había dicho: "Te convertiré en una gran nación. Serán más numerosos que las estrellas en el cielo. Esta tierra de Canaán te pertenecerá".

Josué les dijo a los sacerdotes que fueran a tierra firme. Tan pronto estuvieron a salvo, Dios hizo que las aguas se juntaran de nuevo. Después de casi quinientos años, los hijos de Abraham habían llegado a casa, a la tierra prometida.

La batalla que se ganó con trompetas

Josué 5.13—6.27

Josué sabía que pronto tendría que atacar Jericó. Oró a Dios pidiéndole ayuda. Entonces Dios le dio un plan muy extraño a Josué.

Josué les dijo a sus capitanes. "Tendremos un desfile".

Ninguno de los soldados de Josué había luchado de esa manera antes. ¡Un desfile no era una batalla! Pero escucharon el plan de Dios según se los explicó Josué.

"Sí", dijeron, "intentaremos eso. Haremos lo que Dios diga".

Al día siguiente, los soldados se colocaron en fila. Realmente parecía un desfile. Al frente iban los sacerdotes que llevaban el arca. Luego iba Josué. Él guiaba a todos los soldados.

La gente de Jericó vio que venían los soldados de Israel. Temblaban de miedo. "¡Ay!", se lamentaban, "esta será una batalla terrible. Todos moriremos porque Dios está de parte de ellos".

Pero los israelitas los sorprendieron. No los atacaron. En vez de eso, se pusieron en fila y caminaron alrededor de la ciudad. Marchaban alrededor de las murallas que rodeaban la ciudad. Y mientras marchaban, los soldados permanecían muy callados. Josué les había dicho que no hicieran ningún ruido. No hubo gritos de guerra ni de ninguna clase, solo cientos y cientos de soldados en silencio. El único sonido era el que hacían los siete sacerdotes que tocaban las trompetas.

El ejército de Israel marchaba alrededor de Jericó. Luego regresaron al campamento y descansaron.

Al día siguiente, hicieron lo mismo. Durante seis días desfilaron alrededor de Jericó. Y durante todo

ese tiempo no hicieron ningún ruido que no fuera el de las trompetas.

Luego, al sétimo día, Josué le ordenó a su ejército que marchara siete veces alrededor de Jericó. Después de la sétima vez, cuando sonaron las trompetas, los soldados gritaron tan fuerte como pudieron.

"¡Pum! ¡Cataplún!" Ni siquiera habían terminado de gritar los soldados cuando ¡se desplomaron las murallas de Jericó! Dios había hecho otro milagro. El pueblo de Israel entró a la ciudad. Solamente una familia de Jericó se salvó ese día: la de la mujer llamada Rahab.

La mujer sabia bajo la palmera

Jueces 4.1-16

Pasaron muchos, muchos años. El pueblo de Israel olvidó las promesas que les habían hecho a Moisés y a Dios. Adoraban otros dioses. Entonces el Señor dejó que los conquistaran los enemigos, el Rey Jabín y su General Sísara.

En esa época, el Señor había enviado a una mujer llamada Débora para que fuera juez de Israel. Dios la había bendecido y le había dado sabiduría. Ella amaba mucho al Señor su Dios. A menudo le decía a su gente que escucharan a Dios y Lo obedecieran. Pero la mayoría simplemente se reían de ella.

Como era juez, Débora escuchaba todos los problemas que tenía la gente. Cuando Débora daba audiencia, se sentaba bajo una gran palmera. Entonces todos esperaban en fila para poder hablar con ella.

Un día Débora mandó a buscar a Beracá, un soldado israelita. "Beracá, tiene que buscar diez mil hombres. Llévelos hasta el Monte Tabor. Cuando el General Sísara se entere que usted está ahí, él llevará sus carruajes y sus tropas. Libraremos una gran batalla y lo derrotaremos en el río".

"Está bien. Si usted lo dice, Débora. Pero no quiero librar esta batalla si usted no está ahí también".

Débora le sonrió. "¿Tiene menos fe en Dios que en mí?", le preguntó.

"Está bien. Sin embargo, como no confió en Dios, él le dará la victoria a una mujer y no a usted".

Cuando llegó el día de la batalla, Beracá guió las tropas. Débora alzó los brazos y oró en la cima de la montaña. Dios hizo que muchas cosas les salieran mal a las tropas de Sísara. Antes de que Beracá se diera cuenta, estaba persiguiendo a todos los soldados de Sísara que huían hacia las colinas. ¡El pueblo de Israel había ganado la batalla!

¿Quién matará a Sísara?

Jueces 4.17-22; 5.1-31

Cuando el General Sísara vio que había perdido la batalla, huyó corriendo. Buscó un sitio donde esconderse. Vio la casa de uno de los amigos del rey Jabín. "¡Ah!", pensó, estas personas me esconderán".

Una mujer salió a recibirlo. Se llamaba Jael. "Pase", le dijo. Sísara no lo sabía, pero en el fondo, Jael odiaba a Sísara y a su ejército. Jael le dio leche y luego lo cubrió con una frazada.

El General Sísara se quedó dormido profundamente. Jael llegó de puntillas a su lado. En la mano llevaba una estaca de la tienda y un martillo. Entonces Jael mató al General Sísara.

Entre tanto, Beracá buscaba a Sísara. Cuando llegó a la tienda de Jael, ella salió a recibirlo. Le dijo lo que había hecho.

Beracá llevó a Jael donde estaban Débora y el ejército. Todo el pueblo de Israel los aclamaba. Preguntaban: "¿Quién mató a Sísara?"

Beracá miró a Débora. El crédito por haber matado a Sísara era para una mujer. Levantó muy en alto la mano de Jael para que la multitud pudiera verla. "¡Esta mujer! ¡Jael mató a Sísara!"

Todo el pueblo de Israel aclamó a Jael. Sin embargo, Débora y Beracá les dijeron que el Señor Dios era el que había ganado la batalla por ellos. Entonces cantaron una canción sobre la victoria de Dios.

Gedeón inicia su obra

Jueces 6.1-40

No había pasado mucho tiempo cuando la gente de nuevo olvidó lo que había prometido. Como adoraban otros dioses, Dios no los podía hacer fuertes. Una tribu terrible, la de los madianitas, los conquistó.

Dios escogió a un hombre llamado Gedeón para que ayudara a su pueblo. Envió un ángel para decirle a Gedeón que debía derribar el altar y la estatua en honor de los otros dioses. El pueblo de Dios adoraba esta estatua que estaba en la colina.

Gedeón sabía que los otros hombres del pueblo podían matarlo por hacer esto. Él tenía miedo de derribar el altar de los dioses, pero lo hizo de todos modos porque Dios se lo había pedido. Gedeón y diez de

sus ayudantes subieron a la colina. Fueron al lugar donde la gente adoraba los dioses extranjeros. Allí hicieron añicos el altar de piedra y la estatua de los otros dioses.

Entonces hicieron otro altar en silencio. Mataron uno de los toros que habían llevado consigo y lo quemaron en el altar. Oraron a Dios. "Por favor, Señor, por favor, cuídanos".

A la mañana siguiente, cuando los hombres del pueblo descubrieron que habían roto el altar, dijeron: "¿Quién se atrevió a hacer esto? ¡Lo mataremos!"

Pero Joa, padre de Gedeón, les dijo: "Si su dios es realmente un dios, dejen que sea él quien imponga el castigo. No hagan nada". Los hombres estuvieron de acuerdo. Así, Gedeón estuvo a salvo y el altar del Señor permaneció intacto.

Pronto los madianitas planearon atacar de nuevo Israel. Gedeón le pidió a Dios: "Señor, si realmente vas a ayudar a que Israel salga victorioso, entonces por favor guíame. Dejaré esta piel de oveja sobre el suelo toda la noche. Si amanece húmeda de rocío y la tierra a su alrededor amanece seca, entonces sabré que debemos ir a la guerra".

Y así sucedió. A la mañana siguiente, la piel de oveja estaba húmeda pero la tierra estaba seca. Gedeón todavía quería asegurarse más. "Señor, por favor perdóname. Pero, ¿puedo pedir una prueba más? Esta noche, ¿podrías humedecer la tierra con el rocío y dejar la piel seca?"

Y así fue. De este modo Gedeón no tenía ninguna duda de que Dios aprobaba lo que hacía.

Se necesitan menos hombres para ganar la batalla

Jueces 7.1-8

Muchos hombres siguieron a Gedeón. Todos querían luchar contra los madianitas. Entonces Gedeón condujo al pueblo a un río. Al otro lado estaba el ejército madianita.

Entonces el Señor le dijo: "Gedeón, hay demasiados soldados contigo. Si ganas, la gente podría volverse orgullosa. Pensarán que todos lo hicieron solos. Quiero enseñarles a confiar en mí. Envía a casa a todos los que tengan al menos un poquito de miedo". Gedeón lo hizo así y aproximadamente la mitad de las personas se devolvieron a sus casas.

"Pero todavía tienes demasiados", le dijo Dios. "Llévalos al río. Los que se arrodillen y metan la cabeza en el agua para beber se irán a casa. Los que tomen agua con la mano lucharán en la guerra".

Gedeón hizo lo que Dios le dijo. Y casi todos se arrodillaron y metieron la cabeza en el agua. Gedeón señaló a los que estaban arrodillados y les dijo: "Todos ustedes váyanse a sus casas".

Cuando la gente se fue, Gedeón contó a los que quedaban. Solo había trescientos hombres. "Dios luchará por nosotros", dijo Gedeón.

Espías en la noche

Jueces 7.9-15

Esa misma noche, el Señor le dijo a Gedeón que cruzara el río y espiara a los madianitas. En la oscuridad de la noche, Gedeón y su ayudante se arrastraron hacia el campo madianita. Eran miles y miles. Había mucho más camellos que madianitas. Las jorobas de los camellos se veían en todo el campo.

Dios le había dicho a Gedeón: "Cuando vayas a espiar a los madianitas, oirás algo que te ayudará a ganar la batalla".

Ya en el campamento, Gedeón se escondió detrás de una tienda. Oyó que había voces adentro.

Un soldado madianita le decía a otro: "Tuve un sueño muy extraño. Un pan llegó rondando hasta nuestro campamento y lo tiró al suelo".

"Yo sé lo que eso significa", dijo el otro soldado. "Ese es Gedeón y su ejército de israelitas. Mañana nos vencerán porque el Dios único y verdadero los dirige".

Gedeón pensó: "Hasta los madianitas me temen. Saben que Dios está de nuestro lado".

Trompetas y antorchas

Jueces 7.15—8.21

Gedeón pensó: "Si los soldados enemigos están así de asustados, entonces nuestra victoria es segura". Gedeón bajó la cabeza y le dio gracias a Dios.

Gedeón se apresuró a regresar al campamento israelita. Despertó a sus soldados y les contó lo que había escuchado. "Ya casi tenemos ganada la batalla. Todo lo que tenemos que hacer es atacar ahora mismo y

110

tomarlos de sorpresa. Si hacemos todo el ruido que podamos, ellos creerán que somos más de trescientos. Esta noche, compañeros, ¡ustedes verán cuán grande es el Señor!" Los soldados agitaron sus lanzas en el aire y gritaron jubilosos.

"Sí", les dijo Gedeón. "Así es. Cuando dé la señal, una vez que estemos cerca de los madianitas, griten tan fuerte como puedan. Griten '¡Por Dios y por Gedeón!' Eso los asustará".

Gedeón dividió a los hombres en tres grupos. Los envió a que rodearan el campamento enemigo. Todo estaba en silencio. Ni siquiera los camellos se dieron cuenta de que las tropas de Gedeón estaban ahí.

De súbito, Gedeón dio la señal. Sus hombres sonaron las trompetas. Gritaron, quebraron las vasijas que protegían las velas y sonaron las trompetas. ¡Hacían un ruido enorme! Los madianitas pensaban que había llegado un poderoso ejército a atacarlos. Se despertaron sobresaltados. Huían tan rápido como podían. Sin embargo, como el ruido venía de todas partes a su alrededor, ni siquiera sabían hacia dónde correr. Gedeón logró una gran victoria.

Gedeón y sus hombres encendieron las antorchas. Obligaron a todos los madianitas a salir de su campamento. Solo unos pocos lograron escapar. Pero ni siquiera esos estuvieron a salvo. Gedeón y sus hombres persiguieron a estos últimos enemigos durante un gran trecho.

"El Señor nos ayudó a ganar hoy", le dijo Gedeón al pueblo de Israel. Todos bajaron la cabeza y le dieron gracias a Dios.

La lucha con un león

Jueces 13.1—14.7

Muchos, muchos años después, el pueblo de Dios todavía adoraba dioses falsos. Sus enemigos eran los filisteos. En esa época vivía una pareja que tenía un hijo muy especial llamado Sansón.

Los padres de Sansón nunca le habían cortado el pelo. Esta era una señal de que él pertenecía a Dios. Ellos sabían que Dios tenía un plan especial para Sansón.

Al crecer Sansón, el Señor envió a su Espíritu para que lo hiciera aún más fuerte. Dios hacía esto cada vez que quería darle una lección especial a Sansón.

Sansón tenía una novia filistea. Quería casarse con ella. Entonces Sansón y sus padres fueron al pueblo de la chica para planear la boda.

De camino, Sansón iba detrás de sus padres. Ellos se habían adelantado por unas horas. En el camino, Sansón atravesó un sembradío, donde oyó un ruido extraño.

"¿Qué será eso?", se preguntó.

De súbito, sin saber de dónde salió, apareció un león que se le acercaba corriendo. El león rugía y Sansón podía ver cómo le brillaban los dientes.

Sansón no tenía ningún arma. Pero el Espíritu del Señor descendió sobre él. Se hizo más fuerte que el más fuerte de todos los hombres. Cuando tenía el león encima, ¡Sansón lo lanzó lejos y lo mató!

Sansón dice una adivinanza

Jueces 14.8—15.20

Al tiempo, pocos días antes de la
boda, Sansón pasó por el sitio donde
había matado al león. Había un
enjambre de abejas haciendo miel.
Fue a donde estaba el león y probó la
miel. Era muy dulce.

Esa noche, Sansón estuvo
hablando con algunos de los hombres
en el pueblo de su novia. Sansón
dijo: "Yo sé una buena adivinanza.
¿Alguno quiere apostar conmigo?"

"Claro. Yo".

"Sí", dijeron los hombres. Sansón
apostó treinta piezas de lino y treinta
juegos de ropa contra los hombres.
Tenían que averiguar la adivinanza
antes del octavo día después de la boda.
Los hombres estuvieron de acuerdo.

Sansón dijo: "Esta es la adivinanza:
Del que comía salió comida; del que
era fuerte salió dulzura".

Nadie sabía la respuesta. Se
celebró la boda y pasaron cuatro días
de fiestas. Los treinta filisteos no
podían dar con la respuesta para la
adivinanza. Entonces le ordenaron a
la esposa de Sansón: "Haz que
Sansón te diga la respuesta para la
adivinanza. Si no lo hace,
quemaremos la casa de tus padres.
Después los mataremos a él y a ti".

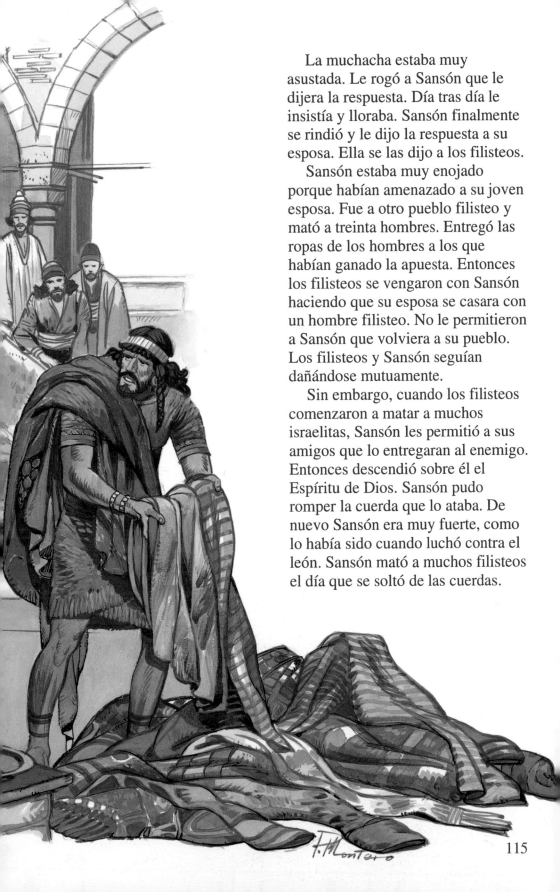

La muchacha estaba muy asustada. Le rogó a Sansón que le dijera la respuesta. Día tras día le insistía y lloraba. Sansón finalmente se rindió y le dijo la respuesta a su esposa. Ella se las dijo a los filisteos.

Sansón estaba muy enojado porque habían amenazado a su joven esposa. Fue a otro pueblo filisteo y mató a treinta hombres. Entregó las ropas de los hombres a los que habían ganado la apuesta. Entonces los filisteos se vengaron con Sansón haciendo que su esposa se casara con un hombre filisteo. No le permitieron a Sansón que volviera a su pueblo. Los filisteos y Sansón seguían dañándose mutuamente.

Sin embargo, cuando los filisteos comenzaron a matar a muchos israelitas, Sansón les permitió a sus amigos que lo entregaran al enemigo. Entonces descendió sobre él el Espíritu de Dios. Sansón pudo romper la cuerda que lo ataba. De nuevo Sansón era muy fuerte, como lo había sido cuando luchó contra el león. Sansón mató a muchos filisteos el día que se soltó de las cuerdas.

Sansón y Dalila

Jueces 16.1-20

Los enemigos de Sansón lo dejaron en paz por veinte años. Él llegó a ser juez de todo Israel. Sansón le enseñaba a la gente cómo obedecer las leyes de Dios. Durante ese tiempo, el Espíritu de Dios hizo que Sansón fuera muy fuerte. Era famoso por su fuerza. Con la ayuda del Señor, Sansón podía hacer cualquier cosa.

Los filisteos aún querían hacer prisionero a Sansón. Un día, después de tantos años, Sansón se enamoró de nuevo. La mujer que amaba se llamaba Dalila; era una mujer malvada. Ella hizo un trato con los filisteos. Iba a engañar a Sansón para entregarlo a sus enemigos. Ellos le darían a ella muchas monedas de plata.

Una y otra vez le decía a Sansón: "¿Por qué eres tan fuerte? ¿Cuál es tu secreto?"

A Sansón no le gustaba tanta insistencia. Le recordaba la forma en que había perdido a su primera esposa. "Por favor, Sansón, por favor. Dime cuál es tu secreto", le decía Dalila a Sansón mañana, tarde y noche. No se daba por vencida. Ansiaba tener las monedas de plata.

Por fin, Sansón ya no pudo soportar más. "Está bien, mujer", dijo refunfuñando. "¡Ya basta! El secreto de mi fuerza es el Señor. Él me hace fuerte siempre que mi cabello permanezca largo. Desde que era pequeño, mis padres sabían que Dios tenía un plan para mí".

Esa noche, Dalila llamó de nuevo a los filisteos. Hizo que Sansón se durmiera en su regazo. Se aseguró de que no se despertara cuando entraron los filisteos. Un hombre le cortó el cabello y cuando Sansón se despertó, ya era demasiado tarde. Sansón era muy débil para luchar contra los filisteos. Se lo llevaron prisionero y le pagaron el dinero a Dalila.

Gana el más fuerte

Jueces 16.21-31

Cuando los filisteos se llevaron arrastrado a Sansón, se sentían felices. Después de veinte años, por fin habían capturado a Sansón. "¡Todo lo que teníamos que hacer era cortarte el cabello! ¡Ahora eres tan débil como un niño!"

Los filisteos eran malvados. Le sacaron los ojos a Sansón para dejarlo ciego. Luego lo enviaron a la cárcel.

Pobre Sansón. No tenía esperanzas de escapar. Al poco tiempo le empezó a crecer de nuevo el cabello. Poco a poco, sentía que el Señor le devolvía las fuerzas. Nunca podría volver a ver. Sansón ansiaba poder algún día vengarse por todo lo que le habían hecho los filisteos.

"¡Señor", gemía, "devuélveme mi fuerza!"

Conforme pasaba el tiempo, Sansón se hacía cada vez más fuerte. Un día, los filisteos tenían una gran fiesta en un salón inmenso. Había más de tres mil personas ahí.

"Traigamos también a Sansón a la fiesta", dijeron.

"Sí. Podremos reírnos de él".

El guarda de la prisión llevó a Sansón a la fiesta. Al entrar al salón, Sansón los oyó burlándose de él. Sansón le pidió al joven que lo guiaba que lo dejara tocar las columnas que estaban en medio del salón. Estas columnas sostenían toda la casa.

Cuando Sansón tocó la piedra con sus manos, gritó: "¡Señor, Dios Todopoderoso, por favor, devuélveme mi fuerza! Por última vez, permíteme hacerles daño a los filisteos. Por favor, Señor, ayúdame a liberar a tu pueblo!"

El Señor escuchó a Sansón. Su Espíritu llenó a Sansón de fuerza. Haciendo un esfuerzo enorme, Sansón empujó las columnas. Empujó y empujó hasta que, de súbito, tras un enorme ruido, ¡una a una fueron cayendo las piedras!

"¡Déjame morir con los filisteos!", gritaba Sansón. Y empujó con todas sus fuerzas de modo que toda la casa se vino abajo.

Una mala época

Rut 1.1-13

Había una vez una mujer llamada Noemí. Ella era una de las pocas personas a las que todavía les gustaba orar a Dios. Cuando se casó, se fue a vivir lejos de sus padres. Tenía dos hijos a quienes quería mucho. Después, su esposo murió.

Desde pequeños, Noemí enseñó a sus hijos acerca del Señor. Cuando crecieron, los hijos se casaron. Las chicas con las que se casaron pertenecían al país de Moab. Ellos habían sido enemigos de Israel por muchos años. Sin embargo, parecía que esto no le preocupaba a Noemí. Ella amaba a las chicas como si fueran sus propias hijas.

Luego murieron los dos hijos. Noemí y las dos viudas jóvenes se quedaron solas. ¡Fue una época muy triste para las tres mujeres! Las jóvenes se llamaban Orfa y Rut. Vivían con Noemí y le ayudaban en todo lo que podían. Pero no había mucha comida en ese lugar. Las mujeres no tenían suficiente qué comer.

"Hijas mías", les dijo Noemí, "he oído que en la tierra donde crecí hay comida. Eso queda muy lejos de aquí. Mi familia era una de las tribus de Israel. Iré allá, pero sería mejor que ustedes regresaran con sus padres. Ellos las cuidarán. Quizás puedan encontrar maridos de nuevo".

Las jóvenes le dijeron: "No regresaremos. Queremos quedarnos contigo".

Pero Noemí movió la cabeza. "¿Qué harán ustedes? Estoy demasiado vieja para encontrar otro marido. No sean tontas. Regresen a casa". Noemí amaba a sus nueras y quería que se quedaran. Pero también quería hacer lo que fuera mejor para ellas.

Una mujer muy fiel

Rut 1.14-22

Orfa se acercó a Noemí y le dijo: "Haré lo que tú quieras. Regresaré con mis padres". La anciana la

abrazó. Abrazadas, lloraron. Sabían que nunca se volverían a ver. Orfa recogió sus cosas y se fue.

Pero Rut se negaba a partir. Puso la mano en el hombro de Noemí. Le dijo que se quedaría, sin importar lo que pasara. En el fondo del corazón, Noemí estaba feliz de que Rut quisiera quedarse. Noemí sabía que se convertiría en mendiga, sin nadie que la ayudara. Sin embargo, ella quería lo mejor para Rut. "También debes irte, Rut".

121

recordaban a Noemí. "¿Eres tú en verdad?", le preguntaban.

"Noemí, ¡has regresado! ¡Qué alegría verte de nuevo!"

Los viejos amigos la abrazaban y muy pronto se corrió la noticia. "¡Noemí ha regresado a casa! Y trajo consigo a su nuera".

Rut sale a trabajar

Rut 2.1-22

Noemí estaba feliz de estar de regreso en casa. Sin embargo, sabía que ella y Rut tenían que ver en qué forma se ganarían el alimento. A la mañana siguiente Rut le dijo a Noemí: "Ya no tenemos más comida. Es hora de que yo busque trabajo. Ya empezó la cosecha de cebada. Iré al campo a ver si ha quedado algo de grano. Traeré lo que encuentre".

Noemí asintió. "Anda, hija mía". Ella oró para que Rut encontrara un poco de grano para comer.

Salir sola a buscar trabajo en un sitio extraño era un gesto muy hermoso de Rut. Demostraba cuánto confiaba realmente en que Dios le ayudaría.

Rut se fue al campo de un hombre rico llamado Bóaz. Por casualidad, Bóaz era de la misma familia que Noemí. Cuando Bóaz vio a Rut, la llamó.

"Por favor, señor", le dijo Rut. "¿Puedo recoger la cebada que no recojan sus empleados?"

"Claro. Por supuesto", le dijo Bóaz. "Sé que has sido muy buena con tu suegra. Te ayudaré en lo que pueda". Entonces Bóaz les ordenó a

Rut le suplicó a Noemí: "No, ahora eres mi madre. Por favor, Noemí, déjame ir contigo. Iré donde tú vayas. Tu pueblo será mi pueblo y tu Dios, mi Dios". Rut conocía al único Dios verdadero. Su esposo le había hablado de Dios y ella confiaba en él. "Por favor, Noemí", le suplicaba Rut, "no quiero estar lejos de ti nunca. Dios cuidará de nosotras"

Noemí por fin accedió. Las dos mujeres partieron hacia Belén. Ahí era donde había crecido Noemí. Cuando llegaron, todos los ancianos sus empleados que compartieran el grano con ella.

Ese día Rut trabajó mucho y recogió una canasta llena de cebada. Eso era más que suficiente para ella y Noemí. Llevó la canasta a casa en la noche, además de la comida que había sobrado del almuerzo.

"¡Rut!" A Noemí casi se le salían los ojos. "Rut, ¿dónde conseguiste tanta comida?"

"Ay, Noemí. Conocí un hombre muy bueno y amable. Se llama Bóaz y me ayudó. Dijo que cuando quisiera podía ir a recoger el grano que sobraba en sus campos".

Entonces, por primera vez en muchísimos meses, Noemí sonrió. Le dijo: "Oh, Rut. Bóaz es un miembro de mi familia. Si Bóaz nos está cuidando, entonces el Señor por fin nos está bendiciendo de nuevo".

Las dos mujeres se sentaron a comer. Le dieron gracias a Dios por cuidar tan bien de ellas. También oraron para que Dios fuera bueno con Bóaz, que había sido tan generoso con ellas.

123

La bisabuela de un Rey

Rut 2.23—4.22

Mientras duró la cosecha de cebada, Rut trabajó en los campos de Bóaz. Siempre llegaba a casa con más comida de la que necesitaban.

Cuando se acercaba el final de la cosecha, Noemí le dijo a Rut: "Eres tan joven y bonita. ¿Por qué no tratas de casarte con Bóaz?" Cuando Rut estuvo de acuerdo, Noemí le dijo que tenía un plan.

Esa noche, Noemí envió a Rut a ver a Bóaz. Bóaz estaba durmiendo bajo las estrellas. Rut llegó donde él estaba y se acostó a sus pies. A medianoche, él despertó con un sobresalto.

"¿Quién está durmiendo ahí, a mis pies?", susurró en la oscuridad.

"Soy yo, Rut. He venido a pedirle que piense si le gustaría que yo fuera su esposa. Después de todo, usted es parte de la familia de Noemí. Necesito un esposo. Bóaz, usted siempre ha sido muy bueno conmigo".

Bóaz se levantó. "Querida. Eres encantadora. Para cualquier hombre sería un honor tomarte por esposa. Eres muy especial en venir a pedirme esto. ¿Quieres ser mi esposa?"

Rut asintió y Bóaz se inclinó para besarla. Bóaz y Rut sonrieron. "Déjame hablar con los líderes del pueblo. Nos casaremos tan pronto como sea posible", le dijo Bóaz. Acarició la mano de Rut. Luego la besó otra vez y le dijo que se fuera a casa.

Cuando Rut vio a Noemí, le contó la noticia. Al día siguiente le contaron a todos los amigos. El día de la boda, hubo una gran fiesta. Todos los de Belén se hicieron presentes.

Con el paso de los años, Bóaz y Rut llegaron a amarse mucho. El Señor los bendijo con un niño. Rut y Bóaz se llevaron a Noemí a vivir con ellos. Así podía ayudarles a cuidar al bisnieto, Obed.

Obed creció y se convirtió en un buen hombre. Amaba a Dios y obedecía sus leyes. Muchos, muchos años después, David, el gran rey de Israel, fue parte de la familia de Obed. Así fue como Rut y Bóaz, por su lealtad y bondad, fueron bendecidos por Dios. Llegaron a ser los bisabuelos de un rey muy poderoso.

A la espera de un bebé

1 Samuel 1.1-5

Mucho después de que naciera Obed, el hijo de Rut, el pueblo de Israel todavía se olvidaba de Dios. La mayoría ni siquiera trataba de orar.

En esa época vivía un hombre llamado Elcaná. Elcaná tenía dos esposas. Una tenía hijos y la otra no. La que no tenía hijos se llamaba Ana. Tenía el cabello largo y negro y sus ojos oscuros se iluminaban cuando sonreía. Elcaná amaba mucho a Ana.

Los años pasaban y Ana no tenía hijos. Elcaná amaba a Ana más de lo que amaba a su otra esposa. La otra esposa se llamaba Penina. Penina le había dado muchos hijos e hijas a Elcaná. Ella no era tan buena ni amable como Ana.

Penina sabía que Elcaná amaba a Ana más que a ella. Esto ponía a Penina muy celosa. Se burlaba de Ana cada vez que podía. A menudo le decía a Ana que era una esposa inútil pues no podía darle a Elcaná ni siquiera un hijo.

Elcaná era una de las pocas personas en esa época que trataba de seguir al Señor. Una vez al año llevaba a toda la familia a Silo. Ahí, en una tienda sagrada, se guardaba el arca que contenía los Diez Mandamientos. Un sacerdote cuidaba el arca.

Año tras año, después de que Elcaná terminaba de adorar a Dios en Silo, daba una gran fiesta para su familia. Ana estaba ahí, con Penina y todos los niños.

Cada año, en la fiesta en Silo, Elcaná le daba a Ana dos veces más carne que a Penina. Él se sentía muy triste pues Ana no podía tener niños. Por eso creía que lo menos que podía hacer era tratarla bien. Elcaná tenía la esperanza de que al darle más carne, Ana volvería a sonreír. Él se acordaba muy bien de esa sonrisa, pero ya casi no la veía.

127

Penina maltrata a Ana

1 Samuel 1.6-8

Cada año, en la fiesta en Silo, Penina veía cómo Elcaná le daba más carne a Ana que a cualquier otro miembro de la familia. Y cada año, Penina se aseguraba de decirle algo cruel a Ana.

Año tras año, cuando estaban comiendo, Penina le susurraba a Ana: "Supongo que la carne es mejor que nada. No eres nada especial. Elcaná solo te tiene lástima porque no tienes hijos".

Los insultos de Penina eran peores cada año. Por fin, un año los insultos de Penina fueron más crueles que nunca. "Te estás haciendo vieja, Ana. Mira, mi hijo mayor ya es casi un hombre. Y tú no tienes ni un hijo. ¿Qué vas a hacer cuando ya no seas bonita? Elcaná ya no te dará más carne. Ni siquiera tendrás un hijo que demuestre que fuiste joven".

Ana ya no pudo soportar más. Se cubrió los oídos y estalló en llanto. ¡Quería tanto tener un hijo! "¿Por qué? ¿Por qué no tengo un hijo?", lloraba afligida.

Elcaná vio que su esposa favorita estaba llorando. Supuso lo que le había dicho Penina. Entonces le dijo a Ana: "Ana, no sufras por no tener un hijo. Está bien. No importa".

Pero no estaba bien y sí importaba. Ana se alejó corriendo.

Una oración con el corazón

1 Samuel 1.9-18

Ana se dirigió a la tienda en donde el sacerdote le hacía ofrendas a Dios. No sabía qué hacer. Se arrodilló y se cubrió la cara con las manos. Sus labios temblaban mientras oraba. Por sus mejillas rodaban las lágrimas.

"Oh, Señor", oraba en voz baja, "tengo tantos deseos de tener un hijo. Por favor, Dios, si me dieras un hijo te lo daría a ti. Lo traería aquí para que el sacerdote lo educara. El niño sería tuyo".

Elí, el sacerdote, la observaba mientras oraba. Él veía que los labios se movían pero no oía nada. Ana tenía los ojos rojos por el llanto.

En ese tiempo, no eran muchos los del pueblo de Israel que iban a orar en la tienda de Elí. Los que iban, oraban en voz alta. Algunos que llegaban a Silo lo hacían solo para comer y beber. El sacerdote vio los ojos rojos de Ana y los labios que se movían. Él pensó que ella había bebido demasiado vino.

"Oye", le gritó, "no deberías venir aquí si estás borracha".

"No, mi Señor", respondió Ana con voz entrecortada. "¡No soy uno de esos borrachos que llegan aquí de la fiesta! Tan solo estoy muy triste".

Cuando Elí se acercó, vio que Ana decía la verdad. "Ve en paz. Espero que Dios te dé lo que le has pedido".

Ana bajó la cabeza. "Gracias por su bendición". Al salir, Ana sintió que ya no había más pesar ni vergüenza en su corazón. Era decisión del Señor si algún día tendría o no un hijo. Ahora sabía que lo que Dios decidiera sería lo mejor para ella y para Elcaná.

Samuel, el hijo

1 Samuel 1.19-25

Ana se fue a casa con Elcaná. Pocos meses después supo que iba a tener un hijo. ¡Ese fue un día muy feliz para Ana! Una y otra vez le dio gracias a Dios.

Casi un año después, Ana dio a luz un hermoso niño. Lo llamó Samuel, que significa "Escuchado por Dios". Ana dijo que era así "porque se lo pedí al Señor y él me escuchó".

Ahora, cuando Penina molestaba a Ana, a ella no le dolía. Si Penina decía: "Ana, yo tengo más hijos que tú", a Ana no le importaba.

"Sí, pero mi Samuel vale por diez hijos", le contestaba Ana.

Durante los tres años siguientes, Ana se dedicó a cuidar a Samuel. Jugaba con él y oraba junto a él. Le

enseñó a contar. Cantaba y bailaba
con él. A menudo reían juntos.
Cuando Samuel cumplió tres años,
Ana sabía que había llegado el
momento de llevarlo donde Elí.
Samuel había sido un regalo de Dios.
Ella había confiado en que Dios
decidiera si debería o no tener un
bebé. Ahora confiaba en que Dios
cuidaría de su hijo.

Ana deja a Samuel con Elí

1 Samuel 1.26—2.11

Ana tomó a Samuel de la mano. Se
detuvieron en la entrada de la tienda en
Silo donde la gente adoraba al Señor.
Ana llamó a Elí. Cuando apareció el
anciano, Ana le dijo: "¿Me recuerdas?
Soy la mujer cuyas oraciones bendijiste
hace tres años. Estaba pidiendo tener
un hijo. Mira la forma en que el
Señor contestó mis oraciones". Ana
miró a Samuel y le sonrió.

Samuel sabía que él era un niño especial. Le pertenecía a Dios. Sabía que en adelante el sacerdote Elí lo cuidaría. Samuel no tenía miedo. Su madre le había dicho que Dios lo cuidaría no importa dónde estuviera. Samuel confiaba en ella y en el Señor. Además, ella lo visitaría todos los años cuando la familia viajara a Silo.

Samuel sabía que ya era un niño grande. No lloró. Tan solo miraba a Elí y después a su madre. Él esperaba que ella le soltara la mano. "Entonces quizás llore", se dijo.

Ana le habló a Elí de la promesa que le había hecho a Dios. Elí asintió. Él se agachó y estiró los brazos hacia el muchacho. Samuel vio los ojos bondadosos del anciano Elí, el sacerdote. Entonces sintió que estaba en buenas manos.

133

Preparación para el sacerdocio

1 Samuel 2.18-21; 3.1

El pequeño Samuel se sentía feliz viviendo con el sacerdote Elí. Elí era como un padre para Samuel. Además, los propios hijos de Elí eran ambiciosos y egoístas. A ellos no les importaba Dios, pero a Elí sí.

Cada año, Ana y Elcaná le llevaban una túnica nueva a Samuel. Cada vez que Samuel se sentía un poco nostálgico, se ponía su túnica y pensaba en que su madre lo abrazaba.

Samuel ayudaba a Elí en el templo. Su trabajo era mantener todas las lámparas encendidas. Aprendió sobre los distintos tipos de ofrendas que Elí le hacía a Dios. Samuel también aprendió que orar es como hablar con Dios. Sin embargo, a veces se preguntaba por qué no oía a Dios.

Samuel oye la voz de Dios

1 Samuel 3.2-18

Una noche, cuando Samuel dormía, oyó una voz que lo llamaba: "Samuel".

"Aquí estoy", dijo Samuel. Corrió donde estaba Elí. "Sí, Elí. ¿Me llamó? ¿Qué desea?", le preguntó Samuel.

El anciano se sentó en la cama y se rascó la barba. "Yo no te llamé", le dijo. "Regresa a la cama. Es medianoche".

Samuel obedeció. Apenas se había dormido cuando de nuevo oyó que le decían: "¡Samuel!" Samuel se despertó y corrió donde Elí.

"Sí, Elí", le dijo el muchacho.

"No, hijo mío. Yo no te llamé", le dijo de nuevo Elí.

Más tarde, esa misma noche, por tercera vez Samuel oyó la voz que decía: "¡Samuel!" Samuel no había oído nunca antes la voz de Dios. Todavía creía que era Elí el que lo llamaba.

De nuevo corrió donde Elí. Y esta vez Elí ya sabía que seguro Samuel había oído la voz del Señor. Había pasado mucho, mucho tiempo desde la última vez que el Señor le había hablado a alguien del pueblo de Israel. Elí le dijo a Samuel: "¡El Señor Dios te ha estado llamando!

La próxima vez, contéstale diciendo
'Sí, Señor, te escucho'"

El muchacho obedeció. La próxima
vez que el Señor le habló a Samuel,
le dijo: "He visto las malas acciones de
los hijos de Elí. De ahora en adelante
hablaré a través tuyo, Samuel".

A la mañana siguiente, Samuel le
contó a Elí todo lo que el Señor le
había dicho. Esta fue la primera de
muchas ocasiones en que Dios le
habló a Samuel.

135

Los burros perdidos

1 Samuel 8.1—9.25

Samuel se convirtió en un gran profeta. Le decía a la gente qué era lo que Dios quería. Llegó un momento, sin embargo, en que la gente le decía a Dios qué era lo que ellos querían. Querían un rey.

"No, ustedes deben permitir que Dios sea su rey", les decía Samuel.

Pero la gente no lo escuchaba.

"Está bien", les dijo Samuel. "Tendrán un rey. Ahora regresen a casa".

En esa época vivía un hombre muy bien parecido que pertenecía a la tribu más pequeña de Israel. Se llamaba Saúl. Al padre de Saúl se le habían perdido unos burros, por lo que envió a su hijo a buscarlos.

Saúl y su ayudante buscaron los burros por todas partes. No pudieron encontrarlos. Saúl estuvo ausente durante muchos, muchos días. Al fin, quiso regresar a casa. Su ayudante le dijo: "Cerca de aquí vive un hombre de Dios. Es muy sabio. Quizás deberíamos preguntarle si sabe dónde están los burros".

Los dos hombres se dirigieron a casa de Samuel. Sucede que el día anterior, Dios le había dicho a Samuel: "Un forastero llegará a tu casa mañana. Él es el que se convertirá en el rey de mi pueblo".

Samuel se pasó todo el día esperando al forastero. Cuando Saúl lo vio, de pie en la entrada, le preguntó: "¿Sabe usted dónde está el hombre de Dios?"

"Soy yo", le dijo Samuel. "Y el Señor ya me ha hablado de ti. Tus burros están a salvo. Ven conmigo a la cima de aquella colina", le dijo Samuel mientras la señalaba. "Ahí están dando un banquete. Tú puedes sentarte a la cabecera de la mesa. Algún día te convertirás en un hombre muy importante".

Saúl apenas podía creer lo que oía mientras seguía a Samuel hacia la colina.

136

El gran secreto

1 Samuel 9.26—10.8

Después del banquete, Saúl pasó la noche en la casa de Samuel. Durmieron en el techo pues hacía mucho calor. A la mañana siguiente Samuel le dijo a Saúl que ya era hora de que volviera a casa.

Cuando bajaban hacia las afueras del pueblo, Samuel se detuvo. Se volvió hacia Saúl y puso aceite sobre su cabeza. Esto quería decir que Saúl era un hombre especial a los ojos de Dios. "El Señor te ha elegido para que guíes su pueblo y lo gobiernes como rey".

Saúl bajó la cabeza. "¿Cómo puede ser esto?", se preguntó.

Todo lo que había sucedido le parecía grandioso e imposible. ¿Cómo podía Samuel saber todo eso? La respuesta era simple; Dios se lo había dicho.

"Saúl, cuando te vayas hoy, te encontrarás con dos hombres que dirán 'Ya encontraron los burros que has estado buscando'. Ahora regresa donde tu padre, antes de que comience a preocuparse".

Saúl se convierte en rey

1 Samuel 10.9-27

Cuando Saúl se volvió para alejarse de Samuel, Dios hizo algo especial. Cambió los sentimientos de Saúl. Ahora que Saúl había visto que todo lo que Samuel había predicho sucedería, estaba seguro que Dios había hecho que así fuera.

Más tarde, ese mismo día, Saúl tuvo noticias de los burros, tal y como Samuel lo había dicho.

Al poco tiempo Samuel reunió a la gente y le preguntó: "¿Todavía quieren tener un rey?"

La gente gritó: "¡Sí, queremos un rey!"

"Está bien. Dios escogerá un rey para ustedes", les dijo Samuel. Entonces Samuel tiró los dados. Mediante los dados, Dios escogió a la tribu de Benjamín. Una por una, Samuel revisó las familias de Benjamín. Dios indicó que quería a la familia Matri. Esta era la familia de Saúl.

Luego Samuel preguntó por cada hombre en la familia hasta que Dios escogió a Saúl. Preguntó: "¿Dónde está este hombre?"

La gente miraba a todas partes. "¿Quién es Saúl? ¿Dónde está este hombre?"

Samuel le preguntó al Señor. Él dijo que Saúl estaba escondido entre los sacos y las canastas.

Las personas buscaron a Saúl hasta que lo encontraron. Lo trajeron frente a Samuel. "Miren qué alto que es", les dijo Samuel. "¡Este es su rey!"

La gente vitoreó: "¡Qué viva el rey!"

Samuel le dijo al pueblo cuáles eran las reglas que debían seguir si tenían un rey. Después las escribió en un rollo de papiro.

Siempre y cuando Saúl cumpliera las reglas de Dios, el Señor lo bendeciría.

139

Dios escoge un nuevo rey

1 Samuel 15.9—16.13

Al principio Saúl trató de ser un buen rey. Gobernaba como Dios quería que lo hiciera. Conforme pasaba el tiempo, Saúl se volvió codicioso. A Dios no le agradaba que Saúl se preocupara solo por él mismo. Entonces Dios le pidió a Samuel que buscara al que sería el próximo rey.

"Quiero que lleves aceite a Belén. Pide ver a los hijos de Isaí. En ese lugar te mostraré quién va a ser el próximo rey".

Cuando Samuel llegó a Belén, mandó a llamar a los hijos de Isaí. El mayor era muy bien parecido.

Pero el Señor dijo: "Soy Dios. No mido a las personas según su físico. Me fijo en el corazón de la persona y veo lo que tú no ves".

Cuando los siete hijos pasaron frente a Samuel, éste se volvió hacia Isaí. "El Señor no ha escogido a ninguno de estos. ¿No tienes más hijos?"

"Bueno", le dijo Isaí, "hay uno más. Pero es el más joven. Está en el campo cuidando las ovejas". Entonces llamaron a David, el hijo menor.

El muchacho tenía grandes ojos cafés y su piel estaba muy bronceada. Con su sonrisa se iluminaba toda la habitación. Era fuerte y bien parecido.

El Señor dijo: "Este es". Samuel tomó el aceite y lo echó sobre la cabeza de David. Esto quería decir que David había sido separado como rey.

Entonces Samuel regresó a casa. Dios había elegido a su próximo rey,

pero aún no era el momento de
decírselo a la gente.

David cuida a Saúl

1 Samuel 16.14-23

David regresó a cuidar las ovejas en
el campo. Cada vez que un león o un
lobo amenazaba a sus ovejas, David
los mataba con la honda. Durante los
largos días en el campo, David a
menudo tocaba el arpa y cantaba para
alabar al Señor.

Conforme David se acercaba a
Dios, Saúl se alejaba más y más de
él. El Espíritu de Dios abandonó a
Saúl. La mente de Saúl se confundió
y sufría mucho. Saúl no podía
dormir. Siempre estaba triste y tenso.
Nunca tenía hambre. Algunas veces
la mente lo engañaba. Se imaginaba
cosas que no existían. A veces se
sentía como si fuera dos personas
distintas encerradas en el mismo
cuerpo.

Los sirvientes de Saúl le dijeron
que debía buscar a alguien que lo
pudiera calmar: "¿Dónde está esa
persona?" preguntó Saúl.

"He oído sobre uno de los hijos de
Isaí. Toca música muy hermosa, es
valiente, no habla demasiado y es
bien parecido", le dijo uno de los
sirvientes. "No solo eso, sino que el
Señor está con él".

Saúl mandó a buscar a David. Isaí
envió a su hijo, junto con un burro
cargado de pan y vino como regalo
para el rey Saúl.

Cuando David llegó, tocó el arpa
para el rey. Esto ayudó mucho a Saúl.

El gigante

1 Samuel 17.1-19

Durante los años que siguieron, David visitaba el palacio con frecuencia y tocaba el arpa para Saúl. A veces Saúl tenía que alejarse para luchar contra los filisteos. Entonces David se iba a casa de su padre.

Entre los soldados de Saúl había tres de los hermanos mayores de David. Isaí a menudo le pedía a David que les llevara cereal, pan y queso a sus hermanos. Así podía tener noticias sobre sus hijos.

Durante una de las batallas, Saúl y sus soldados tuvieron un gran problema. Todavía no había comenzado la lucha a causa de un soldado filisteo llamado Goliat. Goliat era un hombre muy, muy alto. A la mayoría de los israelitas les parecía un gigante. Goliat el gigante había desafiado a los israelitas.

"Si alguno de ustedes desea luchar contra mí lo desafío a que lo haga. Si gano, todos ustedes se convertirán en esclavos nuestros. Si uno de sus hombres gana, entonces nosotros les serviremos a ustedes".

Todos los hombres de Saúl miraron a Goliat y se estremecieron de miedo. "¿Cómo podremos luchar contra un gigante como ese?", susurraban.

Ninguno se atrevía a luchar contra él. Inclusive los hermanos de David estaban demasiado asustados para pelear contra Goliat.

Los insultos de Goliat

1 Samuel 17.20-30

Goliat amenazó al ejército israelita durante más de un mes. En esos días, Isaí le pidió a David que les llevara provisiones a sus hermanos y David lo hizo con mucho gusto.

Cuando David llegó al campamento, buscó a sus hermanos por todas partes. En ese momento, se oyó un gran grito que venia del lado israelita.

"¡Sálvese quien pueda! ¡Viene el gigante!"

Goliat vociferaba: "¡Ya lo sabía! ¡Todos ustedes, israelitas, forman un ejército de cobardes! ¡Los invito a todos ustedes para que prueben que estoy equivocado! ¡Su Dios es débil! ¡Él no los puede ayudar!"

Goliat había dicho algo muy, pero muy terrible. Había dicho que Dios era débil. Cuando David oyó los insultos de Goliat, se enojó muchísimo. Trató de que los soldados asustados que estaban junto a él le dieran más información.

Le contaron sobre la recompensa. Saúl había ofrecido riquezas y la mano de su hija a cualquier hombre que combatiera contra Goliat.

David, el que mató al gigante

1 Samuel 17.31-54

David fue a ver a Saúl. Le dijo: "Déjeme luchar contra Goliat. No quiero que el pueblo de Dios parezca cobarde".

Saúl le dijo: "No puedes luchar contra él. Tan solo eres un muchacho".

David levantó la cabeza. "He salvado a mis ovejas de los ataques de los leones y los osos".

Por fin Saúl aceptó. Le dio a David su escudo y sus armas. Pero eran demasiado grandes. Como David no estaba acostumbrado a usar armas tan pesadas, las hizo a un lado.

"Me enfrentaré a Goliat vestido de pastor".

Entonces David buscó cinco piedras lisas en un arroyo cercado. Era hora de luchar contra el gigante.

Cuando Goliat lo vio, gritó furioso: "¡Qué insulto! ¿Se atreven a enviar a un niño para que pelee contra el gran Goliat?"

Pero David le dijo: "Usted puede tener lanza y espada. Mi arma es el nombre del Señor Dios Todopoderoso. Él es el Dios de nuestro ejército, el mismo contra quien usted se burló".

"Dios me ayudará hoy a derribarlo y a cortarle la cabeza. ¡Así el mundo entero sabrá que no es la espada sino el poder del Señor lo que gana las batallas!"

Goliat se acercó para atacar a David. De súbito, David apuntó hacia Goliat. Puso una piedra en la honda, la hizo girar alrededor de su cabeza y luego la soltó.

La piedra zumbó en el aire más rápido de lo que Goliat tardó en levantar su lanza. Pero era demasiado tarde, ¡pues la piedra ya había penetrado justo en la cabeza de Goliat! El gigante cayó al suelo con gran estrépito.

David tomó la espada grande y pesada de Goliat. Lo mató y le cortó la cabeza. Los filisteos no podían creer lo que veían. Dieron vuelta y empezaron a correr. Los hombres de Israel y de Judea no los dejaron escapar. Ese día se ganó una gran batalla porque David confió en el poder de Dios.

145

El rey Saúl siente celos

1 Samuel 17.55-58; 18.5-30

Cuando David mató a Goliat, Saúl convirtió a David en general. Lo envió a luchar en muchas batallas. Cada vez que David regresaba de una batalla, se hacía un héroe más y más popular.

Una vez, cuando David regresó después de matar a muchos filisteos, un grupo de mujeres israelitas rodearon a David y a Saúl. Ellas cantaban: "Saúl ha matado a mil y David a diez mil".

Esto enojó a Saúl y lo puso celoso. Se dijo: "Ya David es más popular que yo. Quizás pronto tratará de quitarme mi reino". A partir de ese día, Saúl sentía celos de David.

Saúl inclusive enviaba a David en misiones peligrosas, a ver si así lo mataban. Pero David se hacía cada vez más popular. Una vez, David fue a luchar contra los filisteos. La hija de Saúl, Mical, oraba para que regresara vivo. Ella amaba a David. Como Dios estaba con David, él lo hacía todo bien. Y esta vez fue igual.

Cuando David regresó con la prueba de su victoria, Saúl se volvió más temeroso de David. David tenía al Señor de su lado, pero Saúl no. El pueblo amaba a David. Lo vitoreaban cada vez que pasaba por la ciudad. David y Mical se casaron. Así David tenía el amor de la hija de Saúl para ser aún más fuerte.

Amigos para siempre

1 Samuel 18.1-4; 19.1-7

Poco tiempo después de que David matara a Goliat, Saúl llevó a David de regreso al palacio. Ahí fue donde David conoció a Jonatán. Jonatán era hijo de Saúl y hermano de Mical.

Ese día, David había estado conversando con Saúl. David oyó a alguien a sus espaldas. Se volvió y vio a Jonatán. Los dos jóvenes se miraron.

En esa fracción de segundos, el alma de Jonatán se unió a la de David. Jonatán sabía que había encontrado al que sería su mejor amigo de por vida. A partir de ese momento, Jonatán amó a David tanto como a sí mismo. Los dos jóvenes prometieron ser amigos para siempre. Jonatán le dio a David su túnica, su espada, su arco y su cinto.

Años más tarde, Saúl les ordenó a Jonatán y a sus sirvientes que mataran a David.

Pero Jonatán era más que un hermano para David. Lo buscó y le dijo: "¡Mi padre quiere matarte! Por favor, ten mucho, mucho cuidado en la mañana. Debes esconderte. Luego hablaré con mi padre sobre ti".

Jonatán pasó la mañana siguiente con su padre. Le habló de lo bueno que era David y de lo equivocado que estaba Saúl al tratar de que lo mataran.

Finalmente, Saúl le prometió no hacerle daño a David. Entonces David regresó al palacio.

Pero Saúl no cumplió la promesa. Al poco tiempo se enojó de nuevo.

Jonatán salva la vida a David

1 Samuel 19.9—20.42; Salmo 59

No se podía confiar en Saúl. Una tarde, David estaba tocando el arpa para Saúl. De repente, ¡Saúl saltó de su trono y tomó la lanza! La arrojó con todas sus fuerzas hacia David. David huyó de la habitación tan rápido como pudo. Apenas pudo escapar.

Esa noche, Mical, la esposa de David, le ayudó a escapar de los soldados de Saúl. David se dirigió a casa de Samuel. Le contó todo lo que había pasado. Entonces David regresó y encontró a Jonatán.

"¿Qué hice mal?", se lamentaba. Jonatán y David hicieron un plan. Se pusieron de acuerdo sobre una señal. Jonatán le hablaría a Saúl sobre David. Después Jonatán iría al campo a practicar con el arco y la flecha. Si Saúl realmente quería atrapar a David y matarlo, Jonatán le gritaría al joven que recogía las flechas: "¡Mira! ¡Las flechas están delante de ti!" Esa sería la señal para David.

Jonatán se fue con David al campo donde pronto se encontrarían de nuevo. Los dos jóvenes se sentían muy cercanos. Jonatán le pidió a Dios: "¡Sé nuestro testigo! Si mi padre quiere hacerle daño a David y no le aviso, haz que el Señor me castigue. Haz que mis hijos y los de él sean amigos para siempre, aún después de que el Señor destruya a todos los enemigos de David!" Entonces David se escondió en el campo. Jonatán regreso a esperar a su padre.

148

Dos días después, Jonatán le preguntó a Saúl por David. Su padre se puso iracundo. Saúl inclusive lanzó la lanza contra Jonatán, pero no dio en el blanco.

A la mañana siguiente, Jonatán corrió al campo con su arco y su flecha. Disparó una flecha y le dijo al joven que la buscaba: "¡Mira! ¡Las flechas están delante de ti! ¡Corre!" Luego envió al muchacho a casa. David salió del escondite.

David cayó al suelo a los pies de Jonatán. Los dos amigos estaban tan tristes que lloraron abrazados. Los dos jóvenes sabían que pasaría mucho tiempo antes de que pudieran verse de nuevo.

Solitario en una cueva

1 Samuel 24.1-22; Salmo 57

Saúl persiguió a David como si fuera un animal. Sabía que David se escondía en un sitio donde había muchas cuevas. Saúl y sus soldados decidieron buscar en las colinas.

En un momento, cuando Saúl estaba solo, buscó un lugar donde hacer sus necesidades. Vio una cueva cercana y decidió entrar. Era imposible que lo supiera, ¡pero David se escondía precisamente ahí!

"¡David, mira!", le susurraron sus soldados. "Dios te ha bendecido de nuevo. Ahora tienes la oportunidad de matar a Saúl".

David movió la cabeza y les dijo: "¡Nadie debe matar a quien Dios eligió como rey!"

Luego se arrastró por la cueva hacia donde estaba Saúl. Con mucho cuidado cortó un pedazo de la túnica de Saúl. Luego se arrastró de nuevo a su escondite. Cuando estuvo de regreso con sus hombres, David se lamentó de lo que había hecho. No había querido hacerle daño a Saúl. "No debí haber cortado la esquina de su túnica".

Entonces Saúl se levantó y salió de la cueva. Sin embargo, una vez que salió, David corrió tras de él. Se arrodilló y le dijo: "¡Mi Señor, su majestad!" Saúl se volvió, muy sorprendido. David levantó el trozo de túnica y le dijo: "Mire. Corté la esquina de su túnica. Dios lo puso en mis manos mientras estaba en la cueva. ¡Pero no le hice daño! Inclusive impedí que mis hombres lo lastimaran. ¿Me creerá ahora de que no soy su enemigo? ¿Por qué me persigue así? ¡No he hecho nada malo!"

Saúl se dio cuenta que David lo pudo haber matado si así lo hubiera querido. "Ningún hombre deja escapar a su enemigo así como lo has hecho. Te creo, David".

Saúl dejo en paz a David y a sus hombres... al menos por un tiempo. Sin embargo, al poco tiempo Saúl se olvidó nuevamente de su promesa.

151

saqueado el lugar! ¡Todas las familias habían sido tomadas prisioneras!

David reunió a sus hombres. Seiscientos lo siguieron. Doscientos más, que estaban muy cansados, se quedaron. Durante todo el día siguieron las huellas de los amalecitas. Al anochecer, David y sus hombres atacaron. Lucharon fieramente durante toda la noche y hasta el amanecer. Las mujeres y los niños corrían en todas direcciones. Finalmente, David y sus hombres ganaron la batalla. Solo cuatrocientos amalecitas escaparon con vida. Y eso únicamente porque tenían camellos.

David pierde a Saúl y a Jonatán

1 Samuel 31.1-13; 2 Samuel 1.1-27; 1 Crónicas 10.1-14

David regresó a su casa en Siclag. Ahí oyó la noticia sobre la gran batalla entre los israelitas y los filisteos. Esta era la batalla en la que los generales filisteos no le habían permitido a David que participara.

"Fue una batalla terrible", el mensajero le dijo a David. "Los filisteos atacaron fuertemente a Saúl y a sus hijos. Mataron a sus tres hijos, incluyendo a Jonatán..."

David gritó: "¡Oh, no! ¡No a mi hermano Jonatán!"

El mensajero continuó diciendo: "El rey estaba rodeado. No tenía opción. Saúl cayó sobre su propia espada y se mató".

Al oir esto, David y sus hombres lloraron y se lamentaron. No comieron en todo el día. ¡El rey ungido de Dios estaba muerto! ¡Era un día fúnebre para Israel!

Todo se pierde

1 Samuel 29.1—30.31

Los fieros filisteos iban a atacar Israel. Entre los líderes estaba el rey Aquís de Gat. Este rey había protegido a David cuando huía de Saúl. Aquís le había pedido a David y a sus hombres que marcharan con él. Quería que David luchara contra su propio pueblo, los israelitas.

Cuando los generales filisteos oyeron esto dijeron: "No. No queremos que David esté con nosotros durante la batalla. ¿Qué pasaría si decide cambiar de bando?"

Entonces Aquís les dijo a David y a sus hombres que regresaran con sus familias. David se fue a su casa en Siclag. Ahí era donde había estado viviendo por más de un año. Al llegar a Siclag vio algo terrible.

¡La ciudad estaba en llamas! Mientras David y sus hombres habían estado lejos, ¡los amalecitas habían

David es coronado

2 Samuel 5.1-10, 13-25; 1 Crónicas 14.1-17

Ahora que estaban muertos los hijos de Saúl, las tribus de Israel fueron donde David y le dijeron: "Todos somos parte de la misma familia. Inclusive cuando Saúl era el rey, usted era nuestro líder. Hemos escuchado cómo el Señor lo ha escogido a usted. ¡Queremos que sea nuestro rey!"

Cuando David se convirtió en rey, escogió a Jerusalén como su ciudad. En esa época, Jerusalén era tan solo una pequeña aldea. Aún así, estaba bien protegida y sería muy difícil capturarla.

Los jebuseos, que vivían en Jerusalén, se rieron de David. "¡Ja, ja! ¡No podría luchar contra los ciegos y paralíticos de Jerusalén, y mucho menos contra nosotros!" Pero David tenía la bendición de Dios.

Cuando él y sus hombres tomaron Jerusalén, la convirtieron en la ciudad donde vivía el rey de Israel y Judea.

Cuando los filisteos se enteraron de que David era el rey, reunieron todas sus tropas para atacarlo. Pero David le preguntó al Señor qué era lo que debía hacer. Dios le dijo: "No ataques de inmediato, sino rodéalos. Cuando oigas el sonido de marchas en las copas de los árboles, muévete rápido. Eso querrá decir que el Señor va delante de ti para derrotar al ejército enemigo".

Y sucedió exactamente así. David derrotaba a los filisteos en todos los lugares donde luchaba contra ellos.

David tenía treinta años cuando se convirtió en rey de Judea. Fue uno de los reyes más grandes que tuvo el pueblo judío. Reinó sobre Israel y Judea durante cuarenta años.

El cofre de Dios llega a Jerusalén

2 Samuel 6.12-23; 1 Crónicas 15.1—16.43

Jerusalén se convirtió en la ciudad de David. Él decidió llevar el cofre de Dios a Jerusalén. David hizo que los sacerdotes llevaran el arca en andas. Así fue como Dios le había dicho a Moisés que debería transportarse el cofre.

Cuando el cofre llegó a Jerusalén, los sacerdotes la pusieron en una tienda especial que David había hecho.

Hubo una gran fiesta y danzas. ¡Qué fiesta fue aquella! David había organizado un coro y una orquesta. Todos tocaron y cantaron música especial para Dios.

La gente oró y le dio gracias a Dios por todas las cosas buenas que él había hecho por ellos. Recordaron lo que Dios les había dicho a Abraham, Isaac y a Jacob. Contaron las historias que narraban cómo Dios los había rescatado de los crueles egipcios. Hablaron de cómo Moisés y Josué los habían llevado a la Tierra prometida donde ahora vivían.

La gente danzó y cantó todo el día. David fue el que más danzó. Toda la alegría y la felicidad que sentía de ser el rey escogido de Dios, y de tener cerca el cofre de Dios, simplemente le corría por los brazos y por las piernas. Saltó y giró, hizo cabriolas cantó tan fuerte como pudo.

"¡Que los cielos se regocigen y que la tierra esté alegre! ¡Que el mar ruja y también todo lo que hay en él! ¡Que los campos se alegren! Así cantarán los árboles del bosque. ¡Cantarán de alegría frente al Señor!"

David estaba muy feliz, pero no así su esposa Mical, la hija de Saúl. Ella miraba desde la ventana. "¿Por qué David se comporta en forma tan tonta?", se preguntaba.

Esa noche, le dijo a David que se sentía avergonzada de él. A pesar del mutuo amor que habían sentido al principio, David y Mical nunca más estuvieron cerca uno del otro. Y Mical nunca tuvo hijos.

David se convierte en asesino

2 Samuel 11.1-26

El rey David era un gran rey porque amaba mucho a Dios. Un día, sin embargo, David dejó de poner a Dios en primer lugar en su vida.

Por el contrario, decidió acostarse con una mujer casada. Esto iba en contra de las leyes de Dios. La mujer se llamaba Betsabé. Ella era la esposa de Urías el hitita. Él era uno de los soldados en quien David más confiaba.

Cuando David se enteró de que Betsabé iba a tener un hijo suyo, se sintió desesperado. Lo único que deseaba era encubrir su error.

David hizo que su general enviara a Urías donde la lucha era más difícil. El general luego retiraría el resto de las tropas de modo que el ejército matara a Urías.

Cuando Betsabé se enteró de la muerte de Urías, lloró y lloró durante muchos días. Ella amaba a su esposo.

Se sentía muy dolida por todo lo que había sucedido.

El rey abatido

2 Samuel 11.27—12.24

Pasado algún tiempo después de la muerte de Urías, David le envió un mensaje a Betsabé. Él quería que fuera su esposa. Betsabé fue al palacio. Ahí se casó con David. Pocos meses después nació su hijo.

David y Betsabé posiblemente estaban felices de tener un hijo, pero Dios no estaba feliz. Él sabía que David había cometido una mala acción. David no podía esconderse de Dios. David no solo había tomado la mujer de otro hombre sino que además lo había matado.

Entonces el Señor envió a su profeta Natán donde David. Natán le dijo a David: "El Señor dice que como has hecho esto, tus hijos lucharán entre sí y este niño morirá".

David bajó la cabeza. Las palabras del Señor le traspasaron el corazón como una espada. Sabía que Dios tenía razón. Lo malo que había hecho nunca podría ser un secreto para Dios. David le dijo: "Lo siento muchísimo, Señor. Nunca debí haber cometido esta falta tan terrible".

El niño murió. Pero un año después David y Betsabé tuvieron un segundo hijo. Lo llamaron Salomón. Era un niño muy especial. Salomón había sido escogido por Dios para ser el hombre más sabio que jamás había existido.

El joven rey

1 Reyes 3.2-5; 2 Crónicas 1.7-8

Cuando David murió, el joven Salomón se convirtió en rey. Ser un rey lleno de oro y joyas puede sonar muy atractivo. Pero ser un rey que sepa qué es lo mejor para su pueblo es muy, muy difícil. Cuando Salomón se convirtió en rey no se sentía muy seguro de sí mismo.

Algunas personas habrían pedido más objetos para entretenerse, buena salud, más dinero o poder. Salomón no pedía ninguna de estas cosas. En vez de eso, él quería algo mucho mejor.

El sueño de Salomón

1 Reyes 3.6-15: 2 Crónicas 1.9-13

Cuando Dios le dijo a Salomón que pidiera un deseo, Salomón le contestó: "Señor, tú ayudaste a mi padre David mientras él fue rey. Él confiaba en ti. Ahora tú me has hecho rey. Soy tan joven, Señor, que no sé cómo ser un buen rey como lo era mi padre David. Dame un corazón lleno de sabiduría. Ayúdame a ver lo que es bueno y lo que es malo. Quiero gobernar a tu pueblo como tú lo desees. Ayúdame a juzgar a tu pueblo sabiamente. Ayúdame a ver la diferencia entre el bien y el mal".

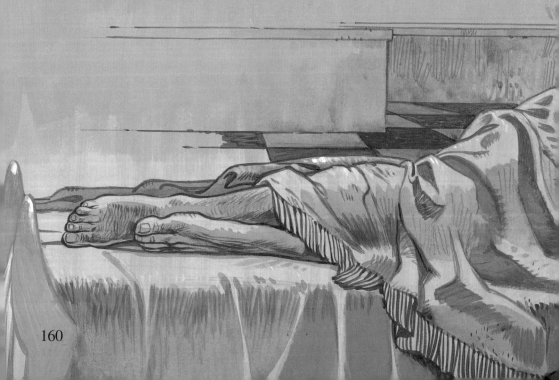

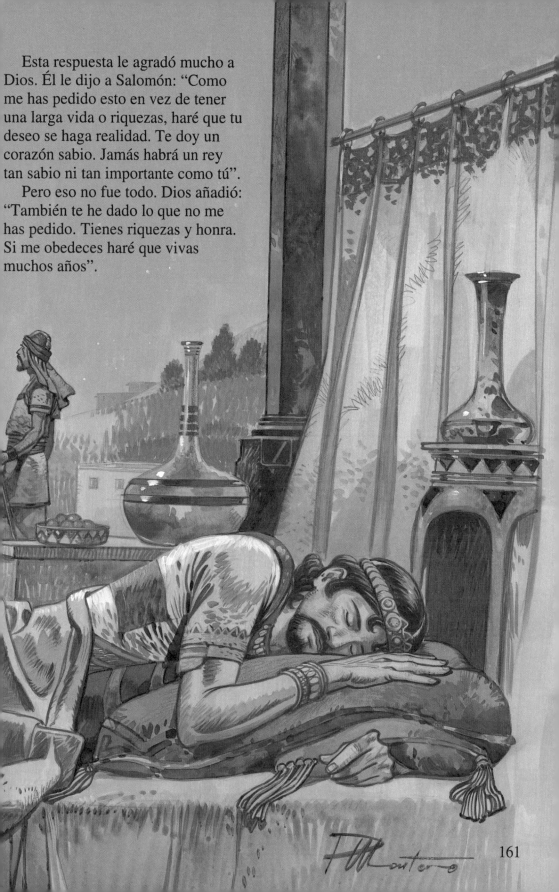

Esta respuesta le agradó mucho a Dios. Él le dijo a Salomón: "Como me has pedido esto en vez de tener una larga vida o riquezas, haré que tu deseo se haga realidad. Te doy un corazón sabio. Jamás habrá un rey tan sabio ni tan importante como tú".

Pero eso no fue todo. Dios añadió: "También te he dado lo que no me has pedido. Tienes riquezas y honra. Si me obedeces haré que vivas muchos años".

El bebé que tenía dos madres

1 Reyes 3.16-28

Un día, se presentaron dos madres ante el rey Salomón. Cada una llevaba un bebé. El bebé de la primera estaba muerto. El de la segunda estaba vivo. Las dos decían que el bebé vivo era suyo.

Salomón dijo: "Guardia, corte el bebé vivo en dos y déle una mitad a cada una de las mujeres".

La primera mujer gritó: "¡No lo haga! ¡No lo mate, Señor!, déle el bebé a ella. Al menos así seguirá vivo".

Pero la otra mujer dijo: "Tiene razón, rey Salomón. ¡Córtelo en dos! Así ninguna de nosotras dos lo tendrá".

El rey suspiró y le dijo al soldado: "Déle el bebé vivo a la primera mujer. Ella habló como solo lo podía haber hecho la madre verdadera.

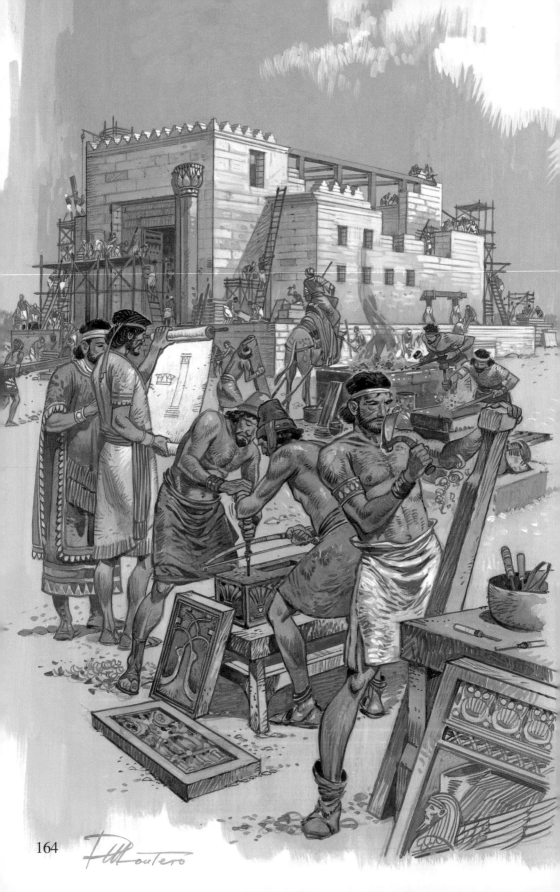

Un templo para el Señor

1 Reyes 4.20-28; 6.1-38; 7.1-12; 8.1—9.28; 10.14-29;
2 Crónicas 1.14—8.18; 9.13-28; Salmo 72

Quizás lo más importante que hizo Salomón fue construir el templo de Dios en Jerusalén. Se necesitaron siete años para construir el enorme edificio. El templo duraría cuatrocientos años.

Cedro y oro cubrían el templo, por fuera y por dentro. Los mejores trabajadores del bronce, artistas y escultores hicieron figuras bellísimas. Cubrieron el cielo y las paredes con diseños brillantes.

Cuando el templo estuvo terminado, Salomón reunió a todo el pueblo de Dios. Los sacerdotes llevaron el cofre en el que se guardaban los Diez Mandamientos. Lo colocaron en un aposento especial en el templo. Entonces descendió sobre el templo una nube que cubría al Señor. La gente supo así que el Señor estaba muy cerca de ellos.

Salomón oró: "Señor, gracias a ti pude construirte este templo. Gracias a ti mi padre David lo planeó. Pero ni siquiera este templo es lo suficientemente digno para ti. Ningún lugar es lo suficientemente grande ni hermoso para ti. Tú hiciste la tierra y los cielos. Por favor, Señor, haz que este templo sea un lugar donde siempre podamos encontrarte".

Después, Dios se le apareció a Salomón. Le dijo: "Si haces lo que te digo, viviré en este templo. Oiré las oraciones de las personas que vengan a este sitio".

Salomón también construyó un palacio magnífico para él. Para terminarlo se necesitaron trece años. La sala del trono era hermosa, con mucho oro y muchas joyas.

Después construyó un hermoso palacio para una de sus muchas esposas. Esta era la hija del faraón de Egipto. Salomón necesitaba muchos trabajadores para estas construcciones. Todos los hombres de las antiguas tribus enemigas se convirtieron en obreros de Salomón, como también lo hicieron los de su propio país.

Salomón era muy rico. Siempre comía en platos de oro. Usaba cuchillos y tenedores de oro. Las copas en que bebía también eran de oro. Inclusive la ropa que llevaba puesta tenía hilos de oro entretejidos.

Lo más importante del reinado de Salomón fue la forma tan justa en que juzgaba a su pueblo. Él escribió: "Que las montañas le traigan paz a la gente... Que el rey... salve a los hijos de los necesitados y destruya a quien les haga daño". Por encima de todo, Salomón quería cuidar bien al pueblo de Dios. Él podía hacer esto siempre que obedeciera las leyes de Dios.

La visita de la reina de Sabá

1 Reyes 4.29-34; 10.1-13; 2 Crónicas 9.1-12

La noticia de la riqueza y la sabiduría de Salomón se extendió por todas partes. La reina de Sabá llegó de un sitio llamado Yemen. Esta reina había oído sobre la grandeza de Salomón. Ella no creía en las historias. Hizo el largo viaje solo para ponerlo a prueba y ver por sí misma si las historias eran ciertas o no.

La reina llevaba muchos camellos en su viaje. En ellos cargaba especias, oro, diamantes y rubíes. Cuando llegó al palacio del rey Salomón, le hizo todas las preguntas que quiso.

La sabiduría que Dios le había dado a Salomón había engrandecido su corazón y su mente. Él podía abordar un problema desde todos los ángulos y decir cuál era el correcto.

La reina le dijo: "Lo que había oído sobre ti era verdad a medias. ¡Eres aún más sabio y más rico de lo que dicen las historias!"

Entonces le obsequió especias y piedras preciosas a Salomón. Nunca después llegarían a Israel tantas especias de una sola vez. Había canela, sal, nuez moscada, clavos de olor, pimienta y muchas, muchas especias más. Todas eran exóticas y muy caras. También le dio grandes cantidades de oro a Salomón. El rey Salomón también le dio a la reina de Sabá muchos regalos especiales.

Finalmente la reina se despidió de su amigo. Regresó a su propia tierra, que quedaba muy lejos. Y con ella viajaron las historias, todavía más fantásticas que las anteriores, sobre la sabiduría de Salomón.

La confrontación

1 Reyes 16.29-33; 17.1; 18.19-36

Había una vez un profeta llamado Elías. Un profeta es alguien que Dios escoge para que habla por él. El mensaje de un profeta debe acercar la gente a Dios, pero las personas tienen que estar dispuestas a escuchar.

Elías vivió muchos años después del rey Salomón. Cuando Elías vivía, el pueblo de Dios adoraba a otros dioses. El rey y la reina se llamaban Ahab y Jezabel. Esos dos eran muy malos. Habían alejado a la gente de Dios.

Elías finalmente decidió enfrentar a los sacerdotes de Jezabel. Le dijo al rey Ahab: "Hiciste mal en adorar al falso dios Baal. Envíame a ochocientos cincuenta profetas de los que se sientan a la mesa de tu esposa. ¡Entonces veremos cual dios es el verdadero!"

Había llegado el momento en que Dios hiciera un milagro tan grande que su pueblo no pudiera tener más dudas sobre quién era el Dios verdadero. Durante los últimos tres años, la gente había oído que el rey y la reina decían: "Baal traerá la lluvia. Tan solo esperen y verán".

No importaba cuántos sacrificios hicieran y cuánto oraran, pues no llovía. Porque Baal era un dios falso. Solo Dios el Señor podría hacer que lloviera en esa tierra tan árida. Quería probarle a la gente, a través de Elías, que él era el único Dios que debían adorar.

Elías les dijo a los sacerdotes de Baal que mataran un toro. Deberían ponerlo sobre la leña pero sin encender el fuego. Él haría lo mismo con su toro y su leña. "¡Pídanle a su dios que encienda el fuego bajo el toro y yo le pediré lo mismo a mi Dios! El Dios que conteste con fuego es el Dios verdadero!"

Todos estuvieron de acuerdo en que esta era una prueba justa. Los sacerdotes de Baal trataron y trataron. Oraron desde la mañana hasta el mediodía: "Baal, escúchanos". Pero no hubo respuesta. Bailaron y gritaron más y más fuerte. Saltaron alrededor del altar.

Aún así no hubo respuesta. Ningún fuego se encendió debajo de su toro.

Entonces le tocó el turno a Elías. Hizo que vaciaran cuatro jarras de agua sobre el altar. Hizo esto tres veces hasta que se llenó la zanja que estaba alrededor del altar. Después derramó agua sobre el montón de leña, debajo del toro muerto.

Fuego y lluvia

1 Reyes 18.37-46

Elías elevó sus manos al cielo. Oró calmada y lentamente, de modo que todos pudieran escucharlo. "Oh Señor, Dios de Abraham, Isaac e Jacob, muéstranos que tú eres Dios. Soy tu siervo. Contéstame, Señor. Muéstrale a esta gente que tú eres el Señor. ¡Por favor contéstame ahora con tu fuego; te lo suplico!"

De repente, ¡el fuego del Señor cayó de los cielos! El fuego consumió toda la madera y las piedras y los trozos de toro. El calor era terrible. No importaba que todo estuviera húmedo pues de todos modos se quemaba.

"¡Miren! ¡Cae fuego del cielo!", gritaba la muchedumbre. La gente gritaba: "¡El Señor es Dios, el Señor es Dios!"

Las rodillas del rey Ahab temblaban de miedo. Elías le dijo: "Vaya coma y beba, pues oigo ruido de tormenta".

Ahab hizo lo que se le dijo. Se fue rápidamente a casa antes de que sucediera algo más terrible aún. Ahora que el pueblo de Israel había dicho que creían que el Señor era Dios, Elías tenía la esperanza de que Dios les enviaría lluvia.

Le dijo a su sirviente que observara a ver si veía nubes. Al principio no había ninguna. Una y otra vez Elías le dijo al sirviente que fuera a mirar. Por fin el sirviente dijo: "¡Mire! Hay una nube del tamaño de la mano de un hombre.

¡Viene del mar!"

Al poco tiempo, el cielo se cubrió de nubes oscuras y de viento. La lluvia empezó a caer a torrentes. Las personas alzaban los brazos y vitoreaban. Por fin, después de tres años, ¡tenían lluvia!

Pero Dios hizo un milagro más. Mientras llovía, Elías empezó a correr por el campo. Corría tan rápido como podía. ¡La mano del Señor se posaba sobre Elías! El Espíritu de Dios derramó su poder sobre Elías. ¡Lo convirtió en un corredor velocísimo! Corría más rápido que los caballos que tiraban del carruaje del rey Ahab. Corría más rápido que el viento. ¡Elías corrió tan rápido que llegó a Jezreel antes que el rey!

El carruaje de fuego

2 Reyes 2.1-12

Elías se hizo viejo. Toda su vida había tratado de que el pueblo regresara a Dios. Elías tenía un amigo joven llamado Eliseo.

Llegó el momento en que Elías moriría y se iría al cielo. Elías le había prometido a Eliseo que tendría el doble de su poder como profeta. Pero Eliseo tenía que asegurarse de ver cuando Dios se llevara a Elías al cielo.

Mientras caminaban y hablaban, un carruaje de fuego tirado por caballos se puso entre ellos. Quemaba como el sol y brillaba también como el sol. Caballos en llamas tiraban del carruaje. Una gran ráfaga de viento levantó a Elías del suelo. ¡Así fue llevado al cielo!

Era como un gran torbellino. Cuando Eliseo lo vio gritó: "¡Padre mío, padre mío!" Pero Elías ya había partido para estar con Dios.

Una forma extraña de cruzar un río

2 Reyes 2.13-15

Eliseo se quedó de pie viendo cómo el profeta Elías era llevado al cielo. ¡Era un espectáculo maravilloso! Los caballos en llamas cruzaban por los cielos. Tiraban un carruaje tan brillante que parecía que estuviera en llamas. Elías iba en el carruaje de fuego. El viento sopló en los oídos de Eliseo. Se protegió los ojos con las manos pues la luz era muy brillante. A su alrededor se formó un torbellino de arena.

Luego, súbitamente, todo quedó en calma. Eliseo bajó las manos y levantó la vista. Elías se había ido. El cielo estaba vacío y el viento se había calmado. Eliseo miró a su alrededor.

Estaba solo.

Se inclinó y recogió el manto de Elías. Luego se volvió hacia el río Jordán. Tomó el manto y golpeó las aguas.

"¿Dónde está el Señor, el Dios de Elías?", gritó. Cuando Eliseo tocó el agua con el manto de Elías, el agua retrocedió hasta formar una pared con las olas. Eliseo cruzó por una sección de tierra seca. Cuando llegó al otro lado, las aguas se juntaron de nuevo haciendo un gran ruido.

El deseo de Eliseo se había hecho realidad. Dios le había dado el mismo espíritu de profeta que tenía Elías. Eliseo el profeta estaba preparado para ir donde Dios lo enviara.

175

El jarro de aceite sin fondo

2 Reyes 4.1-7

Eliseo viajó por toda la tierra. En todas partes predicaba. Trató de que la gente dejara de adorar a dioses falsos. Les dio consejo a reyes y a pobres. Eliseo les hablaba a todos sobre el amor de Dios. Como el Espíritu de Dios estaba con Eliseo, podía hacer milagros en el nombre de Dios.

Uno de esos milagros salvó a una madre y a sus dos hijos de ser vendidos como esclavos. Esta mujer era la viuda de un profeta de Dios. Cuando la malvada reina Jezabel todavía reinaba, habían matado a muchos hombres de Dios. Esta mujer era la esposa de uno de esos profetas que habían muerto. Tenía que cuidar a dos hijos pequeños, pero no tenía dinero.

En esa época era muy difícil para una viuda ganarse algún dinero. Esta mujer no tenía a nadie que la ayudara. "¡Por favor, señor!", le suplicó a Eliseo. "Mi esposo está muerto. Usted sabe que él obedecía a Dios y confiaba en él. Pero debo tanto dinero. Y no tengo nada con qué pagar. El hombre al que le debo dinero dice que vendrá a llevarse a mis hijos si no le pago pronto. ¡Mis hijos y yo nos convertiremos en esclavos! ¡Por favor, ayúdeme!"

Eliseo le dijo: "¿Cómo puedo ayudarte?"

Pensó por unos minutos. "Dime, ¿qué tienes en la casa? ¿Tienes algo que puedas vender para obtener algo de dinero?"

La mujer movió la cabeza con tristeza. El cabello le cayó sobre la cara. Abrazó a los dos jovencitos. "No tengo más que una jarrita de aceite".

Eliseo le dijo: "Ve y pídeles a tus vecinos que te den jarras vacías. No pidas unas pocas. Reúne cuanta jarra puedas encontrar. Luego llévalas a tu casa. Llévate contigo a tus hijos y cierra la puerta. Vierte el aceite de tu jarrita en todas las jarras que recojas. Luego apártalas".

Ella hizo lo que Eliseo le había dicho. Visitó a todos sus vecinos. Recogió todas las jarras que pudo. Luego cerró la puerta y empezó a verter aceite.

Vertió y vertió y vertió. Primero llenó una jarra, luego otra y luego otra. La jarrita de aceite de la cual vertía parecía no tener fondo. ¿Cómo podía tener tanto aceite? Finalmente, le dijo a uno de sus hijos: "Tráeme otra jarra".

Pero éste le dijo: "Esa era la última jarra".

La mujer miró el gran número de jarras que había por toda la casa. Movió la cabeza sorprendida. Fue a decirle a Eliseo lo que había pasado. Él le dijo: "Ve. Vende el aceite y paga tu deuda. Luego tú y tus hijos podrán vivir con el resto del dinero".

Huyó de Dios

Jonás 1.1-3

Había una vez un hombre llamado Jonás. Pertenecía al pueblo de Dios, Israel. Un día Dios le dijo a Jonás: "Quiero que vayas a la ciudad de Nínive. Diles que viven en forma tan pecaminosa que tendré que castigarlos".

A Jonás no le gustaba Nínive. Los habitantes de Nínive eran enemigos del pueblo de Dios.

Pero Dios estaba dispuesto a perdonar a los ninivitas si cambiaban su modo de vida. Los ninivitas eran el pueblo más cruel del mundo en aquella época. Si Dios los podía perdonar, entonces podría perdonar a cualquier otro pueblo.

A Jonás no le gustaba esto. "¿Por qué habría Dios de preocuparse por ellos?", se preguntaba. Entonces Jonás hizo algo muy tonto. No le prestó atención a Dios. Se alejó de Nínive en vez de ir hacia allá. De esa forma, los ninivitas no recibirían la noticia de lo enojado que estaba Dios con ellos. Jonás quería que los ninivitas fueran destruidos.

Pero Jonás se equivocó. La gente no se puede esconder de Dios en ninguna parte. Él está en todas partes y lo sabe todo.

Jonás fue al puerto, a un lugar llamado Jope. Ahí es donde está ahora la ciudad de Tel-Aviv.

En Jope, Jonás recorrió los muelles de un lado a otro. Buscaba un barco que pudiera llevarlo al otro lado del mundo. Jonás encontró uno que se dirigía a Tarsis. Eso era suficientemente lejos.

Se alejó cuanto pudo de Nínive. Una vez que el barco zarpó, Jonás

178

respiró aliviado. "Ahora esos malvados ninivitas recibirán el castigo que merecen", se dijo para sí.

Tormenta en el mar

Jonás 1.4-16

Una vez a bordo, Jonás se quedó dormido. Pensó que podría descansar porque había huido de Dios. Pero estaba equivocado.

El Señor envió un fuerte viento. Una tormenta terrible levantó las olas. El barco se levantaba y caía, meciéndose de un lado a otro. Los marineros decían: "Debe haber alguna razón para que esto suceda. ¡Alguien a bordo debe haber enojado muchísimo a su dios!"

Entonces cada marinero le oró a su propio dios, suplicándole que lo salvara. El viento soplaba cada vez más fuerte. Las olas eran cada vez más grandes.

El capitán bajó y sacudió a Jonás. "¿Cómo puedes dormir durante una tormenta como esta?", le preguntó.

"Deberías estar orando a tu Dios. Quizás él pueda salvarnos".

Cuando los hombres a bordo se enteraron de que Jonás era judío, se asustaron mucho. Ellos habían oído hablar del Señor, Dios de Israel. "¿Trataste de huir de él?", le preguntaban en voz baja. Hasta ellos sabían que eso era imposible. Dios lo ve todo.

"Es tu Dios el que nos está castigando. Dinos, ¿cómo detendremos esta tormenta?"

Jonás les dijo: "Si me tiran al mar se calmará la tormenta".

Al principio los marineros se rehusaban a lanzar a Jonás al mar. Pero no tenían alternativa. Le pidieron al Dios de Jonás: "Oh, Señor. Por favor no nos mates con esta tormenta. No hemos hecho nada malo. Solo este hombre es culpable". No había nada más que hacer. Levantaron a Jonás y lo lanzaron al mar embravecido. De súbito, el viento dejó de soplar. Las olas se calmaron.

179

El gran pez

Jonás 1.17—2.10

Cuando los marineros lo tiraron al mar, Jonás sintió el golpe de algo frío y resbaloso. Si no hubiera estado bajo el agua, habría gritado de terror. ¡Un pez gigante estaba nadando a su alrededor!

De repente el pez abrió su enorme boca y ¡se tragó a Jonás!

Como el pez era tan grande, Jonás pudo ponerse de pie y respirar. Estaba todo muy oscuro y había un olor agrio muy fuerte.

No fue por casualidad que el pez se había tragado a Jonás. Dios había escogido este pez para darle una lección a Jonás. No importaba dónde fuera, nunca podría esconderse de Dios. Dios quería que Jonás hiciera lo que él le había dicho y que llevara el mensaje del Señor a Nínive.

Después de un rato, Jonás le pidió a Dios que lo perdonara por tratar de huir. Le dio gracias al Señor por no olvidarse de él.

Después de tres días y tres noches, el Señor hizo que el pez escupiera a Jonás y lo lanzara al agua. Jonás salió junto con una gran corriente de agua. Jonás contuvo la respiración de nuevo mientras daba vueltas en la boca del pez. Cuando se dio cuenta, estaba acostado en la arena seca de una playa.

181

Jonás cambia de parecer

Jonás 3.1-10

Por segunda vez, el Señor le dijo a Jonás: "Ahora ve a Nínive y dales mi mensaje".

Esta vez, Jonás hizo lo que se le ordenó. Nínive era enorme. Había casas en muchos kilómetros a la redonda. Jonás tardó tres días para caminar alrededor de la ciudad. Durante todo ese tiempo él gritaba: "¡Nínive será destruida dentro de cuarenta días!"

La gente de Nínive oía a Jonás y se sorprendía mucho. ¡Esa era una noticia terrible! Escucharon las advertencias de Dios. Ellos creían en Dios. Se quitaron las ropas lujosas y se pusieron ropas sencillas, hechas de manta. Dejaron de comer y pasaban los días en oración. Todos, desde el mendigo más pobre hasta el agricultor más adinerado, le pidieron a Dios que los perdonara por vivir vidas tan pecaminosas.

Hasta el rey de Nínive se quitó la túnica y se puso la ropa de manta. Les ordenó a todos que hicieran lo mismo. "¡Nadie puede comer, ni siquiera los animales!"

Cuando Dios vio que todos estaban arrepentidos y querían cambiar, entonces él los perdonó.

Dios es bueno

Jonás 4.1-11

Cuando Dios decidió que dejaría vivir a los habitantes de Nínive, Jonás no se sintió muy feliz. "Señor, ¿cómo pudiste tú salvar a Nínive, esa ciudad tan horrible con toda esa gente tan malvada? ¡No es justo!"

El Señor le dijo: "Jonás, ¿qué te pasa? ¿Por qué estás tan enojado?"

Jonás, de mal humor, se retiró a un sitio al este de la ciudad. Ese día, Jonás se sentó bajo el sol ardiente, esperando y observando. Dios hizo que una planta creciera para darle a Jonás una sombra que lo protegiera del sol. Gracias a la planta, pudo observar la ciudad sin sufrir por el calor. Jonás pensó que esta planta era lo único bueno que había en su vida.

Pero Dios hizo que un gusano atacara la planta y al amanecer del día siguiente, la planta se había marchitado. Dios hizo que el viento caliente del este soplara y que el sol diera de lleno en la cabeza de Jonás. Ese día, Jonás sintió que se desmayaba y suplicó con todas sus fuerzas: "Por favor, Señor, estoy furioso con esta planta. Hasta ella me ha fallado. Por favor, líbrame de mis penas".

Entonces Dios le preguntó a Jonás: "¿Por qué habrías de enojarte con la planta?"

Jonás dijo: "Quiero tener de nuevo la planta".

Entonces el Señor le dijo: "Estás enojado porque esta planta murió. Tú querías que viviera a pesar de que no la sembraste. Brotó una noche y murió al día siguiente. Entonces, ¿por qué no habría yo de preocuparme por las cien mil personas de Nínive? Antes de que tú se los dijeras, no sabían que lo que estaban haciendo estaba mal.

"Por esta razón te envié a ellos. Tenían que aprender la diferencia entre el bien y el mal. Ahora, por medio de ti, me han conocido".

Jonás por fin se dio cuenta de que Dios le había dado una gran lección.

183

Jeremías se queda atrás

*2 Reyes 25.8-24; 2 Crónicas 36.18-21; Jeremías
39.8-14; 40.1-6; 52.12-30*

Durante muchos, muchos años, Dios
había enviado profetas para que
advirtieran a su pueblo. Si no dejaban
de adorar a dioses falsos, se
volverían débiles. Jerusalén sería
destruida. El pueblo de Dios se
volvería un pueblo de esclavos. Pero
la gente no había escuchado las
advertencias.

Ahora había llegado el momento
en que el rey de Babilonia,
Nabucodonosor, conquistara y
destruyera Jerusalén. Nabucodonosor
les había ordenado a sus soldados
que incendiaran el templo del Señor.
Mandó a quemar el palacio del rey.
Quemó todas las casas de Jerusalén.
Los babilonios incendiaron todos los
edificios que tenían algún valor.
¡Toda la ciudad ardía en llamas!

Entonces el ejército derribó las
murallas de Jerusalén e hizo a todo el
pueblo prisionero. Los convirtieron
en esclavos y los enviaron a
Babilonia.

Mientras Jerusalén ardía, el rey
Nabucodonosor envió a sus hombres

a que saquearan los tesoros de los palacios y del templo. En medio de los edificios en llamas, los soldados se apoderaron de todo el oro y la plata que encontraron. ¡No quedó nada en el templo! Nabucodonosor se lo llevó todo a Babilonia, incluyendo las enormes columnas de bronce.

El profeta de Dios en esa época era un hombre llamado Jeremías. Además de los pobres, fue al único que Nabucodonosor perdonó. Nabucodonosor dio órdenes de que no le hicieran daño. Uno de los capitanes del rey le dijo a Jeremías: "Todo sucedió exactamente como usted había dicho que sucedería. El Señor envió la ruina a este lugar porque el pueblo no lo escuchó. Pero ahora usted es libre. Venga con nosotros a Babilonia, donde estará a salvo, o quédese aquí. Puede ir donde quiera".

Cuando Jeremías decidió que no se iría con el guardaespaldas del rey a Babilonia, el capitán le dijo: "Está bien. Quédese aquí con la gente". Luego le dio a Jeremías algo de alimento y dinero y lo dejó libre. Jeremías prefirió quedarse con el pueblo de Dios. Estos eran los más pobres de los pobres, lo único que quedaba de la ciudad destruida de Jerusalén.

Una escuela especial

Daniel 1.1-6

El rey Nabucodonosor capturó a varios grupos de judíos. Los convirtió en esclavos y los obligó a vivir en Babilonia. El último grupo fue hecho prisionero cuando Jerusalén fue incendiada y destruida. Entre el primer grupo, capturado dieciocho años antes, había jóvenes pertenecientes a las familias adineradas en Judá. Uno de ellos era un muchacho llamado Daniel.

Daniel y tres de sus amigos provenían de familias judías muy importantes. El rey Nabucodonosor había ordenado que los muchachos mejor parecidos, los más fuertes e inteligentes de entre los prisioneros, fueran enviados a una escuela especial. Allí recibirían instrucción de los maestros babilonios durante tres años. Después de eso, los mejores de los mejores irían a trabajar para el propio rey.

Ahora Daniel y sus amigos no tenían que ser esclavos. Pero sí tenían que tratar de complacer a los babilonios. Como eran judíos y diferentes, algunas veces eso era algo muy difícil.

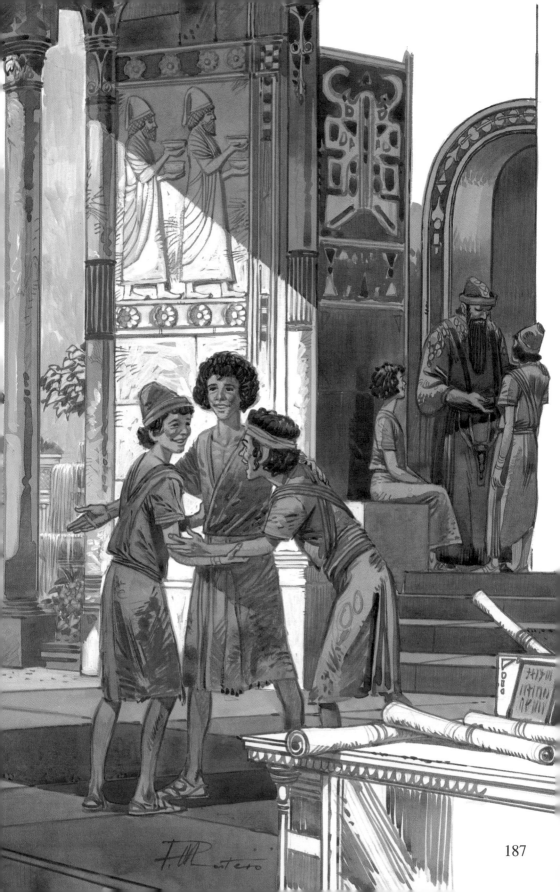

Ser diferentes

Daniel 1.7-8

Daniel y sus amigos sabían que eran diferentes. Pero no les importaba. Se sentían orgullosos de ser miembros del pueblo escogido de Dios.

Los amigos de Daniel se llamaban Ananías, Misael y Azarías. Juntos eran los chicos más inteligentes que habían llevado a Babilonia. Los babilonios hicieron que estos muchachos estudiaran la historia, los libros y el idioma de Babilonia. Y les dieron nombres babilónicos.

El capitán del rey, un nombre llamado Aspenaz, les dio nombres nuevos. A Daniel lo llamó Beltsasar, a Ananías, Sadrac, a Misael, Mesac y a Azarías, Abed-nego.

El rey Nabucodonosor les ordenó a los jóvenes que comieran solo la mejor comida. Se suponía que debían comer muchas legumbres frescas y carne, y tomar vino todos los días.

Solo había un problema. La carne y el vino que los babilonios les daban a Daniel y a sus amigos no eran del tipo que se le permitía comer al pueblo de Dios. Las leyes que Dios le había dado a Moisés decían que los judíos podían comer solo ciertas clases de carne. Esta carne tenía que ser de animales que hubieran sido matados de cierta forma.

Daniel y sus amigos habían aprendido las reglas cuando eran pequeños, cuando todavía vivían con sus familias en Jerusalén. Daniel decidió que no desobedecería las reglas que Dios le había dado a su pueblo.

Una prueba de fe

Daniel 1.9-13

Daniel fue a ver a Aspenaz. Señalando la comida que había en la mesa, le dijo: "Por favor, señor, vine a pedirle ayuda. No puedo obedecer las órdenes del rey".

Aspenaz fijó la mirada en el muchacho que tenía al frente. Dios había enviado un mensaje sobre Daniel al corazón de Aspenaz. Mientras lo escuchaba, sabía que ayudaría al muchacho, sin importar a qué costo.

"Pero Daniel, no puedes hacer eso. Si el rey descubre que no te he alimentado como él dijo, ordenará que me maten. ¿Qué haré cuando vea que sus rostros son más pálidos y más delgados que los de los otros muchachos?"

Daniel permaneció callado un momento. Luego sonrió y dijo: "¡Ya sé!"

Fue rápidamente donde el guarda que Aspenaz le había asignado y le dijo: "¿Podría darnos un plazo de diez días a mis amigos y a mí? Dénos solo legumbres y agua. Después de los diez días verá si nos vemos mejor o peor que los otros muchachos que comen los alimentos especiales que el rey ordena". El guarda se quedó mirando a Aspenaz y asintió con la cabeza. Entonces comenzó la prueba.

189

La prueba

Daniel 1.14-20

El guarda cumplió la promesa.
Durante diez días dejó que Daniel,
Ananías, Misael y Azarías comieran
solo legumbres y tomaran solo agua.
Pasado ese tiempo, los cuatro
muchachos hicieron ejercicios frente
a Aspenaz.

¡Aspenaz no podía creer lo que
veía! ¡Daniel y sus amigos habían
ganado más peso que los otros
muchachos! No solo eso, sino que les
brillaban los ojos. Una sonrisa les
iluminaba el rostro. Los otros
muchachos estaban extenuados, ¡pero
Daniel y sus amigos todavía tenían
muchas energías!

Aspenaz le dijo al guarda que
durante los tres años restantes, los
muchachos solo comerían legumbres
y tomarían solo agua. Dios continuó
bendiciéndolos y crecieron sanos y
fuertes.

Dios también les ayudó a los
cuatro muchachos a ser inteligentes y
sabios. Aprendieron todo lo que
pudieron sobre los libros, la historia y
el idioma de Babilonia. Daniel hasta
podía decirles a las personas qué
significaba lo que soñaban.

Cuando pasaron los tres años,
Aspenaz llevó a los muchachos
donde el rey Nabucodonosor. El rey
los examinó sobre todo lo que habían
estudiado. Les hizo muchas preguntas
difíciles. De las respuestas que dieron
todos los muchachos que estaban ahí,
las de Daniel, Ananías, Misael y
Azarías fueron las mejores y más
sabias. Entonces el mismo rey los
escogió para que fueran sus consejeros.

Los magos

Daniel 2.1-13

Poco tiempo después de que Daniel
se convirtiera en consejero del rey, el
rey Nabucodonosor empezó a soñar
algo terrible. Mandó a llamar a todos
sus magos y les dijo: "Este sueño me
perturba. Quiero saber lo que significa".

Los magos le dijeron: "Sí, su
Majestad. Cuéntenos el sueño y
averiguaremos qué significa".

Pero el rey les dijo: "No. Primero
tendrán que decirme qué soñé y luego
lo que significa. Si no pueden hacer
eso, ustedes y sus casas serán hechos
pedazos. Si pueden hacerlo, les daré
grandes regalos y mucha gloria".

Los magos pensaron que quizás no
habían escuchado bien. Entonces
dijeron de nuevo: "Que el rey nos
diga qué sueña. Luego con gusto le
diremos lo que significa".

El rey se enojó: "No. ¡No será así!
Tan solo están tratando de
engañarme. ¡Escúchenme! ¡Primero
me dirán qué es lo que sueño y luego
me dirán lo que significa!"

"¡Pero ningún rey les ha pedido a
sus magos que hagan esto!"

El rey se enojó aún más. Se
levantó y señaló con el dedo a todos
los magos que gemían y hablaban
entre dientes frente a él. "¡Basta! ¡Si
no pueden obedecer esta orden,
entonces los mandaré a matar!"
Entonces se dio la orden de matar a
todos los sabios del rey.

Pero la orden no incluía solo a los
magos. También incluía a todos los
consejeros del rey. ¡Eso quería decir
que a Daniel y sus amigos también
los matarían!

193

¿Qué significa el sueño del rey?

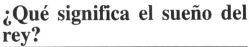

Daniel 2.14-43

Daniel y sus amigos oraron juntos.
Ya tarde esa noche, Daniel tuvo una
visión. Le dio gracias al Señor y
luego corrió a ver al rey.

   "¿En verdad me puedes decir lo
que soñé? ¿Me puedes decir lo que
significa?", le preguntó el rey.

   Daniel le dijo: "No, pero hay un
Dios en el cielo que puede hacerlo.
Usted vio una estatua horrible. Tenía
la cabeza de oro, el pecho y los
brazos de plata, la cintura y las
caderas de bronce, las piernas de
hierro y los pies de hierro y barro.

   "Una piedra enorme se desprendió
de un monte y destruyó la estatua,
pieza por pieza. La piedra creció
hasta convertirse en una montaña
que cubría toda la tierra.

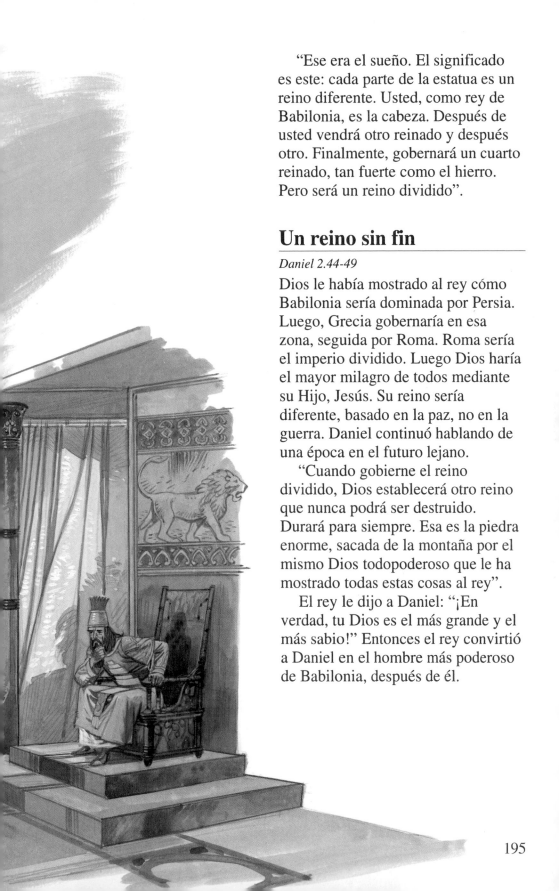

"Ese era el sueño. El significado es este: cada parte de la estatua es un reino diferente. Usted, como rey de Babilonia, es la cabeza. Después de usted vendrá otro reinado y después otro. Finalmente, gobernará un cuarto reinado, tan fuerte como el hierro. Pero será un reino dividido".

Un reino sin fin

Daniel 2.44-49

Dios le había mostrado al rey cómo Babilonia sería dominada por Persia. Luego, Grecia gobernaría en esa zona, seguida por Roma. Roma sería el imperio dividido. Luego Dios haría el mayor milagro de todos mediante su Hijo, Jesús. Su reino sería diferente, basado en la paz, no en la guerra. Daniel continuó hablando de una época en el futuro lejano.

"Cuando gobierne el reino dividido, Dios establecerá otro reino que nunca podrá ser destruido. Durará para siempre. Esa es la piedra enorme, sacada de la montaña por el mismo Dios todopoderoso que le ha mostrado todas estas cosas al rey".

El rey le dijo a Daniel: "¡En verdad, tu Dios es el más grande y el más sabio!" Entonces el rey convirtió a Daniel en el hombre más poderoso de Babilonia, después de él.

Tres hombres valientes

Daniel 3.1-18

Pasaron muchos años. El rey Nabucodonosor pronto se olvidó de que había dicho que el Dios de Daniel era el único. Por el contrario, construyó una enorme estatua de oro a la que llamó su dios.

El rey dio esta orden: "Cada vez que se toque la música real, todos deberán postrarse en el suelo y adorar esta estatua. Los que no lo hagan morirán quemados en un gran horno".

Al poco tiempo, los hombres del rey notaron que los tres mejores amigos de Daniel no adoraban la estatua de oro. Si la hubieran adorado, habrían quebrantado la ley de Dios. La ley decía: "Yo soy el Señor tu Dios. Seré tu único Dios. No hagas estatuas ni las adores".

Cuando Nabucodonosor oyó esto, mandó a traer a los amigos de Daniel. Se dirigió a ellos usando sus nombres babilónicos. "Sadrac, Mesac y Abed-nego, ¿es cierto que no van a adorar a mi estatua?"

Los tres hombres se mantuvieron firmes. "Nunca podremos adorar a tu dios. Aunque seamos lanzados a las llamas, nuestro Dios puede salvarnos".

El horno de fuego

Daniel 3.19-30

Nabucodonosor estaba furioso. Les ordenó a sus soldados que ataran a los tres hombres. "¡Llévenselos! ¡Y asegúrense de que el fuego esté siete veces más caliente que de costumbre!"

Los soldados lanzaron a los amigos de Daniel al horno. Pero al hacerlo, ¡hacía tantísimo calor que los soldados fueron los que murieron! Entonces el rey vio algo que era todavía más asombroso.

¡Los tres hombres ya no estaban atados! Podían caminar entre las llamas. No sufrían. Pero, lo que era más asombroso aún, había un cuarto hombre con ellos que brillaba más que el mismo fuego.

El rey les ordenó a los hombres que salieran del horno. Cuando salieron, el cuarto hombre desapareció. ¡Los amigos de Daniel estaban a salvo!

El rey movió la cabeza. "¡Es increíble! En verdad su Dios es el más importante. Protege a los que confían en él. A partir de ahora, no permitiré que nadie diga nada malo sobre su Dios".

197

El festín del rey

Daniel 5.1-12

El rey Nabucodonosor vivió muchos años. El siguiente rey de Babilonia fue Belsasar. Daniel siguió trabajando como consejero del rey. Un día, cuando Daniel era un anciano, algo extraño sucedió.

El rey estaba dando una gran fiesta. Se había emborrachado y estaba disfrutando mucho. Entonces quiso hacer algo diferente, solo para divertirse. Quería ver todos los platos y copas de oro y plata que habían sido saqueados del templo de Dios en Jerusalén.

"¡Esta noche beberemos como los dioses!", les dijo a los invitados. Todos alabaron a los dioses falsos de oro y plata. Después bebieron de las copas sagradas.

De repente, ¡apareció una mano extraña que no se sabía de dónde venía! Comenzó a escribir en la pared del palacio del rey. El rey empalideció. Le temblaban las manos y las piernas.

"¡Pronto!", gritó. "Traigan a los sabios, adivinos y magos. Tengo que saber qué es lo que escribió esa mano. ¡Le daré una gran recompensa a quien pueda leer lo escrito en la pared!". Todos los magos y sabios trataron, pero nadie pudo leer la pared.

"Su Majestad", le dijo la reina madre. "Hay un hombre que podría ayudarle. Él es el mayor de los sabios. Le ayudó a Nabucodonosor a interpretar los sueños. Este hombre, Daniel, podría ayudarle ahora".

La escritura en la pared

Daniel 5.13-31

Daniel fue llevado ante el rey, quien le dijo: "He oído que tú sabes lo que significan los sueños. Dime qué ha escrito en la pared esta mano horrible. Luego recibirás una gran recompensa. Podrás usar el color púrpura real y te daré un collar de oro".

"Puede guardarse los regalos", le dijo Daniel. "No quiero sus recompensas. Leeré el significado de estas palabras por lo que me muestra Dios el Altísimo. ¿Recuerda la lección que tuvo que aprender el rey Nabucodonosor? Él sabía que Dios es el que decide quién debe ser rey.

"Pero usted no ha aprendido eso.

No ha respetado al Señor. Eso fue lo que una vez ordenó el rey Nabucodonosor. Usted se ha hecho tan orgulloso que tomó las copas y los platos del templo de Dios. Se las dio a sus mujeres para que bebieran vino. Por eso es que esta mano le ha escrito hoy un mensaje.

"Las palabras significan esto: Dios pronto le pondrá fin a su reino. Usted ha sido juzgado y no pasó la prueba. Su reino se dividirá entre los medos y los persas".

Cuando Daniel terminó de hablar, el rey lo recompensó. Luego, esa misma noche se hicieron ciertas todas las palabras de Daniel. Belsasar fue muerto y los persas conquistaron el imperio babilónico.

La cueva de los leones

Daniel 6.1-28

Después de que Belsasar fue muerto, Darío el meda se convirtió en el rey. Darío puso a tres hombres a cargo de su reino. Uno de ellos era Daniel.

Daniel ya era un hombre muy anciano. Le había servido a Dios con toda su fuerza, su mente y su corazón. Era un hombre que oraba. Daniel había visto a Dios hacer grandes cosas. Y el Señor había bendecido a Daniel y le había dado sabiduría.

Darío pronto se dio cuenta de que Daniel era mejor que los otros dos consejeros. El rey quería encargarle a Daniel todo el reino.

Esto no dejó muy contentos a los otros consejeros, que se unieron en contra de Daniel. Buscaron algo que Daniel hubiera hecho mal. Querían probar que era un mentiroso o un embustero. Esto era difícil de hacer puesto que Daniel era un hombre bueno. Por fin, los hombres del rey hicieron un plan para atrapar a Daniel.

Fueron donde el rey. "Su Majestad, creemos que debe firmar esta orden. Dice que usted es un dios. Durante los próximos treinta días, todo hombre que adore a otros dioses deberá ser lanzado a la cueva de los leones para que muera". Al rey le gustó la idea. Entonces firmó la orden.

Aunque Daniel se había enterado de la orden del rey, continuó orando al Señor. Toda su vida había orado al menos tres veces al día. Arrodillado junto a una ventana que miraba hacia Jerusalén, Daniel le daba gracias a Dios por todas sus bendiciones.

Oraba por su pueblo. Esperaba que pronto llegara el momento que en los judíos pudieran regresar a Jerusalén.

Desde la calle, los enemigos de Daniel lo vieron orando. Entonces fueron donde el rey. "¿Recuerda su Majestad la orden que dio de que no se adorara a ningún otro dios más que a usted? Pues bien, ¡Daniel desobedeció la orden! Todavía ora a su Dios todos los días".

Cuando el rey oyó esto, pensó que había sido engañado. Todo el día trató de hallar la forma de salvar a Daniel. No podía hacer nada. La orden estaba firmada y sellada.

Los guardas llevaron a Daniel ante el rey. El rey le dijo: "No puedo hacer nada. Espero que tu Dios te salve". Entonces Daniel fue lanzado al enorme foso donde estaban los leones salvajes. El hueco se cerraba con una enorme piedra. ¿Qué le sucedería? ¿Sería éste su fin?

Al día siguiente, tan pronto como salió el sol, el rey se fue presuroso a la cueva de los leones. De pie sobre la piedra que cerraba el hueco, dijo con voz temblorosa: "¡Daniel, servidor del Dios vivo! ¿Pudo tu Dios salvarte de los leones?" El rey contuvo la respiración.

¡Y una voz contestó! "¡Sí, su Majestad, él lo hizo!" ¡Daniel estaba a salvo! "Mi Dios envió a su ángel para que les cerrara las fauces a los leones. Dios me protegió y no me hicieron daño. No he hecho nada malo, su Majestad".

El rey inmediatamente ordenó a los guardas que abrieran la cueva.

Cuando sacaron a Daniel, no tenía ni
un solo rasguño. El rey mandó a
buscar a los hombres que lo habían
engañado y que habían emboscado a
Daniel. Les ordenó a los guardas que
pusieran a esos hombres en la cueva
de los leones. Los malvados
consejeros ni siquiera habían llegado
al fondo del foso cuando los leones
acabaron con ellos.

   El rey dio esta orden: "En todas
partes de mi reino la gente deberá
honrar al Dios de Daniel. Él es el
Dios vivo. Su reino durará para
siempre. Él hace maravillas. ¡Él salvó
a Daniel de las garras de los leones!"

Un rey orgulloso

Ester 1.1-8; 2.5-7

No todos los judíos que los babilonios capturaron fueron llevados a la capital imperial. Muchos vivieron en otras partes del imperio persa. Ahí vivía una bella joven judía llamada Ester. No tenía padres y vivía con su primo, un hombre llamado Mardoqueo.

Uno de los reyes de Persia fue un hombre llamado Artajerjes. Su reino se extendía desde Egipto por toda el África e incluía la India.

El rey Asuero era un rey muy orgulloso. Nada le gustaba más que demostrarle a la gente lo importante y poderoso que era. Pasó medio año enseñándole a la gente importante de su reino lo rico y poderoso que era. Les mostró sus tesoros, su palacio, sus caballos y sus ejércitos. Al final, dio una fiesta que se prolongó durante siete días.

Todos fueron a la fiesta que el rey dio en el jardín del palacio. Se sentaron en sofás que tenían oro, plata y piedras preciosas incrustadas. Admiraron los tapices tejidos con hilos de oro. Bebieron vino en copas de oro. Charlaron y bailaron alrededor de las fuentes.

El rechazo de la reina Vasti

Ester 1.19-22

El rey Asuero se vanagloriaba: "Soy el rey más rico que ha existido. Mis ejércitos son los mejores. ¡Y tengo la reina más hermosa del mundo!"

"Oh", suspiraba la multitud. Habían oído hablar de la reina Vasti. "¡Muéstrenosla! ¡Queremos ver a la reina!" coreaba la gente.

Los sirvientes del rey fueron donde la reina Vasti, quien ofrecía su propia fiesta, y le dijeron: "El rey ordena que venga ante sus invitados".

La reina suspiró y, poniéndose las manos en las caderas, preguntó: "¿Por qué?"

"Él desea mostrarles lo hermosa que usted es".

Para asombro de los sirvientes, la reina movió la cabeza. "No. Díganle que iré luego. ¿No ven que ahora estoy ocupada?"

Los sirvientes estaban muy sorprendidos. Se apresuraron a llevarle la noticia al rey. Los invitados del rey quedaron muy sorprendidos. Todos miraban al rey Asuero para ver qué haría. Llamó a sus consejeros y les dijo: "¿Cómo he de castigar a la reina por no hacer lo que le dije?"

Los consejeros le dijeron: "Tiene que actuar rápidamente. Si no, todas las esposas de los príncipes del reino comenzarán a decir que no a los esposos. ¡Eso no les va a gustar a los hombres! Dé una orden diciendo que Vasti ya no es su reina. Después busque a otra que ocupe su lugar".

Al rey le gustó la idea. Dio la orden. Se escribió en muchos idiomas diferentes. Todos entendieron. El rey buscaba una nueva reina.

"Señorita Persia"

Ester 2.1-20

El rey Asuero envió a los hombres de más confianza a buscar las jóvenes más bellas del reino. Entre ellas estaba Ester, la joven judía.

Ester fue llevada al palacio, junto con las otras jóvenes. Ahí subieron la escalinata hacia su nueva casa. Recibieron lo mejor de todo, las ropas más hermosas y los mejores perfumes. Había sirvientes que les daban masajes y las alimentaban. Inclusive las vestían y las maquillaban. Durante todo un año las jóvenes fueron tratadas como princesas.

Mientras vivía en el palacio, Ester se aseguró de que nadie se enterara de que era judía. Esto era algo que el primo le había dicho que mantuviera en secreto. Como Mardoqueo siempre había sido como un padre para ella, Ester hizo lo que le había aconsejado.

Cuando los hombres del rey llevaron a Ester al palacio, Mardoqueo los siguió. Durante todo el año siguiente, él caminaba por el jardín del palacio todas las mañanas. Así podía vigilar a Ester.

Al final del año, llegó el momento de que el rey fuera el juez de su propio concurso de belleza. La joven que ganara se convertiría en su nueva reina. ¡El rey disfrutaba mucho de esto!

Finalmente le llegó a Ester el turno para conocer al rey. Todos estuvieron de acuerdo en que nunca antes habían visto una joven dama más hermosa que ella. Y como era de esperar, el rey dijo "No hay ninguna como Ester". ¡La encantadora Ester se convirtió en la nueva reina de Persia!

Los judíos deben morir

Ester 2.21—3.15

Todos los días, Mardoqueo se paseaba en los alrededores del palacio. Esperaba tener noticias de Ester. Ella era la reina y podía tener todo lo que quisiera. Pero aún así él se preocupaba por ella como si fuera su padre.

Había un hombre muy poderoso en la corte del rey que se llamaba Amán. Solo el rey era más poderoso que él. Amán ordenó que todos se arrodillaran ante él cada vez que pasara.

En las puertas del palacio, sin embargo, había un hombre que no se arrodillaría. ¡Ese era Mardoqueo! Él sabía que Amán era de la tribu amalequita, una de las peores enemigas de Israel. De ninguna forma se arrodillaría ante un amalequita.

Una y otra vez Amán pasó junto a Mardoqueo. Una y otra vez Mardoqueo se negó a arrodillarse.

Amán se puso cada vez más y más enojado. Por fin, Amán le dijo al rey: "Hay un pueblo que no obedece las órdenes. Le pagaría para que me dejara matarlos".

Amán no quería ver muerto solo a Mardoqueo, sino ¡a todos los judíos! Y el rey estuvo de acuerdo, sin siquiera saber de qué estaba hablando Amán. Los secretarios del rey enviaron cartas a todas partes en Persia. Las órdenes eran matar a todos los judíos, jóvenes y viejos, mujeres y niños, ¡y hacerlo en el plazo de un año!

Ester hace un plan

Ester 4.1—5.12

Mardoqueo estaba tan enojado por la orden que habían dado de matar a todos los judíos, que se rasgó las vestiduras. Gimiendo y sollozando, recorrió todas las calles de la ciudad.

Él y Ester intercambiaron mensajes. Mardoqueo le dijo: "Debes hablar con el rey e interceder por nuestras vidas".

Ester empalideció de miedo. "Pero el rey solo recibe a quienes él manda a llamar. Si voy a verlo sin que me llame podría matarme. Mi única oportunidad es que levante su cetro dorado y quiera escucharme".

Mardoqueo se mantuvo firme. Le dijo: "¡No te vas a salvar tan solo por ser la reina! Si te quedas callada en un momento como este, Dios salvará a su pueblo mediante otra persona. Probablemente esta sea la razón por la que te convertirse en reina".

Ester oró. Luego dijo: "Díganle a Mardoqueo que estoy de acuerdo. Si tengo que morir, pues moriré".

Tres días después, Ester entró en la habitación donde estaba el trono. El rey levantó la mirada y la vio. Sonrió y levantó el cetro de oro. "Ah, Ester. ¿Qué sucede? Te daría cualquier cosa, inclusive la mitad de mi reino".

"Si su Majestad acepta, me gustaría invitarlo, y también a Amán, para que cenen conmigo esta noche". Esperanzada, esperó la respuesta.

"¡Por supuesto!" El rey había aceptado.

Esa noche, y la noche siguiente, Ester cenó con el rey y con Amán.

211

Después de la primera cena, Amán fue a casa e hizo alarde de su posición. Les mostró a sus amigos su dinero y les dijo: "Soy tan importante que hasta el rey y la reina cenan conmigo".

Ester salva a su pueblo

Ester 7.1-6

Era la segunda vez que Amán y el rey cenaban con Ester. Este era el momento por el que ella había estado orando. De nuevo, solo les había servido lo mejor de lo mejor. Al

contemplar a su bella esposa, el rey se sintió muy complacido.

Dirigiéndose a Ester le dijo: "Ahora, querida, dime. ¿Qué es todo esto? ¿Qué es lo que quieres?"

Ester sintió cómo su corazón latía más de prisa. Respiró

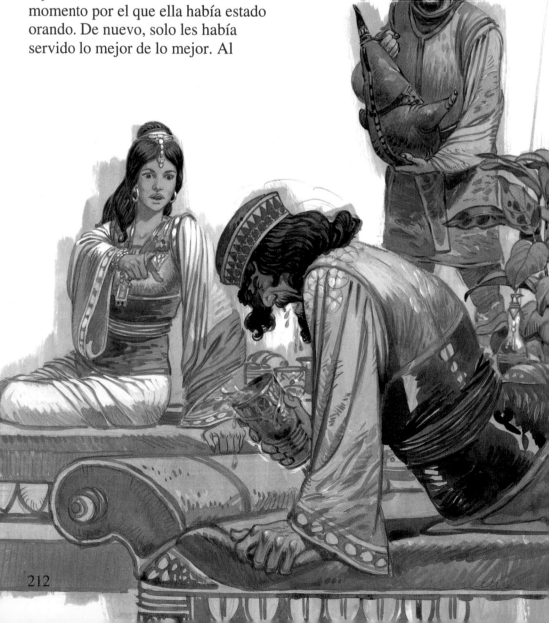

profundamente. "Por favor, te pido por mi vida, así como por las vidas de todos los de mi pueblo. Vamos a ser destruidos. Eliminados. ¡Todos nosotros!", le dijo Ester, y luego bajó la cabeza.

"¿Cómo puede ser esto?", gritó el rey. "¿Qué hombre tan malvado haría esto? ¿Quién es él?"

Ester se incorporó y señaló a Amán. "El enemigo malvado es este hombre. ¡Es Amán!" Horrorizado, Amán casi se ahoga con el vino que estaba tomando.

Amán es enviado a la horca

Ester 7.7—8.2

El rey estaba furioso. Salió de la habitación y se dirigió al jardín de Ester. Amán se postró a los pies de Ester. Le suplicó que tuviera misericordia.

El rey regresó a la habitación. Cuando vio a Amán asido a Ester, perdió el control. "¡Tú! ¿Cómo te atreves a atacar a la reina? ¡No la toques así!" Los guardas del rey llegaron corriendo. Rápidamente se dieron cuenta de que Amán no viviría mucho tiempo.

El rey les dijo: "¡Cuelguen a este hombre!"

Entonces el rey Asuero le dio la casa de Amán y todo lo que él tenía a la Reina Ester. Mardoqueo se dio a conocer. Ester le contó al rey que Mardoqueo era su primo, pero que lo amaba como a un padre.

El rey se quitó el anillo especial y se lo dio a Mardoqueo. Luego Ester le dio todas las propiedades de Amán a Mardoqueo

Una oportunidad para sobrevivir

Ester 8.3-17

Después de que Mardoqueo recibió su recompensa, la reina fue de nuevo donde el rey. Nuevamente ponía su vida en peligro. Si el rey no levantaba el cetro de oro en dirección a ella, moriría ese mismo día.

Tan pronto como Ester vio al rey, se postró a sus pies. Sollozó y se lamentó. El rey levantó su cetro de oro. ¡Estaba a salvo! "Por favor! ¿Es posible que mi pueblo escape de la terrible orden que dio Amán?"

Ester sabía que una vez que el rey daba una orden, era imposible dejar de cumplirla. El rey tuvo una idea. Mandó a llamar a Mardoqueo. "Mardoqueo, ahora tú tienes mi anillo. Da otra orden, una que pueda salvar a los judíos".

Mardoqueo dio una orden así: "A todos los judíos se les permitirá defenderse cuando sus enemigos los ataquen el día de la batalla".

Conforme se propagaba la noticia, los judíos se regocijaban. Muchos que no eran judíos querían serlo. Sabían quién iba a ganar la próxima batalla.

La defensa

Ester 9.1-10; 9.20—10.3

El día de la batalla coincidió con el día que Amán había fijado. Pero lo que sucedió no fue ni remotamente parecido a lo que Amán hubiera querido. Dios bendijo a los judíos y los convirtió en grandes luchadores. Los enemigos del pueblo de Dios fueron los que murieron ese día, ¡no los otros! El día de la batalla, todos los príncipes y los generales se unieron al bando de Mardoqueo. Le ayudaron al pueblo de Dios a defenderse de sus enemigos.

Entonces Mardoqueo dio otra orden. Esta decía que los judíos de todo el reino no debían olvidar nunca la forma extraña y poderosa en que Dios les había ayudado. Todos los años deberían recordarlo y celebrarlo con una gran fiesta. Después, todos debían darles comida a los pobres.

Después de la celebración, la Reina Ester continuó gobernando Persia junto al rey, durante muchos, muchos años.

215

El Nuevo

Un ángel visita a una joven

Lucas 1.26-38

Los judíos sabían que algún día Dios enviaría un Mesías. El Mesías acercaría su pueblo a Dios. Este Mesías era Jesús. Él vino a la tierra como un bebé y se convirtió en el Salvador del mundo.

La madre de Jesús era una joven llamada María. Una mañana se despertó al ver un gran resplandor. Un ángel llamado Gabriel entró en su habitación y le dijo: "Hola, María, ¡tú eres más especial que cualquier otra mujer!" María se asustó. "No temas,

Testamento

María. Has sido escogida por Dios para ser la madre de su Hijo, el Mesías".

María se iba a casar con un hombre llamado José. Cuando oyó las palabras del ángel, no protestó. Por el contrario, María le dijo: "Sí, haré lo que me pidas". Ella sabía que Dios la cuidaría.

Gabriel le dijo a María que su amiga Isabel también iba a tener un bebé. Terminó diciéndole: "Para Dios no hay nada imposible si estamos con Dios".

María le creyó.

Un viaje al otro lado de las montañas

Lucas 1.5-25; 39-45

Isabel, la amiga de María, era una mujer muy, muy anciana. Durante muchos años, ella y su esposo habían querido tener un bebé. Ahora por fin Isabel iba a tener uno. Dios le había dicho que el bebé sería muy especial.

Después de que Gabriel la visitó, María salió de su casa en Nazaret, que quedaba en Galilea. Viajó al sur, a Judea, para visitar a Isabel.

Cuando María llegó, la saludó: "¡Hola, Isabel!"

Al oir la voz de María, Isabel salió corriendo de su casa por primera vez en mucho tiempo. Gritó: "María, tú

has sido bendecida por Dios. ¡Sé que
eres la madre de mi Señor! Lo sé
porque cuando me saludaste, mi bebé
brincó de alegría dentro de mí. Eres
tan especial, María. El propio Hijo de
Dios vive en ti".

Junto al pozo

Mateo 1.1-19

Después de visitar a Isabel, María se
fue a su casa en Nazaret. Ella sabía
que pronto tendría que decirle a José
que iba a tener un bebé. Oró para que
Dios lo preparara para esa noticia.
María amaba a José y no quería
lastimarlo.

Cuando llegó a casa, le envió un
mensaje. Le dijo que se encontrara
con ella en un viejo pozo que había
fuera del pueblo. Cuando él llegó,
María le dijo: "José, sucedió algo
asombroso. Pero es verdad".

José se preguntaba por qué María
estaba tan seria. ¿Por qué sería tan
importante que se reunieran donde
nadie pudiera escucharlos?

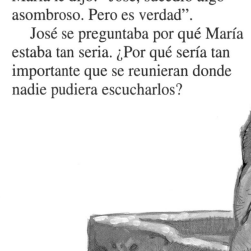

"Bueno", continuó diciendo María, "Dios me ha bendecido mucho. En realidad no sé por qué. Me ha escogido para ser la madre del Mesías, su Hijo. El bebé que llevo dentro ya tiene tres meses". María contuvo la respiración. Ella tenía la esperanza de que José comprendiera.

"Ay, María...", le dijo José, volviendo la espalda. "La amo tanto", se dijo él, "pero ahora no puedo hacerla mi esposa". José no sabía si debía creerle o no a María.

De nuevo la miró. María parecía estar tan segura. José se alejó de la muchacha. Trató de pensar en la forma de cancelar la boda sin lastimar demasiado a María. Se habían hecho tantas esperanzas y habían pensado en tantos planes. Pero ahora todos se derrumbaban.

El sueño de José

Mateo 1.20-24

Poco después, un ángel del Señor se le apareció a José. "Hijo de David, no temas casarte con María. Ella dice la verdad. Su hijo salvará al pueblo de Dios de sus pecados. Deberás llamarlo Jesús".

Cuando José despertó, decidió creer en el mensaje.

Mientras tanto, María había estado orando por José. Después de que José tuvo el sueño fue a verla. Le dijo que todo estaba bien. ¡Las oraciones de María habían sido escuchadas! Al poco tiempo, José y María se casaron.

Nace Jesús

Mateo 1.25; Lucas 2.1-7

Era muy temprano en la mañana. José había puesto la carga sobre el burro. María se sentó entre los paquetes que José había atado. Juntos se dirigieron a Belén, en Judá.

El Emperador de Roma, César Augusto, les había ordenado a todos que regresaran a los pueblos de donde venían sus familias. Él quería que sus soldados contaran a las personas de las tribus de Israel. La familia de José venía de Belén, así que tenía que ir ahí.

"Me gustaría que no fuera hoy", dijo José. "El bebé nacerá pronto".

María asintió. Ella trataba de mantenerse sobre el burro. Pero no era fácil. El bebé que llevaba dentro era tan grande que a menudo ella perdía el equilibrio. "Este será un día muy largo", se dijo María.

Pasaron las horas. Cuando salió el sol, hacía mucho calor. María quería dormir, pero sabía que si lo hacía se caería. Caminó un ratito. Pronto se sintió tan cansada que José la subió de nuevo al burro.

Finalmente llegaron a Belén. Las calles estaban llenas de gente. Los niños corrían por todas partes. ¡Había tanto ruido! De repente, María sintió que su estómago se estiraba.

"José, el bebé. Creo que el bebé va a nacer".

José empalideció. "Tenemos que llevarte a algún sitio tranquilo, lejos de esta multitud", le dijo.

La pareja fue de casa en casa. Preguntaban si alguna familia tenía un cuarto desocupado. Nadie les dijo que sí.

En un momento dado, José se quejó. "¿No hay algún sitio en donde podamos pasar la noche?"

"Bueno", les dijo un hospedero, "podrían ir a las afueras de la aldea. Cerca de los prados, hay una colina. Ahí, en una cueva, guardo mis animales. Llévala a la cueva. Pon un poco de paja fresca. Ahí nadie los molestará. Al menos es un sitio tranquilo".

José le dio las gracias mientras se alejaba. Corrió donde estaba María. Ella se apoyó en él y juntos salieron de la aldea.

Una vez que María estuvo a salvo en la cueva, José se tranquilizó. Él había orado tanto para que todo saliera bien. Se sentía mal de que su esposa diera a luz a su bebé en una cueva donde vivían los animales. Pero María y José no tenían otra alternativa.

Cuando nació el bebé, José alzó al pequeño bebé en sus brazos. María le dijo: "Este es Jesús".

Los pastores

Lucas 2.8-17

La noche en que nació Jesús, algo extraño sucedió. En las colinas cercanas, un grupo de pastores dormían al aire libre. De repente, un fuerte ruido los despertó y los hizo levantarse.

"¡Miren!", gritó uno de ellos, señalando el cielo. Los otros levantaron la mirada. Había una luz brillante, más grande que todas las estrellas. Parecía agrandarse conforme se acercaba.

"¡Oigan! ¡Oigan! ¿Oyen la música?" Los otros dejaron de hablar de la luz en el cielo y se quedaron callados. A lo lejos, pero acercándose, escucharon un cántico.

Entonces todo el cielo se llenó de luz. Los pastores vieron un ángel de pie frente a ellos. El ángel les dijo: "No tengan miedo. Esta noche ha nacido un Salvador. Sabrán que es cierto cuando vean un bebé en un pesebre".

Luego, de repente, ¡había ángeles alrededor de los pastores! Los ángeles cantaban: "Gloria a Dios en las alturas y en la tierra paz a los hombres que lo complacen". La música de los ángeles era suave, pero parecía sacudir toda la tierra.

Los pastores se arrodillaron. Bendijeron a Dios por permitirles ver y oir algo tan especial. Cuando se hizo oscuro de nuevo, se miraron. "¿Estuve soñando?", preguntó uno. No, ellos sabían que era real. Los pastores reunieron las ovejas y se dirigieron a Belén.

Cuando estaban cerca de la aldea, vieron que la estrella gigante estaba quieta sobre cierta colina. Vieron que ahí había una cueva y que había gente adentro. Los pastores fueron a ver. ¡Ahí estaba el bebé sobre el que les habían hablado los ángeles"

Se arrodillaron y lo adoraron como su rey y Salvador. María y José miraban. María sabía que nunca podría olvidar esa noche.

223

La estrella que guió hasta la cuna

Mateo 2.1-10

Un tiempo después, María y José tuvieron unos visitantes muy importantes. Eran sabios que venían de países lejanos en el este. Habían visto la estrella brillante en los cielos. Creían que algo grande había sucedido. Entonces viajaron una gran distancia. Fueron a ver al rey Herodes en Jerusalén.

"Creemos que el rey de los Judíos ya nació. Vimos su estrella en el este. Hemos venido a adorarlo", le dijeron a Herodes.

Herodes no sabía nada del nacimiento de Jesús. Les preguntó a los líderes religiosos: "¿Dónde se supone que nacería el rey de los judíos?"

"En Belén", le contestaron. Ellos sabían la respuesta porque eso era lo que los profetas habían dicho hacía muchos, muchos años.

"¿Cuándo apareció la estrella?", les preguntó Herodes a los visitantes. Herodes quería saber todo lo que pudiera sobre este nuevo rey. No quería que nadie le quitara el trono. Herodes eran muy cruel y pensó en un plan. Les ordenó a los sabios: "Vayan y adórenlo. Cuando lo hayan encontrado, vengan y me cuentan. Yo también quiero hacerlo".

Los sabios se fueron a Belén. Siguieron la estrella hasta que se detuvo. Cuando entraron en la casa, vieron a Jesús en los brazos de María. Sonrieron y se alegraron. El viaje tan largo había valido la pena. ¡Habían encontrado al Rey!

Regalos para un rey

Mateo 2.11-12

Los sabios descargaron sus camellos. Habían traído regalos raros y hermosos para la familia. Los ojos de María y José se abrieron enormes. "Pero si estos regalos son como para un rey", le susurró María a José. Él asintió con la cabeza.

Uno de los sabios se inclinó ante ella. "Venimos de muy lejos. La estrella nos indicó dónde ir. Aquí traemos oro para un gran rey".

El segundo sabio se acercó a María y le dijo: "No es muy frecuente que una estrella tan grande aparezca de repente. Ese bebé será el más importante de todos los hombres". Puso una jarra de mirra a los pies de María. La mirra era un perfume muy especial que sólo podían usar los hombres muy importantes.

El tercer sabio les sonrió a María y a José. "Este es incienso para quemar. Perfumará el aire. A Dios le agrada el incienso. No sabemos cómo, pero este rey es hombre y Dios a la vez".

María y José les dieron las gracias a los tres hombres. Todos inclinaron la cabeza y oraron. Le dieron gracias a Dios por haber enviado a Jesús al mundo.

La noche antes de que los sabios regresaran, tuvieron un sueño extraño. En el sueño, Dios les aconsejaba que no regresaran a ver al rey Herodes. Los sabios creyeron en el sueño. Entonces regresaron a casa por un camino diferente.

Le llamarán Nazareno

Mateo 2.13-23; 13.55; Lucas 2.39-40

Cuando los sabios se fueron, la familia descansó. El pequeño Jesús dormía y comía, dormía y comía. Conforme pasaban las semanas, se hacía más grande y más fuerte.

Una noche, José tuvo un sueño. Al igual que los sabios, soñó que Dios le decía: "Despierta. Toma al niño y a su madre. Debes huir a Egipto. Quédate ahí hasta que te diga. El rey Herodes va a buscar al niño. Quiere matarlo".

José se despertó con un sobresalto. El sueño parecía tan real que no dudó que fuera cierto. Durante los últimos días había visto la forma en que Dios controlaba las cosas. José bajó la cabeza y oró: "Sí, mi Dios. Haremos lo que tú digas".

José despertó a María. Le contó lo que había soñado. Rápidamente empacaron lo poco que poseían y lo pusieron sobre el burro. José levantó tiernamente a Jesús que aún dormía y lo puso en los brazos de María. Tirando del burro se alejaron de la casa y desaparecieron en la oscuridad de la noche.

Entre tanto, el rey Herodes había esperado y esperado que los tres sabios regresaran de su visita. Cuando vio que no regresarían, se enojó mucho. Él había hecho planes para engañarlos, pero más bien ellos lo habían engañado a él.

"Se suponía que me dirían dónde está este rey de los judíos". A Herodes no le gustaba la idea de que existiera otro rey. Él quería ser el único rey. "Quienquiera que sea este rey de los judíos, ¡lo mataré! No sé donde está, ¡pero sé que es tan solo un bebé!"

Herodes ordenó a sus soldados que buscaran al niño rey en todo Belén. Pero cuando llegaron a la casa, estaba vacía. José y María estaban a salvo y camino a Egipto.

Pasaron varios años y por fin murió el malvado rey Herodes. José, María y Jesús pasaron ese tiempo a salvo en Egipto.

Una noche, un ángel del Señor de nuevo se le apareció a José en un sueño. "Despierta y lleva al niño y a su madre de regreso a Israel", le dijo el ángel.

A la mañana siguiente, José le contó la buena noticia a María. Al poco tiempo iban de regreso a casa. Se establecieron en su pueblo, Nazaret. Mucho, mucho tiempo atrás, los profetas habían dicho que al Mesías le llamarían Nazareno.

José trabajaba como carpintero en Nazaret. La gente le llevaba las mesas y las sillas que necesitaban arreglo. José serruchaba y martillaba

226

todo el día. Convertía la madera en muebles. Cuando Jesús se convirtió en un muchacho, a menudo iba al taller a ver a José trabajando. Cuando José le pedía que le ayudara, Jesús le alcanzaba las herramientas que necesitaba.

En las noches, José y María le daban clases a Jesús sobre la historia judía y sobre el Dios bondadoso. José y María sabían que su muchacho ya sabía mucho sobre Dios. La familia aprendía unos de otros en esos años en que Jesús era un muchacho.

José y María se pierden de Jesús

Lucas 2.41-52

Cuando Jesús cumplió doce años, María y José lo llevaron a Jerusalén. Como era la época de la Pascua, había mucha gente en la ciudad.

El último día de la festividad, María y José se dirigieron a casa. Los dos creían que Jesús estaba con los otros niños que regresaban a Nazaret.

Después de todo un día de viaje, les preguntaron a los otros niños del grupo: "¿Han visto a Jesús?" Los niños movieron la cabeza.

María y José se volvieron a ver. ¡Jesús se había quedado en Jerusalén! ¿Cómo harían para encontrarlo? Se alejaron del grupo y regresaron de prisa a la ciudad. Ahí lo buscaron por todas partes. María y José vieron a muchos niños, pero ninguno de ellos era Jesús.

Durante tres días buscaron y buscaron. María y José estaban desesperados. Habían perdido a su adorado hijo, al Hijo de Dios. Finalmente, fueron al Templo, donde el pueblo judío alababa a Dios los sábados y los días santos.

Al entrar, José vio que un grupo de maestros escuchaban a alguien. Ahí, en medio del grupo, estaba sentado Jesús. Él era al que todos escuchaban.

María y José se abrieron paso hasta llegar donde Jesús. María le dijo: "Hijo, ¿por qué nos has hecho esto? Te hemos buscado en todas partes. Estábamos muy preocupados".

Jesús les dijo: "¿No sabían dónde buscarme? Debieron suponer que yo estaba ocupado en los asuntos de mi Padre".

Lo que Jesús quería decir era que, como él era el Hijo de Dios, estaría en el Templo, la casa de su Padre. Cuando salieron del Templo con Jesús, oyeron a muchos que decían, "¿Cómo es posible que un muchacho tan joven hable con tanta sabiduría como lo hace él?"

Jesús regresó con sus padres a Nazaret. Ahí creció siendo un buen muchacho y haciendo lo que sus padres le mandaban. Esos fueron años muy especiales.

Jesús es bautizado

Mateo 3.1-17; Marcos 1.1-11; Lucas 3.1-22; Juan 1.29-34

Jesús tenía un primo llamado Juan el Bautista. Juan era el hijo de Isabel, la amiga anciana de María.

Cuando Juan creció y se hizo hombre, Dios le dijo que le llevara un mensaje especial a la gente. "Prepárense", les decía Juan. "¡Prepárense para recibir a aquel que vendrá!"

La multitud se sentaba a la orilla del río a escucharlo. Juan bautizaba a la gente. Les enseñaba que el bautismo mostraba como Dios los podría purificar. "Arrepiéntanse. Comiencen una nueva vida".

Juan levantó la mirada para ver quién seguía en la fila. ¡Era Jesús! Los dos primos se miraron.

Jesús entró al río. Cuando salió, estaba orando. De repente, ¡el cielo parecía haberse dividido en dos! Había descendido el Espíritu Santo de Dios. Una paloma parecía posarse sobre Jesús. Esto le indicó a todos los que estaban mirando que Jesús tenía en él al Espíritu Santo.

Una voz habló desde el cielo diciendo. "Tú eres mi Hijo. Siempre te he amado. Siempre me has agradado". Era la voz de Dios. Él le estaba diciendo a la gente que debían escuchar a Jesús.

Jesús y su amigo

Juan 1.19-34

Algunas veces, cuando Juan el Bautista predicaba, un grupo de

líderes religiosos lo observaban de cerca. Querían saber si Juan era en verdad un profeta enviado de Dios. "¿Quién es este hombre extraño que predica en medio del río?", se preguntaban.

Los líderes religiosos le preguntaron a Juan: "¿Quién eres?"

Juan les respondió: "No soy el Cristo". Juan sabía que Jesús era el Mesías, o el Cristo.

"Pero entonces, ¿por qué bautizas si no eres el Cristo o el Profeta?"

"Bautizo en el agua, pero hay uno que ahora está entre la multitud. No soy lo suficientemente bueno ni para ser su esclavo". Los fariseos miraron a su alrededor. No vieron a nadie que pareciera importante.

Unos días después, Juan de nuevo vio a Jesús entre la multitud. De nuevo dijo: "Ahí está el Cordero de Dios. ¡Él limpia de pecados al mundo! He usado agua para bautizarlos, pero hay alguien aquí que los bautizará con el Espíritu de Dios! ¡Él es el Hijo de Dios, pero ustedes todavía no Lo conocen!"

Cuando los fariseos oyeron a Juan, se sintieron aún más confundidos y enojados. Vieron a Jesús que caminaba entre la multitud. "Bastantes problemas tenemos con que Juan tenga tantos seguidores. Si este Jesús se hace todavía más popular que Juan, nuestros problemas serán mayores de lo que pensábamos". Decidieron vigilar tanto a Juan como a Jesús.

El diablo le pone una trampa a Jesús

Mateo 4.1-12; 14.3-5; Marcos 1.12-14; 6.17-20; Lucas 3.19-20; 4.1-13

Después de que fue bautizado en el río, Jesús se retiró a orar en el desierto. El enemigo de Dios se encontró ahí con Jesús. El enemigo de Dios, el diablo, se encontró ahí con Jesús. Quería deshacer los planes que Dios tenía para Jesús. Al diablo le disgusta que la gente se acerque a Dios.

Jesús era el Hijo de Dios. Podía tener todo lo que quisiera. El enemigo de Dios quería que Jesús usara su poder en forma equivocada. Por eso tentó a Jesús.

Jesús estuvo en el desierto durante cuarenta días y cuarenta noches. Durante todo ese tiempo no comió nada. Esa era la forma en que Jesús concentraba su pensamiento en Dios.

El enemigo de Dios sabía que Jesús tenía hambre. Primero trató de tentar a Jesús con comida. "Si eres el Hijo de Dios, has que esta piedra se convierta en pan".

Jesús sabía que era más importante hacer lo que Dios quería. Le contestó: "La comida no es lo más importante en la vida. Lo que es realmente importante es estar cerca de Dios y hacer lo que él manda".

Entonces el enemigo de Dios llevó a Jesús a un sitio muy alto. Le mostró todos los castillos y reinos del mundo. "Si me adoras", le dijo a Jesús, "si tú me llamas rey, te daré todos estos reinos".

Jesús le dijo: "Yo solo sirvo a Dios, el Señor".

Finalmente, el diablo llevó a Jesús a Jerusalén. Lo sentó en la parte más alta del Templo. Ese era un sitio muy, muy alto. "Salta", le dijo el diablo. "Si Dios en verdad te ama, enviará a sus ángeles para que te salven".

"No debes poner a prueba al Señor tu Dios", le dijo Jesús. "Ahora vete. No voy a hacer lo que quieres. ¡Vine a hacer lo que Dios desea que haga!"

Cuando el enemigo de Dios se fue, los ángeles llegaron a cuidar a Jesús.

Cuando Jesús dejó el desierto, se enteró que el rey Herodes había encarcelado a Juan el Bautista. La noticia entristeció mucho a Jesús.

Los primeros discípulos

Juan 1.35-51

Justo antes de que Juan el Bautista fuera llevado a la cárcel, les había dicho a dos de sus hombres que siguieran a Jesús. Uno de ellos se llamaba Andrés. Cuando él y su amigo encontraron a Jesús, comenzaron a caminar detrás de él. Jesús se volvió y les dijo: "¿Qué quieren?"

Ellos le preguntaron si podían ir donde él pasaría la noche. Querían escucharlo predicar sus enseñanzas. Jesús les dijo que sí.

Los seguidores de Juan habían aprendido de él lo importante que es escuchar la verdad. Juan les había dicho: "Uno más grande que yo vendrá pronto. Síganlo".

Mientras escuchaba a Jesús, Andrés se dijo: "Debo decirles a todos los que conozco que este es el hombre del que Juan hablaba".

Andrés fue a buscar a su hermano. "¡Simón!", lo llamó. "¡Simón, hemos encontrado al Mesías! Ven, Simón, ven y te llevaremos con él".

Simón no sabía qué pensar. Cuando Jesús lo vio, dijo: "Tú eres Simón, el hijo de Juan. Te llamarás Cefas o Pedro". El nombre Cefas, o Pedro, quiere decir "piedra". Esta era la primera vez que Jesús y Simón se encontraban. Debido a este encuentro, a Simón pronto lo llamaban Simón Pedro. Después le decían solo Pedro.

Al día siguiente Jesús fue a Galilea. Ahí vio a un hombre llamado Felipe. "Sígueme", le dijo, y Felipe lo siguió.

234

Felipe fue donde un amigo llamado Natanael y le dijo: "Hemos encontrado a aquel de quien Moisés y los profetas hablaban. ¡Es Jesús de Nazaret!"

Natanael se rió. Dijo que no creía que hubiera gente buena en Nazaret. Pero cuando vio a Jesús, éste le dijo: "Yo te conozco, Natanael. Tú crees en Dios. Te esfuerzas por hacer lo que él quiere. Justamente ahora, sé que estabas sentado bajo una higuera pensando, cuando Felipe te llamó".

Natanael se sorprendió de que Jesús supiera lo que había estado

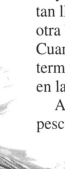

haciendo. Natanael le dijo: "Sí, creo. Eres el Hijo de Dios. Eres el rey de Israel".

Jesús sonrió. "¿Crees tan fácilmente? Te digo que verás cosas más importantes que estas".

Así es como se pesca

Mateo 4.18-22; Marcos 1.16-20; Lucas 5.1-11

Después de que Andrés llevó a Pedro para que conociera a Jesús, los dos hermanos regresaron a casa. Eran pescadores y necesitaban ocuparse de sus botes y redes.

Pedro notó que una gran multitud se le acercaba. Jesús iba al frente de ellos.

Jesús llegó donde estaba Pedro. Subió al bote y le pidió que se alejara un poco de la orilla. Entonces Jesús se sentó en la barca. Empezó a enseñarles a todas personas que se congregaban en la orilla.

Cuando Jesús terminó de hablar, se volvió hacia Pedro y le dijo: "Ve a las aguas profundas y lanza las redes".

Pedro le dijo: "Maestro, trabajamos mucho toda la noche y no pescamos nada. Pero está bien, haré lo que tú dices".

Pedro lanzó la red. Luego comenzó a tirar de ella y se llevó la mayor sorpresa de su vida. ¡Estaba tan llena que casi reventaba! Llamó otra barca para que lo ayudaran. Cuando él y los otros hombres terminaron de echar todo el pescado en las barcas, estas estaban llenísimas.

Al ver Pedro todo lo que había pescado, exclamó: "¡Sí, tú eres el

Señor! Pero no soy un hombre bueno. ¡Por favor, aléjate de mí!"

Jesús les dijo a él y a Andrés: "No tengan miedo. Síganme y yo les ayudaré a ser pescadores de hombres". Entonces Pedro y Andrés dejaron sus redes. Llevaron las barcas a tierra, llenas de pescados, y siguieron a Jesús.

Mientras caminaban por la orilla, se encontraron con los compañeros de Pedro, dos hermanos llamados Santiago y Juan. Jesús se les acercó y les dijo: "Síganme". Cuando le vieron el rostro de Jesús, el corazón les dio un vuelco y estuvieron de acuerdo en seguirlo.

Estos cuatro hombres se convirtieron en los amigos más cercanos de Jesús. Lo seguían a todas partes mientras él predicaba a la gente. Ellos lo observaban y aprendían de él. Eran los ayudantes de Jesús, sus discípulos.

¡No hay más vino!

Juan 2.1-11

Unos días después, Jesús y sus discípulos fueron invitados a una boda en el pueblo natal de Natanael, Caná. Hubo una gran fiesta que duró varios días. María, la madre de Jesús, estaba ahí también.

Había mucha, mucha gente en la boda. En las mesas abundaba la comida. Había carne, nueces, arroz, pasteles y frutas.

Los invitados bebieron gran cantidad de vino. A media fiesta, el novio vio que el vino se estaba acabando. "¡Ay!", se dijo, "¡esto es terrible!"

Era tarea del novio asegurarse de que hubiera suficiente vino. Si se acababa, la fiesta terminaría antes de lo previsto y eso no sería divertido.

María notó el problema que tenía el novio. Fue donde Jesús y le dijo: "No tienen vino".

Jesús le dijo: "¿Pero por qué me comentas sobre esto ahora? Tú sabes que aún no es el momento de que la gente sepa quien soy".

De todos modos, María llamó a un sirviente. Le dijo que hiciera lo que Jesús le ordenara. Jesús le dijo al sirviente que llenara de agua seis enormes recipientes.

Una vez que estuvieron llenos, él dijo: "Saca ahora un poco de agua. Llévasela al jefe de los camareros". Cuando el jefe de los camareros probó el vino, se lo llevó al novio.

"¿Qué hizo?", le preguntó. "Este es el mejor vino que he tomado!" El novio no sabía de dónde venía todo ese vino, pero María sí lo sabía.

237

El templo profanado

Juan 2.13-25

Jesús y sus seguidores viajaron a
Jerusalén. Cuando llegaron, ya casi
era la época de la Pascua judía.
Fueron directamente al Templo. Era
el mismo sitio en donde María y José
habían encontrado a Jesús cuando se
les perdió siendo niño.

Cuando Jesús llegó esta vez al
Templo de su Padre, no le gustó lo
que vio. En vez de ver personas
orando a Dios y estudiando las leyes
de Moisés, encontró gente que usaba
el Templo como mercado.

Ahí vendían ovejas, cabras y aves
para ofrecerlas como sacrificio. En el
Templo se escuchaban los balidos,
mugidos y gritos. Los discípulos de
Jesús lo miraron. Sabían que él
estaba muy enojado.

De repente, Jesús tomó un látigo y
corrió por el patio interior del

Templo. Sus discípulos se quedaron inmóviles, mirándolo boquiabiertos. Jesús corría de un lado a otro. Sacaba los animales y la gente. "¡Fuera!", gritaba. "¡Saquen todo esto! ¿Cómo se atreven a convertir la casa de mi Padre en un mercado?"

Volcó las mesas de los que cambiaban dinero. Las monedas se esparcieron por todo el piso. Los animales corrían en todas direcciones. La gente gritaba.

Cuando Jesús terminó, tomó unos minutos para calmarse. Luego comenzó a predicarle a la gente que lo había seguido. Durante las festividades de la Pascua, él le predicó a la gente sobre Dios. También hizo varios milagros. Muchos creían lo que él les decía. Querían aprender más y prometieron seguir siempre a Jesús.

Él es el agua de vida

Juan 4.1-26

Jesús y sus seguidores pasaron por la región de Samaria. La gente del lugar, los samaritanos, habían sido enemigos de los judíos durante mucho tiempo. Ningún judío quería hablarle a ningún samaritano.

Sin embargo, cuando Jesús llegó a un pozo en Samaria, comenzó a hablar con una samaritana. Jesús estaba muy cansado por todo lo que había caminado. Él le dijo: "¿Me puedes dar un trago de agua?"

Ella se sorprendió de que un judío le hablara. Sacó agua del pozo y se la dio. "¿Por qué usted, que es judío, me habla a mí, que soy samaritana?" le preguntó.

Jesús le dijo: "Si supieras la vida que Dios podría darte, si supieras quién soy, tú serías la que me pediría agua a mí. Entonces te daría el agua viva de Dios. Si tomas del agua que te doy, vivirás para siempre y nunca más tendrás sed".

Esto desconcertó a la samaritana. El agua es algo que todos necesitamos para vivir. Especialmente en lugares cálidos como Samaria, el agua es muy apreciada. A menudo es difícil encontrarla. Jesús dijo: "Todo aquel que beba del agua que yo puedo darle, nunca más tendrá sed".

"Yo quiero de esa agua", dijo ella.

Entonces Jesús le dijo que fuera por su esposo. Cuando ella le dijo que no tenía esposo, Jesús le dijo todo acerca de ella. Él sabía cuántos esposos había tenido ella. Y agregó:

"Y el hombre con el que vives ahora no es tu esposo".

La mujer estaba muy confundida. ¿Cómo podía él saber todos sus secretos? Ella le tuvo miedo y trató de cambiar el tema de la conversación. Jesús sabía lo que ella estaba pensando. Él quería ayudarla. Ella le dijo que no sabía mucho de Dios, pero que había oído de un

Mesías que algún día vendría a la tierra.

Entonces Jesús le dijo: "Ya el Mesías está aquí. ¡Estás hablando con él!"

La mujer del pozo

Juan 4.27-42

"¿Quién es esa mujer que está en el pozo?", se preguntaban los discípulos de Jesús, que regresaban del pueblo, donde él los había enviado a conseguir alimentos. Cuando lo vieron hablando con la mujer se enojaron mucho. "Jesús no debería hacer eso. Ella es samaritana. Ningún judío debe hablar con esa gente", se decían unos a otros.

Cuando la mujer vio las caras enojadas que tenían los discípulos, decidió que era mejor irse a casa. Jesús le había dicho muchas cosas sobre las cuales tendría que pensar. Dejó la vasija de agua abandonada y se alejó rápidamente hacia el pueblo. Ahí le dijo a un grupo de gente: "Vengan vean a un hombre que me dijo todo lo que he hecho en mi vida. ¿Es posible? ¿Podría este ser realmente el Cristo?"

La historia de la mujer despertó la curiosidad de la gente. La siguieron hasta el pozo y ahí encontraron a Jesús. Lo escucharon predicar y sintieron que sus mentes y sus corazones se abrían ante lo que él decía. "Por favor, quédese con nosotros y háblenos más", le suplicaban.

A los discípulos de Jesús no les gustó esto. No querían quedarse con los samaritanos. Pero Jesús demostró su amor por las personas de toda clase. Se quedó dos días en esa ciudad. Muchos creyeron que él era el Mesías. Algunos creyeron por lo que contaba la mujer del pozo. La mayoría creían por sí mismos, por lo que le oían decir a Jesús. Él predicaba sobre el amor; además, había pasado un tiempo con ellos aunque él era judío y ellos samaritanos.

entre la gente. "¡Déjennos pasar! ¡Déjennos llegar hasta Jesús!", gritaban. Como vieron que nunca pasarían de la puerta, dos de ellos subieron al techo de la casa. Los otros dos les lanzaron cuerdas para que pudieran subir la camilla al techo.

En la camilla estaba un hombre muy enfermo. Él no podía moverse. Los cuatro amigos lo habían llevado a ver a Jesús. Ellos sabían que Jesús lo podía sanar.

Los cuatro hombres comenzaron a quitar tejas del techo. ¡Estaban haciendo un hueco! Dentro de la casa, la gente que escuchaba a Jesús comenzó a oir ruidos sobre ellos. Levantaron la vista y, de repente, cayeron pedazos de teja y polvo sobre ellos. Después vieron con asombro cómo por el hueco bajaban a un hombre enfermo atado a una camilla.

Jesús vio todo el esfuerzo que habían hecho los amigos del enfermo. Le dijo al hombre que todo lo malo que había hecho ya no importaba. Podía comenzar de nuevo. Jesús le dijo: "Ahora levántate y vete a casa".

El hombre hizo lo que le dijo Jesús, y se levantó como si nunca hubiera estado enfermo. "¡Gloria a Dios! ¡Este es en realidad su Hijo!" El hombre y los cuatro amigos gritaron y cantaron durante todo el camino de regreso a casa.

El recolector de impuestos dice que sí

Mateo 9.9-13, Marcos 2.14-17; Lucas 5.27-32
Un día que Jesús caminaba por la calle, pasó junto a una mesa donde se sentaba un recolector de impuestos.

Cuatro hombres en el techo

Mateo 9.2-8; Marcos 2.1-12; Lucas 5.18-26
Un día vinieron muchas, muchas personas a escuchar a Jesús que predicaba en casa de un amigo. Se amontonaron alrededor de la pequeña casa. Trataban de escuchar al menos unas cuantas palabras de lo que Jesús decía.

Cuatro hombres que llevaban una camilla trataban de abrirse campo

A los judíos no les gustaban los recolectores de impuestos. Trabajaban para los romanos, que eran enemigos de los judíos. A nadie le gustaban los recolectores de impuestos porque eran unos verdaderos tramposos.

Al pasar junto al recolector de impuestos llamado Mateo, Jesús le dijo: "¡Sígueme!".

Mateo ya había oído hablar de Jesús. Él quería seguirlo, pero Mateo tenía miedo de que Jesús lo rechazara. Después de todo, Mateo era recolector de impuestos. Cuando Jesús le dijo: "¡Sígueme!", Mateo saltó de la silla. Dejó atrás los libros y la caja con el dinero. Mateo siguió a Jesús.

Unos días después, Jesús cenaba en casa de Mateo. Junto a él había otros recolectores de impuestos y tramposos.

Cuando los líderes religiosos vieron esto, no les gustó. Les dijeron a los seguidores de Jesús: "¿Por qué Jesús come con toda esta gente malvada?"

Jesús dijo: "¿Necesita un médico aquel que está sano? No. Son los enfermos los que necesitan ayuda". Entonces les dijo que reconocieran en que era mejor preocuparse por la gente con problemas, que perder el tiempo tratando de obedecer leyes que sólo le hacían daño a las personas.

Esta era una enseñanza nueva para los líderes religiosos. Estaban acostumbrados a pensar en las leyes de Dios como razones para castigar y juzgar. Jesús les dijo que Dios les había dado las leyes para que supieran la diferencia entre el bien y el mal. Se suponía que debían amarse y ayudarse unos a otros.

243

A la espera de un milagro

Juan 5.1-9

Un día Jesús visitó una puerta especial en Jerusalén llamada Betesda. Cerca de esa puerta había una alberca con gradas alrededor. Sobre las gradas había mucha gente enferma. Esperaban que se moviera el agua en la alberca. Creían que a veces un ángel de Dios venía y movía el agua. El primero que entrara en el agua después de que llegara el ángel, se aliviaría.

Cuando Jesús pasó junto a la alberca, vio a los enfermos que se quejaban y se lamentaban. Algunos yacían boca arriba, moribundos. Un hombre había esperado durante treinta y ocho años a que se moviera el agua.

Jesús le preguntó: "¿Quieres sanarte?"

El enfermo le contestó: "Señor, no tengo a nadie que me meta en el agua cuando se mueva".

Pero eso no era lo que Jesús le había preguntado. Jesús quería saber si el hombre quería sanar. Aún así, Jesús le dijo: "Levántate. Toma tu cama y anda".

El hombre sintió que su cuerpo se ponía tibio. En un instante, el hombre había sanado. ¡Recogió su cama y comenzó a caminar!

245

Jesús elige a doce hombres

Mateo 10.1-23; Marcos 3.13-19; Lucas 6.12-16

Después de haber sanado a muchas personas, Jesús se alejó solo. Subió una montaña y oró. Durante toda la noche oró a Dios.

Cuando salió el sol, llamó a sus discípulos. Escogió a doce de ellos. Esos hombres serían sus doce colaboradores especiales. Serían los más cercanos a Jesús. Serían los que harían el trabajo de Jesús cuando él se fuera al cielo.

El grupo que Jesús escogió era algo extraño. Pedro, Santiago y Juan eran los más cercanos a Jesús. Ellos, junto con Andrés, eran pescadores. Mateo era recolector de impuestos. A Simón (otro Simón, no Pedro) le interesaba especialmente luchar contra los romanos. Los otros hombres eran Felipe, Bartolomé, Tomás, otro Santiago, Judas Iscariote, y otro también llamado Judas.

Después de escoger a los doce, Jesús les dijo que se sentaran y les dio órdenes especiales. "Vayan donde los judíos y sanen a los enfermos, resuciten a los muertos, curen a los leprosos, saquen los demonios. Den con generosidad", les enseñó Jesús. "No traten de hacerse ricos. Tengan confianza en que Dios cuidará de ustedes. Tendrán suficiente alimento. Las cosas no siempre serán fáciles".

Jesús estaba preparando así a los apóstoles para el trabajo que tendrían que hacer después. Estos serían los hombres que difundirían la buena noticia de Dios.

La verdadera felicidad

Mateo 5.1-12; Lucas 6.20-23

Un día, en una colina, Jesús dio un sermón muy importante. Él quería explicar algunas de sus enseñanzas. Muchas, muchas personas lo siguieron a ese lugar. Lo que Jesús dijo se conoce como el Sermón del Monte.

En esa colina, Jesús predicó sobre la verdadera felicidad. La gente se dio cuenta de que él decía las cosas al revés que los demás. En vez de decir que los que se esforzaban y eran fuertes serían los ganadores, él decía que los débiles y los que dependían de Dios eran realmente felices. Esto era algo que la gente no había oído nunca antes.

"La gente más hermosa a los ojos de Dios son los pobres. Los que son especiales son los que sufren y los que son amables. Ellos realmente desean que se haga lo justo. Esta es la gente que se preocupa por los demás.

"Si alguien los lastima porque creen en mí, entonces alégrense. Con seguridad serán recompensados en el cielo", les decía Jesús.

¿Sabes como ser sal?

Mateo 5.13-16

La gente que escuchaba a Jesús estaba admirada. Estas enseñanzas no se parecían a ninguna de las que habían oído antes. Sintieron que Dios los amaba y los quería.

"Ustedes son la sal de la tierra", les dijo Jesús.

"¿Pero cómo podemos ser sal?", se preguntaban unos a otros.

La respuesta es que la gente común es la que hace que el mundo sea un lugar especial. Las mamás y los papás crían a los niños. Los que hacen la paz tratan de que la gente se acerque entre sí. Los que trabajan mucho y luego llegan a casa y juegan con los niños son los que hacen que el mundo valga la pena. Son como la sal porque la sal ayuda a que la carne se mantenga y no se ponga mala. Y la sal hace que la comida sepa bien. La gente común, no los ricos ni los poderosos, pueden hacer que el mundo no tenga un mal "sabor", sino uno bueno.

"Ustedes son la luz del mundo. Ustedes no pueden esconder una ciudad que está sobre una colina", dijo Jesús. Él sabía que las luces de una ciudad siempre podrían verse desde muy lejos.

Nadie esconde una luz bajo una cubeta. Ese sería un desperdicio tonto. Del mismo modo, los que siguen a Dios no deben temer hacer lo que Jesús les dice que hagan. Cada hombre, cada mujer y cada niño que ama a Dios, les puede mostrar a otros cómo es Dios. Esto lo pueden lograr amando a los que están a su alrededor.

La búsqueda del tesoro

Mateo 6.19-34; Lucas 12.22-32

En el Sermón del Monte Jesús les enseñó a sus seguidores cómo buscar el tesoro escondido. "Donde esté su tesoro, ahí estará su corazón", dijo él. ¿Qué quiso decir con eso?

Lo que una persona más ama es aquello en lo que piensa o con lo que sueña. ¿Sueñas tú con tener más juguetes, con ahorrar más dinero, con poder correr más rápido? ¿Hay algo que deseas más que nada en el mundo?

Jesús nos enseñó que esos tesoros pueden desaparecer. El cielo es el lugar en el que debemos buscar el tesoro escondido. "No pueden amar el dinero y amar a Dios", dijo Jesús.

"No se preocupen por tener suficiente para comer y beber, ni en cómo comprarán ropas nuevas", enseñaba Jesús. Pon a Dios de primero en todo y verás como todo resulta bien. Dios es más grande que cualquier problema que puedas tener.

250

las flores que son más bellas que las mejores ropas del rey Salomón".

Dios sabe lo que la gente necesita. Lo más importante es seguirlo, obedecerlo y amar a los demás como él lo hace. Dios se ocupa de todo lo demás.

Cómo construir una casa

Mateo 7.24-29; Lucas 6.46-49

Jesús terminó el Sermón del Monte diciendo: "Si cambian sus vidas, son como el hombre sabio que construyó su casa sobre una roca sólida".

¿Que le pasa a una casa construida sobre roca? Se mantiene, no importa cuánto llueva ni cuánto sople el viento.

"Los que escuchen estas palabras pero no traten de cambiar, serán como el hombre necio. Él construyó su casa en la arena", dijo Jesús.

¿Qué le pasa a una casa construida en la arena? Puede ser muy bonita, pero tan pronto llega una tormenta, tan pronto se inunda, la casa desaparece. ¡Se desploma!

Todo el que ha oído esta enseñanza de Jesús tiene la posibilidad de escoger. Pueden alejarse y seguir viviendo igual que antes. O pueden hacer algo sobre lo que han oído. Pueden dejar que la enseñanza de Jesús cambie sus vidas.

Tan sólo asegúrate de hablarle a él sobre el problema.

"Miren las aves", dijo Jesús mientras señalaba un montón de aves que pasaba volando. "Su Padre celestial las alimenta. ¿No valen ustedes más que un pájaro? ¿Entonces por qué preocuparse por la ropa? Dios hizo

251

Un acto especial

Lucas 7.36-50

Un día, un fariseo llamado Simón invitó a Jesús a cenar. Los fariseos eran líderes religiosos. A muchos de ellos no les gustaba Jesús porque él les enseñaba a todos el amor de Dios.

Mientras Jesús comía con Simón, entró una mujer a la casa. Los invitados dijeron: "Miren, ahí está esa mujer tan mala".

La mujer se dirigió donde Jesús y se arrodilló frente a él.

"¿Qué va a hacer?", preguntó Simón, casi sin aliento.

Jesús no dijo nada. La mujer estaba llorando. Las lágrimas corrían por su rostro y llegaban hasta los pies de Jesús. Después, ella le secó los pies con su cabello.

Aún así, Jesús no decía ni hacía nada. Esperaba que ella terminara.

Pero Simón, el fariseo, pensó para sí: "Si Jesús fuera en realidad un profeta, sabría lo mala que es esta mujer".

Después la mujer buscó en su vestido una pequeña botellita de perfume muy, muy caro. Era el tipo de perfume que una mujer judía atesoraba toda su vida y reservaba para ocasiones especiales. Derramó el perfume en los pies de Jesús. Esto quería decir que ella lo consideraba su Rey. La habitación se llenó del delicioso aroma.

Simón estaba cada vez más disgustado. Jesús sabía lo que él estaba pensando. "Simón", le dijo, "quiero contarte una historia.

"Había una vez dos hombres. Uno le debía una gran cantidad de dinero al prestamista. El otro le debía poco. Como ninguno pagaba lo que debía, el prestamista los perdonó a los dos. Entonces, ¿cuál de los dos lo amará más?"

Simón dijo: "El que le debía más".

"Así es", dijo Jesús. "Ahora, mira a esta mujer. Cuando entré a tu casa, no me diste agua para limpiarme los pies. Ella los humedeció con sus lágrimas y los secó con su cabello.

"Tú no me diste un saludo caluroso. Ella en cambio ha besado mis pies constantemente. ¿Te das cuenta? Sus pecados, que son muchos, le han sido perdonados porque ella tuvo mucha fe en mí. Aquel a quien se le perdona poco, ama poco".

La siembra de las semillas

Mateo 13.1-9; Marcos 4.1-9; Lucas 8.4-8

Cuando Jesús enseñaba, a menudo contaba historias como esta.

"Había una vez un hombre que estaba sembrando las semillas en sus campos. Unas semillas caían junto al camino. Los pájaros llegaban y se las comían.

"Otras semillas caían entre las rocas, donde no había mucha tierra. Esas semillas se convertían en plantas con cierta facilidad. Pero como las raíces no podían encontrar agua, las plantas morían tan pronto subía la temperatura.

"Algunas semillas caían entre las zarzas. La hierba ahogaba las plantas. Otras semillas caían en buena tierra. Estas plantas crecían fuertes y altas. El fruto que daban era treinta a cien veces lo que se había sembrado".

Jesús vio que todos escuchaban. Unos cuantos asentían con la cabeza. Esos entendían. Pero muchos otros movían la cabeza. Esos no sabían de lo que estaba hablando Jesús. Entonces Jesús les explicó la historia.

La siembra de semillas en los mejores sitios

Mateo 13.10-23; Marcos 4.10-20; Lucas 8.9-15

Cuando Jesús contó la historia de la siembra de semillas, hubo muchos, incluyendo a sus discípulos, que no sabían lo que quería decir.

Jesús decía que sus historias eran una forma de saber quiénes eran los que querían seguirlo. Los que buscaban la verdadera enseñanza en sus historias tenían realmente la intención de vivir como Jesús quería que lo hicieran. Pero para aquellos a los que se les había endurecido el corazón, Sus historias eran tan solo palabras bonitas.

Jesús les dijo: "Las semillas son las lecciones que doy. Algunas personas oyen la palabra de Dios. Algunas veces deciden no prestarle atención a lo que oyen. Entonces el enemigo de Dios, como los pájaros de la historia, se roba el poquito de verdad que lograron aprender. Estos son como las semillas que caen junto al camino.

"Las semillas que caen en los sitios rocosos son las personas que oyen con alegría lo que predico. Tratan de seguirme durante algún tiempo. Pero no se necesita mucho, tan solo unos pocos problemas, para que regresen a su forma anterior de vida. Las semillas que crecen con la zarza son las personas que escuchan la palabra. También saben lo que les he enseñado. Pero después dejan que los problemas de la vida cotidiana ahoguen su nueva vida. Se preocupan y desean hacer más dinero. No sacaron nada bueno de las lecciones que escucharon.

"Por último, están las semillas que crecen en tierra fértil. Son las personas que escuchan y ponen en práctica lo que aprenden de mis historias. Se arrepienten ante Dios de lo malo que han hecho. Hacen un gran esfuerzo por cambiar. Estas personas les enseñarán a otros lo que significa seguirme. Enseñarán con la palabra y con el ejemplo".

Jesús nos enseñó que todo el que cree en él puede escoger dónde sembrar la semilla de la verdad. ¿Sembrarás las lecciones que has aprendido en tierra fértil o en tierra rocosa?

La diferencia entre el trigo y las malas hierbas

Mateo 13.24-30, 36-43

Jesús les contó a sus discípulos otra historia que también tenía que ver con la siembra de semillas.

"El reino del cielo se parece a un hombre que sembró semillas buenas en sus campos. Luego llegó su enemigo y sembró malas hierbas junto al trigo.

"Cuando germinó el trigo, también germinaron las malas hierbas. Los trabajadores del finquero le preguntaron si debían arrancar la maleza. 'No, porque entonces podrían arrancar el trigo también y éste aún no está listo para cosechar', dijo el finquero. 'Esperen a que sea el momento de la cosecha. Entonces arrancarán las malezas y las quemaremos. Después podremos cosechar el trigo'".

Entonces Jesús les explicó: "El que sembró la buena semilla soy yo, el Hijo del hombre. El campo es el mundo. Las plantas de trigo son aquellos que me siguen. Las malas hierbas son los que no me siguen. Por el contrario, siguen siendo egoístas y dañando a los demás. El enemigo es el demonio. la cosecha es el fin del mundo".

La semilla de mostaza y la levadura

Mateo 13.31-35; Marcos 4.30-34; Lucas 13.18-21

Los discípulos de Jesús le preguntaron sobre el reino de Dios. Ellos sabían que cualquiera podría pertenecer a este reino tan pronto como decidiera seguir a Jesús. Ellos sabían que Dios era el rey, pero, ¿cómo era el reino?

Jesús les dijo que el reino de los cielos era como la semilla de mostaza. Esa es la más pequeña de todas las semillas. Una vez que comienzan a crecer las raíces de una semilla de mostaza, esta crece y se convierte en una planta enorme. Las plantas de mostaza a menudo son las más altas de un huerto. A las aves les gusta mucho construir sus nidos en ellas.

Jesús usó otra historia para enseñar la misma lección. "El reino de Dios es como un poquito de levadura que una mujer pone en la harina". Esa pizca de levadura tiene el poder de convertir toda la masa de harina en una hogaza de pan.

Ambas historias decían que los pequeños inicios en el reino de Dios pueden crecer de manera grandiosa. Aún si una persona tan solo susurra bajito: "Sí, Jesús, creo", ese pequeño inicio puede ser el principio de una fe realmente grande.

Jesús se valía de historias para enseñarle a la gente. Así podría hacer más interesante y claro lo que él les hablaba. Después les explicaba las historias a sus discípulos. Él quería que ellos aprendieran y se hicieran sabios al comprender cada vez más.

La tormenta

Mateo 8.18, 23-25; Marcos 4.35-38; Lucas 8.22-24

Al final de un día en que había estado sanando a los enfermos, Jesús señaló hacía un barca cercana. Les dijo a sus discípulos: "Vengan conmigo. Cruzaremos al otro lado". Esa era la única oportunidad que tenía de alejarse de las multitudes. Jesús estaba cansado. Necesitaba descansar.

Al principio el agua estaba calmada. Algunos de los discípulos miraron el cielo.

"Este viaje en barca no nos va a dar ningún problema", dijo uno.

"No te confíes. Tú sabes cómo se puede enfurecer el mar. Por ahora parece calmado", dijo otro. Los discípulos se dirigieron a diferentes partes de la barca.

Tan sólo unos pocos momentos después sintieron que la barca se iba a volcar. De seguro estaban en medio de una tormenta. Todos sintieron mucho miedo.

Uno corrió a tomar el timón. El viento seguía cambiando. Los hombres se resbalaron varias veces. Pudieron asirse de uno de los lados de la barca. Esto impidió que las enormes olas los tiraran fuera de borda.

Las olas golpeaban ambos lados de la barca a la vez. Los hombres se precipitaban de un lado a otro. El capitán se esforzaba por controlar el timón. La barca se inclinaba peligrosamente de un lado a otro. Los hombres se sentían desamparados.

259

Se miraban unos a otros. "Tenemos que despertar a Jesús". Cuando lo vieron durmiendo en un almohadón, lo despertaron.

"¡Maestro! El mar está enfurecido. ¡Esta es una tormenta terrible! Nunca llegaremos en una pieza al otro lado. ¡Sálvanos!"

Jesús pasó su mirada de una cara angustiada a otra y luego se puso de pie. Extendió los brazos hacia los lados. El viento hizo que el cabello le tapara la cara. Su voz se oyó potente al decir: "¡Cálmate!"

La otra orilla

Mateo 8.26-27; Marcos 4.39-41; Lucas 8.25

Tan pronto como Jesús dijo: "¡Cálmate!", el viento se calmó. Las aguas bajaron. Pedro corrió a la orilla y miró el mar. Pudo ver su rostro reflejado en el mar oscuro. Corrió de regreso donde Jesús y cayó de rodillas aliviado.

Jesús les dijo: "¿Por qué no tienen más fe? No hay razón para tener miedo cuando están conmigo". Caminó al otro lado de la barca.

Nadie se atrevía a hablar. Un silencio profundo se apoderó de ellos. Estaban asombrados y tenían miedo.

"¿Qué clase de hombre es este al que seguimos? Si hasta el viento y las olas le obedecen". En medio de su asombro se hacían la misma pregunta unos a otros.

El loco en el cementerio

Mateo 8.28-34; Marcos 5.1-20; Lucas 8.26-39

Cuando Jesús y sus discípulos llegaron a tierra, vieron algo muy extraño. Había un hombre que tenía demonios en su cuerpo.

Ya no era capaz de controlarse. Andaba desnudo. Las cadenas que llevaba puestas le hacían sangrar las manos y los pies. Estaba sucio y no podía hablar. Vivía en los cementerios y andaba por los montes como un salvaje.

Cuando vio a Jesús, corrió y se arrodilló frente a él. Jesús se dio cuenta de que el hombre estaba fuera de sí. Jesús dijo: "¡Espíritus malignos, salgan del cuerpo de este hombre!"

Cerca había un grupo de cerdos. Jesús les ordenó a los demonios que salieran del hombre y entraran en los cerdos. Los espíritus malignos le obedecieron. Tan pronto entraron en los cerdos, estos se tiraron por un peñasco y cayeron al fondo del mar.

262

Los hombres que habían estado cuidando los cerdos regresaron rápidamente al pueblo. Cuando toda la gente llegó a ver lo que había sucedido, vieron al loco sentado tranquilamente a los pies de Jesús. Estaba vestido y de nuevo en su sano juicio.

La gente se volvió temerosa del poder de Jesús. Le pidieron que regresara al lugar de donde había venido.

Cuando él y sus discípulos subieron de nuevo a la barca, el hombre que había sido sanado le suplicó que lo dejara acompañarlo. "No", le dijo Jesús. "Ve a tu casa y di cuánto ha hecho el Señor por ti".

Entonces el hombre les contó a todos los habitantes de los pueblos cercanos la forma en que Jesús lo había sanado. Y todos se asombraban.

264

Más personas son sanadas

Mateo 9.27-31

Los ciegos que vivían en la época de Jesús no tenían ninguna oportunidad de vivir una vida normal. No había libros en braille, que se pueden leer con el tacto. No había perros guías, que pueden ayudarle a una persona ciega a cruzar las calles. Los ciegos de la época de Jesús solamente podían ser limosneros Les era imposible encontrar trabajo. Estaban desamparados.

A todas partes donde iba Jesús, la gente que estaba enferma del cuerpo o del alma lo seguía. Le suplicaban que los sanara. curara. Un día, dos ciegos seguían a Jesús. "¡Tenga misericordia de nosotros, Hijo de David!", le dijeron.

Jesús fue a casa de un amigo. Los dos hombres lo siguieron. Ahí, se volvió hacia ellos y les preguntó: "¿Realmente creen que puedo devolverles la vista?"

Los dos hombres eran amigos. Ambos había oído las historias de que Jesús sanaba a la gente. Ellos creían que él era el Mesías. Habían tropezado a lo largo de todo el camino, golpeando a la gente mientras seguían a Jesús. Ahora estaban a solas con él. "Sí, Señor", le dijeron.

Jesús extendió sus manos y les tocó los ojos. Dijo: "Lo que crean puede suceder, de verdad. Tan solo sigan creyendo".

De pronto, los hombres podían ver la luz y los colores. Después los objetos borrosos se convirtieron en objetos reales. Gritaron de alegría al ver el rostro de Jesús que les sonreía. Donde había habido oscuridad, ¡ahora había luz!

Los hombres estaban tan felices que salieron y le contaron la buena noticia a todos los que se encontraron.

El rey débil

Mateo 14.1-12; Marcos 6.14-29

Mientras Jesús viajaba y predicaba, su querido amigo Juan el Bautista seguía prisionero. El rey Herodes lo había enviado a prisión. Esto sucedió porque Juan le había dicho que no debía casarse con la esposa de su hermano.

Esta mujer se llamaba Herodías. Ella odiaba a Juan. Quería verlo muerto. Si no hubiera sido por Herodías, Juan habría estado libre.

El rey Herodes dio una gran fiesta para su cumpleaños. Invitó a todos sus amigos, familiares, consejeros, generales y otras personas importantes que estaban a su servicio. El palacio estaba lleno de gente que reía, bebía y comía.

Los músicos comenzaron a tocar una extraña canción de amor. Todos se volvieron para ver a una hermosa joven que comenzó a bailar. Sus pies apenas tocaban el piso. Tenía más gracia que todas las bailarinas que habían visto antes.

El rey Herodes sonrió. "Esa es la hija de mi esposa Herodías", dijo. "Nadie más puede bailar como ella".

Lenta, pero firmemente, la joven se fue acercando a la mesa de Herodes. Bailó frente a él. Dando un último giro y echando hacia atrás la cabeza, se arrodilló ante Herodes.

El rey se sintió aún más ebrio cuando la miró a los ojos. Le dijo: "Pídeme lo que quieras y te lo daré". Después le hizo un juramento que no se podía romper.

La joven corrió donde su madre Herodías. Le pregunto: "¿Qué debo pedir?"

Herodías sonrió con maldad. "Pídele la cabeza de Juan el Bautista sobre un platón".

Cuando la joven regresó donde estaba el rey y le hizo la petición, el rey se enojó mucho. "Juan es un hombre bueno. ¿Cómo podría mandar a matarlo?", se dijo a sí mismo. Miró a su alrededor. Toda la gente importante lo miraba. Herodes se sintió débil. "Muy bien", le dijo a un guardia. "Tráigame la cabeza de Juan sobre un plantón".

Cuando los discípulos y amigos de Juan se enteraron de que había muerto, fueron a la prisión. Pidieron el cuerpo de Juan para enterrarlo. Fueron donde Jesús y le comunicaron la muerte de Juan. Cuando Jesús se enteró de que su amigo más cercano había muerto, se entristeció muchísimo.

Hacia un sitio tranquilo

Mateo 14.13; Marcos 6.30-33; Lucas 9.10; Juan 6.1-3

Pocos días después de enterarse de la
muerte de Juan el Bautista, Jesús
tuvo que salir y ayudar a una gran
multitud. Ni siquiera tenía tiempo
para comer. Estaba muy triste porque
su primo Juan había muerto. Entre
más lo llamaban las multitudes, más
cansado se sentía.

Entonces Jesús llamó a Pedro.
Señaló una barca que estaba anclada
cerca y le dijo: "Necesito estar solo.
Alejémonos un rato a descansar".

Jesús y sus discípulos se alejaron a
un lugar solitario. Ahí oraron unos
por otros. Dios los fortaleció y los
hizo sentir más seguros de lo que
estaban haciendo.

Pero la multitud sabía que Jesús se
había ido a alguna parte. Trataron de

averiguar dónde estaba. No pasó mucho tiempo antes de que más y más gente se aglomerara a la orilla del lago. Estaban a la espera de la barca. Cuando vieron que la barca de Jesús regresaba, se oyeron los gritos de alegría de la gente. Había personas de muchas ciudades corriendo de un lado a otro en la playa.

Enseñanzas para las multitudes

Mateo 14.14-15; Marcos 6.34-36, Lucas 9.11-12

Cuando por fin llegó a tierra la barca que llevaba a Jesús y a sus discípulos, muchos fueron a recibirlos. "¡Jesús! ¡Jesús!", lo llamaban.

Durante toda la tarde, él les contó historias. Les habló del amor de Dios. La multitud era tan grande que se extendía centenares de metros. El sol brillaba y las aves cantaban. Era un día muy hermoso. Había gente sentada en la arena y en el césped. Escuchaban atentos y veían cómo Jesús sanaba a los enfermos y oraba por ellos. En cierta forma era como un enorme almuerzo campestre al aire libre.

Pero faltaba algo. En un almuerzo campestre siempre hay comida. Conforme transcurría la tarde, más y más personas se quejaban del hambre. Ya al final de la tarde, los discípulos se le acercaron a Jesús. Le dijeron que debería mandar la gente a casa de modo que pudieran comer algo. "Al menos permítales que vayan a buscar algo de comida en los pueblos cercanos", le dijeron.

Comida para los hambrientos

Mateo 14.16-18; Marcos 6.37-38; Lucas 9.13; Juan 6.4-9

Jesús miró a los miles de personas a su alrededor. La gente estaba muy feliz por todo lo que habían aprendido ese día. Él todavía no quería terminar con sus enseñanzas. Le dijo a Felipe: "¿Dónde podemos comprar suficiente comida para toda esta gente?"

Felipe se quedó mirando a Jesús. "¡Pero habría que trabajar ocho meses para pagar la comida que toda esta gente necesitaría! Pero aún así, sólo alcanzaría para unos cuantos pedazos de pan para cada uno".

Entonces Andrés, el hermano de Pedro, se acercó a Jesús. "Aquí hay un joven que tiene cinco panes y dos pescados. Pero eso no es nada ¿verdad?"

Los discípulos de Jesús no lo sabían, pero él tenía una razón para pedirles que alimentaran a la multitud. Estaba tratando de darles una lección más de esperanza en el amor de Dios.

Todos dejaron de conversar. Jesús levantó la mirada y le dio gracias a Dios por darles algo de comer. Bendijo la comida y partió los panes. Luego los pasó a los discípulos para que los repartieran entre la gente.

¡Entonces sucedió algo muy especial! Jesús les daba más y más y más pan a los discípulos. Cuando se vaciaban las canastas que llevaban los discípulos, regresaban donde Jesús. Entonces él ponía más pan y pescado en las canastas. ¡Y ponía más y más! Hasta que, por fin, todos los miles y miles de hombres, mujeres y niños comieron suficiente. Hasta sobraron doce canastas de pan y pescado. ¡Era un milagro!

El almuerzo de un joven sirvió para alimentar a miles

Mateo 14.19-21; Marcos 6.39-44; Lucas 9.14-17; Juan 6.10-14

Jesús le dijo a la gente que se sentaran en pequeños grupos. Después le dio gracias al joven que había donado su pan y sus pescados. Jesús levantó los panes y los dos pescados.

275

Jesús camina sobre las aguas

Mateo 14.22-27; Marcos 6.45-52; Juan 6.15-21

Después de alimentar a miles, Jesús les dijo a sus discípulos que subieran nuevamente a la barca. "Vayan delante de mí hasta la otra orilla".

Entonces se volvió hacia la multitud. "Cálmense, cálmense". La gente aclamaba su nombre. Después de todo, él había encontrado la forma de darles comida gratis. Pero Jesús les dijo: "Ahora váyanse a casa". Aunque había miles y miles de personas, lo escucharon.

Una vez que se fue la gente, Jesús se alejó solo. Subió a una montaña cercana y oró hasta que oscureció.

Mientras tanto, los discípulos habían estado tratando de cruzar

hasta la otra orilla del lago. No era fácil hacerlo en la oscuridad. El viento había cambiado de dirección y había empezado una tormenta.

En el momento más oscuro de la noche, la tormenta empeoró. El viento venía de todas direcciones y al mismo tiempo. Todavía les faltaban cinco o seis kilómetros para llegar a la orilla cuando Juan gritó: "¡Veo un fantasma! ¡Hay algo caminando sobre el agua!" Pero por supuesto no era ningún fantasma. La persona que vieron pasar junto a la barca era Jesús.

Jesús les dijo: "No teman. Soy yo, Jesús". Los discípulos se refugiaron en un extremo de la barca. Estaban demasiado asustados para creerle.

Pedro camina sobre el agua

Mateo 14.28-33

El viento soplaba fuerte. Alrededor de
la barca se levantaban olas inmensas.
Entre el grupo de hombres asustados,
uno se puso de pie. Era Pedro. "¡Es
Jesús!", les dijo a los demás. Luego
dio un paso hacia adelante para ver
mejor.

Los pies del Señor a duras penas
tocaban el agua. Pero él no se hundía.
Jesús dio un paso hacia la barca. Pedro
gritó: "Señor, si eres tú, ordéname que
me acerque a ti sobre el agua".

Jesús le dijo: "¡Ven!"

Pedro sacó un pie del bote. Bajó y
bajó y luego se detuvo. Luego sacó el
otro pie del bote y se puso de pie. ¡No
se hundió!

Dio un paso hacia adelante. Luego
otro y otro, siempre mirando a Jesús al

rostro. ¡Pedro estaba caminando sobre el agua!

Después de dar unos cuantos pasos, Pedro oyó el viento que soplaba. Y miró hacia abajo. En vez de mirar a Jesús y confiar en él, Pedro sintió miedo. Vio las olas a su alrededor. "¿Cómo es posible que camine sobre las aguas?", se preguntó. En el momento en que Pedro comenzó a dudar, comenzó a hundirse. "¡Socorro! ¡Señor, sálvame!", gritaba.

Jesús extendió su mano y tomó a Pedro. Jesús le dijo: "¡Ay, Pedro, Pedro! ¿Dónde está tu fe? ¿Por qué dudaste?"

Jesús y Pedro subieron nuevamente a la barca. Cuando estuvieron a salvo en la barca, el viento cesó de repente. Los discípulos estaban maravillados. Cayeron de rodillas y adoraron a Jesús. No solo habían visto cómo Pedro caminaba sobre el agua, sino la forma en que Jesús controlaba hasta el viento y el mar.

276

La fe de una extranjera

Mateo 15.21-28; Marcos 7.24-30

El plan que Dios tenía para Jesús en esa época era que primero le enseñara al pueblo de Israel. Después, la buena noticia del amor de Dios le sería llevada a todas las demás personas del mundo.

Muchos judíos decidieron no creerle a Jesús. Hubo otras personas que sí creyeron que Jesús era el Hijo de Dios. Una de ellas era una mujer que tenía una niña muy enferma.

Esta mujer fue a la casa donde estaba Jesús. Se arrodilló a sus pies y le suplicó: "¡Por favor, ayúdeme! ¡Mi hija está muy enferma!"

Jesús no dijo ni una palabra. Quería ver cuánto creía ella en él.

Del mismo modo, algunas veces Dios no responde de inmediato a nuestras oraciones. No dice que no. Nos dice que esperemos. Así es como crece y se fortalece nuestra fe, del mismo modo que lo hacen nuestros músculos cuando hacemos ejercicios.

Otra razón por la que Jesús se quedó callado era que la mujer no era judía. Todavía no era el momento de predicarles a los que no eran judíos, ni de sanarlos. Fue muy difícil para Jesús alejarse de la mujer.

"¡Por favor, Señor! ¡Por favor sane a mi hija!"

Los discípulos le dijeron: "¡Aléjela! Está haciendo demasiado ruido".

"En este momento solo debo cuidar de los judíos", le dijo Jesús a la mujer. "No está bien tomar el pan de los hijos de Dios y dárselo a los perros".

Pero ella le dijo: "Sí, Señor. Pero hasta los perros se alimentan de las sobras que caen de la mesa del dueño".

Cuando Jesús oyó esa respuesta, sintió que el amor le llenaba el corazón.

"Mujer, tu fe es muy grande. Por esta respuesta que me diste, tu hija está sana otra vez. Vete a casa".

La mujer hizo lo que Jesús le dijo. Cuando llegó a la casa, encontró a su hijita dormida en la cama. ¡Ya estaba mejor!

Un ciego es sanado en Betsaida

Marcos 8.22-26

Jesús fue a un pueblo llamado Betsaida. Ahí, un grupo de personas le llevaron a un ciego. "Por favor, Maestro, por favor toque a nuestro amigo y sánelo".

Jesús tomó al ciego de la mano y lo guió a las afueras del pueblo.

El ciego no sabía qué pensar mientras seguía a Jesús. Podía sentir la mano de Jesús en la de él y era una mano tosca. Los amigos del ciego le habían dicho: "Jesús ha sanado a otros y te puede sanar a ti".

Jesús se detuvo. El ciego sintió que Jesús retiraba la mano. Después lo oyó escupir. De súbito, sintió que Jesús le ponía las manos en los ojos.

Cuando Jesús quitó las manos, le preguntó al hombre: "¿Ves algo?"

El hombre levantó los ojos. Movió la cabeza de un lado a otro. "Veo hombres, pero parecen árboles, siluetas que se mueven".

Entonces Jesús de nuevo le puso las manos en los ojos. El hombre agudizó la vista y empezó a verlo todo con claridad. Había colores y de nuevo vio las sonrisas de sus amigos. "¡Puedo ver! ¡Puedo ver!", les gritaba. Y todos se reunieron en torno a él para abrazarlo y le dieron las gracias a Jesús.

El hombre piedra

Mateo 16.13-19; Marcos 8.27-29; Lucas 9.18-20

Jesús llevó a sus discípulos a un sitio tranquilo al norte del lago de Galilea. Ahí, se volvió hacia ellos y les hizo una pregunta muy importante: "¿Quién dice la gente que soy?"

"Algunos dicen que Juan el Bautista, que resucitó. Para algunos eres Elías. Otros dicen que Jeremías o uno de los profetas".

Jesús les dijo: "Pero, ¿quién dicen ustedes que soy yo?"

Entonces Pedro dio un paso hacia adelante. El corazón lo impulsó a contestar: "Tú eres el Cristo, el Hijo del Dios vivo".

Jesús le dijo: "Tú eres muy especial, Pedro. La única forma en que podías saber eso era que mi Padre en el cielo te lo hubiera indicado".

Jesús le puso las manos en los hombros. "Recuerda tu nombre, Pedro", le dijo.

Pedro significa "Piedra", la roca fuerte sobre la que se construyen las casas. La razón para darle este nombre se hizo evidente cuando Jesús dijo: "Mi Iglesia será hecha con hombres como tú. Ellos saben que soy el Cristo enviado por Dios. Tú eres la Piedra que ayudará a construir esta Iglesia".

Del mismo modo, todos los que creen en Jesús construyen sus vidas sobre la fuerte "roca" de la verdad de Jesús. Una tormenta no puede destruir una casa construida sobre una roca.

Moisés y Elías

Mateo 17.1-9; Marcos 9.2-10, Lucas 9.28-36

Seis días después, Jesús llamó a Pedro y a los dos hermanos, Santiago y Juan. ¡Les tenía una gran sorpresa! Juntos subieron a orar en la cima de una montaña cercana. Cuando llegaron a la cumbre, Pedro, Santiago y Juan se acostaron a descansar sobre el césped.

Cuando se estaban quedando dormidos, Jesús comenzó a orar. De repente, ¡Él se veía muy diferente! El rostro de Jesús parecía emitir luz. Las ropas se tornaron de un color blanco cegador y brillaban como el relámpago.

Luego, de la nada, aparecieron dos hombres. Ahí estaba Moisés, el hombre que había sacado al pueblo de Israel de Egipto y que había recibido los Diez Mandamientos de Dios. Y ahí también estaba Elías, el más importante de todos los profetas.

Moisés había muerto cerca de 1.500 años antes. Elías había subido al cielo casi mil años antes. Ahora habían dejado el cielo por unos breves momentos y habían regresado a la tierra para hablar con Jesús.

Los tres discípulos se despertaron con un sobresalto. "¿Qué pasó?", dijeron casi sin aliento. Oyeron que Jesús hablaba del momento que llegaría pronto, cuando él iría a Jerusalén y luego los dejaría.

Pedro tenía miedo. Le dijo: "Maestro, esto es demasiado bueno para ser cierto. Construyamos tres cabañas. Una para ti, una para Moisés y una para Elías". Él quería que los dos hombres importantes se quedaran más tiempo.

Pero en ese momento, una nube brillante descendió sobre la montaña. Parecía que un torbellino de neblina giraba a sus pies. Una voz salió de la nube y dijo: "Este es mi Hijo, el Escogido por mí. ¡Obedézcanlo!"

Los discípulos estaban aterrorizados. Cayeron de bruces al suelo.

Cuando la voz calló, Jesús se acercó y les dijo: "Está bien. Ya se pueden levantar. No hay razón para temer".

Abrieron los ojos muy lentamente. Parecía como si nada hubiera pasado.

Los niños son primero

Mateo 18.1-14; Marcos 9.33-37; Lucas 9.46-48

Mientras los discípulos caminaban con Jesús, se decían unos a otros en voz baja: "Me pregunto quién de nosotros será el más importante de todos". Algunos decían que era Pedro. Otros pensaban que Juan era el discípulo más importante. Comenzaron a discutir sobre eso.

Cuando le preguntaron a Jesús qué pensaba él, no les contestó de inmediato. Había una niño cerca que estaba jugando. Jesús llamó al niño y lo sentó en el regazo. "¿Ven este pequeño?", les dijo. "Todo el que pueda llegar a ser como un niño, confiado y humilde, se convertirá en el más importante de todos en el reino de los cielos".

"Y todo el que cuide a un niño y le enseñe a amarme también me recibe a mí. Pero los que maltraten a un niño, o le enseñen a no confiar en mí, se verán en grandes problemas. ¡Sería mejor que les amarraran una piedra al cuello y que alguien los lanzara al agua!"

Los amigos se estremecieron al oir esto. Miraron al niño sentado en el regazo de Jesús. Se preguntaban cómo podía ser tan importante un niño.

Jesús les dijo: "Cuiden a los niños y ámenlos del mismo modo que un pastor ama a sus ovejas. Un pastor es capaz de pasar toda la noche buscando una de sus ovejas perdidas. Cada niño es un tesoro para Dios. Él los ama a todos".

No estamos solos

Mateo 18.15-20

Los discípulos de Jesús le preguntaron: "¿Qué pasaría si alguien nos engañara? ¿Si alguien hiciera algo realmente malo?"

Jesús les dijo que si alguien los maltrataba, deberían primero ir a ver a esa persona a solas. Deberían tratar de arreglar las cosas con amabilidad. "Si eso no da resultado, entonces háganse acompañar de sus amigos", les dijo. Sólo cuando la persona se niega a admitir su error, entonces hay que reportarla.

El Señor esbozó su sonrisa amplia y sincera. "Recuerden, siempre voy a estar con ustedes. Cada vez que dos o más de ustedes se reúnan, estaré escuchándolos. Estaré ahí con ustedes, en la misma habitación, escuchando sus oraciones".

Por eso es que nunca estamos solos. Aunque no podamos ver a Jesús, él está a nuestro lado, cuidándonos.

El leproso sanado

Lucas 17.11-16

Una vez que Jesús pasaba por un pueblo, diez leprosos lo estaban esperando. Habían oído que quizás él pasaría por ahí. Tenían la esperanza de que él los sanara.

Como eran leprosos no se les permitía acercarse a la orilla del camino. Lo llamaron desde lejos: "¡Jesús! ¡Maestro! ¡Tenga misericordia de nosotros!" Se cubrían la cabeza y llevaban velos que les tapaba el rostro. Hacían esto para que nadie tuviera que ver las heridas tan horribles que tenían por ser leprosos. Le suplicaron a Jesús que los sanara.

Jesús señaló en dirección al pueblo. "Vayan y preséntense ante los sacerdotes". ¡Esta era otra forma de decirles a los leprosos que estaban sanados! Solo los que habían sido sanados podían ir a ver a los sacerdotes.

Los hombres hicieron lo que Jesús les dijo. Mientras se dirigían al Templo para ver a los sacerdotes, sintieron que algo extraño sucedía. Sentían la sangre bullir por las piernas y los brazos. Una extraña sensación de calor les subía y les bajaba por la espalda. Un hombre su subió las mangas y vio que de nuevo tenía la piel sana.

Entonces gritó: "¡Alabado sea Dios! ¡Alabado sea el Señor Dios Todopoderoso! ¡Estoy sanado! ¡Ya estoy bien!"

Luego se volvió. Tan rápido como pudo, regresó corriendo donde Jesús estaba enseñando. Cayó a los pies de Jesús y abrazado a ellos decía: "¡Gracias! ¡Gracias!"

¿Por qué no decir gracias?

Lucas 17.17-19

Jesús miró al hombre que cantaba alabanzas de agradecimiento a Dios. Le dijo: "¿Pero no fueron diez los que fueron sanados? ¿Dónde están los otros nueve?" Después Jesús le dijo: "Ya puedes irte. Tu fe te ha salvado y te ha sanado".

¿Por qué solo un hombre regresó? Puede ser que los otros nueve no regresaran a dar las gracias por la mismo razón que la gente no le da gracias a Dios hoy.

Quizás un leproso simplemente se olvidó de darle gracias a Dios. Otro quizás era muy tímido. Tal vez uno de ellos era demasiado orgulloso.

Quizás otro leproso estaba tan feliz de verse sanado que se extravió y no pudo encontrar de nuevo a Jesús. Puede ser que uno estuviera demasiado ocupado. Tenía mucha vida que recuperar.

Tal vez uno de los leprosos no haya regresado a decir gracias porque el sacerdote le dijo que no tenía que hacerlo. Este hombre siempre hacía lo que otros le decían que hiciera, sin pensar por sí mismo. El séptimo leproso quizás no haya dicho gracias porque no entendía lo que le había pasado. Tal vez el octavo leproso no haya regresado a ver a Jesús porque simplemente no veía la razón para hacerlo. Nunca le había dado las gracias a nadie por nada.

Quizás el último leproso estaba tan contento que ni se daba cuenta de hacia dónde iba. Sólo un leproso de los diez descubrió que Jesús sana todo nuestro ser. Al igual que sucede tan a menudo, los otros no apreciaron realmente el don que Dios les dio. Dios a menudo nos da lo que necesitamos. ¿Con cuánta frecuencia le damos gracias a Dios?

285

Una segunda oportunidad

Juan 8.1-11

Jesús regresó a Jerusalén. Ahí enseñaba en el Templo. Una mañana, los líderes religiosos arrastraron a una mujer hasta él. Ella sollozaba de miedo. Los hombres la lanzaron a los pies de Jesús.

"Maestro", le dijeron, "esta mujer fue encontrada con un hombre que no es su esposo. Las leyes que Moisés nos dio dicen que debemos lanzarle piedras hasta que muera. ¿Qué dice usted?"

La mujer ni siquiera levantó la cabeza. Ella y el hombre con quien estaba, habían hecho algo muy malo. Al acostarse con alguien que no era su esposa ni su esposo, los dos le habían hecho daño a sus propios matrimonios.

Jesús se inclinó y escribió en el polvo. "¿Y bien?", le preguntaron los líderes religiosos. "¿Qué cree que deberíamos hacer con ella?"

Jesús se puso de pie y dijo: "Que la persona que nunca haya hecho nada malo sea la primera que le lance una piedra". Jesús les estaba enseñando a no juzgar a los demás.

Los hombres se volvieron a ver entre sí. Todos sabían que cada uno había hecho algo malo. Después de todo, nadie es perfecto. Entonces, uno a uno, se fueron alejando. Los más viejos se alejaron primero. Luego se fueron los jóvenes.

Finalmente, hasta los líderes religiosos se volvieron y se alejaron. Nadie dijo ni una palabra. Al final, Jesús quedó a solas con la mujer. Ella se arrodilló en el suelo junto a él.

"Mujer", le dijo Jesús, "¿nadie te ha castigado?"

Ella levantó la cabeza y miró a su alrededor. Su cabello estaba en desorden. "No, nadie, Señor", contestó entre dientes.

Jesús le dijo: "Entonces yo tampoco te castigaré. Pero nunca vuelvas a hacer esto. Arrepiéntete. Regresa con tu esposo y comienza de nuevo".

La mujer comenzó a llorar. Pero esta vez sus lágrimas eran de gozo y no de miedo.

El buen samaritano

Lucas 10.25-37

Un día, mientras Jesús enseñaba, un hombre le hizo una pregunta. Este hombre había dedicado muchos años al estudio de las leyes de Dios. Preguntó: "Maestro, ¿qué debo hacer para llegar al cielo?"

Jesús le contestó: "¿Qué dice la ley de Dios? ¿Qué crees tú?"

El hombre le dijo: "Amar a Dios y al prójimo tanto como me amo a mí mismo". Cuando Jesús le dijo que eso era correcto, el hombre le preguntó: "Pero, ¿a cuál prójimo? ¿Quién es mi prójimo? ¿Quiénes son los otros a los que debería amar?"

Jesús se lo explicó contándole una historia. "Había una vez un hombre que iba de Jerusalén a Jericó. Iba solo. El camino que seguía era muy rocoso y tenía muchas curvas. De repente, de la nada aparecieron unos ladrones. ¡Atacaron al hombre! Lo golpearon y le robaron todo lo que llevaba, incluyendo la ropa.

"El hombre quedó tirado a la orilla del camino, desangrándose. A lo lejos venía un sacerdote. Cuando vio al hombre se sorprendió mucho. Se detuvo y lo contempló. El hombre a duras penas pudo levantar la cabeza para pedir ayuda. Pero el sacerdote dio vuelta y se alejó. Trató de no mirar. Pasó junto al hombre tan rápido como pudo.

"El hombre permanecía en el suelo, quejándose del dolor. A lo lejos venía otro líder religioso, uno que predicaba las leyes de Moisés.

288

Vio al hombre, todo ensangrentado y cubierto de polvo, haciendo ruidos extraños a la orilla del camino. Se dijo: 'Se ve muy mal. Ni siquiera quiero tocarlo. Además, estoy seguro que no lo conozco'. Y así, este hombre también pasó sin detenerse.

"Entonces venía caminando un samaritano. El hombre que yacía a la orilla era judío. Los samaritanos y los judíos habían sido enemigos durante cientos de años. Sin embargo, el samaritano se acercó. Con mucho cuidado, le levantó la cabeza y le sacudió el polvo de la boca. Le limpió los ojos con agua y le dio de beber. Le limpió las heridas con vino y les puso aceite para que sanaran pronto. Luego levantó al hombre y lo puso en el burro. Lo llevó al pueblo.

"Ahí, el samaritano le dio dinero a un hostelero. Le dijo: 'Póngalo en una cama limpia. Gaste lo que sea necesario para cuidar bien de él hasta que esté fuerte de nuevo'".

"Ahora dime", añadió Jesús. "¿Cuál de estos tres hombres fue un buen prójimo para el hombre al que asaltaron?"

El experto en la ley judía no necesitó mucho tiempo para contestar y dijo: "El que lo ayudó, por supuesto".

Entonces Jesús le dijo: "Entonces ve y haz lo mismo".

Los que oyeron a Jesús contar esta historia sabían quienes eran las personas que él quería que sus seguidores amaran: en especial a los forasteros y a los necesitados.

289

Marta y María

Lucas 10.38-42

Jesús quiere ser amigo de los buenos y de los malos, de los desconocidos y de los que le siguen. Cuando Jesús estuvo aquí en la tierra, tenía tres buenos amigos además de sus discípulos. Eran dos hermanas, María y Marta, y su hermano Lázaro. Ellos le abrieron las puertas de su casa. Le pidieron que la hiciera su casa. Cuando Jesús viajaba, a menudo se quedaba en casa de Marta, María y Lázaro. Era un buen sitio en donde descansar y alejarse de las multitudes.

Durante una de sus visitas, Marta aprendió una lección muy importante. Jesús descansaba en la habitación principal. Estaba hablando con María. Marta estaba muy feliz de que Jesús estuviera con ellos de visita. Quería que todo saliera bien. Se dedicó a cocinar y a limpiar la casa.

"Quiero que esta sea una noche perfecta", se dijo a sí misma. Solo había un problema. Era imposible que Marta hiciera todo el trabajo

sola. Se afanaba mucho, recogiendo hierbas y legumbres de la huerta, limpiando y cocinando.

Desde la cocina, Marta vio que su hermana María no estaba haciendo nada. María estaba sentada a los pies de Jesús, escuchando lo que él le decía. "No me ayuda ni un poquito", se dijo Marta. "¡Y todavía hay tanto que hacer!"

En ese momento, Jesús miró a Marta. Se puso de pie y cruzó la habitación. "Señor", le dijo ella, "¿no le importa que mi hermana me haya dejado todo el trabajo? Por favor, dígale que me ayude".

Pero Jesús le contestó: "Marta, Marta. Estás tan preocupada y tan ocupada con tantas cosas. Muy pocas cosas merecen tanta preocupación. En realidad solo una. María quiere escuchar lo que enseño. Eso es bueno y no se lo debemos impedir. ¿Por qué no haces tú lo mismo?"

Marta lo miró. De súbito, se calmó. Sintió cómo sus músculos se relajaban. Hasta sonrió y abandonó el ceño fruncido que había tenido toda la mañana. Asintió y siguió a Jesús de regreso a la habitación. Ahí se sentó en el suelo, junto a su hermana. Juntas escucharon las palabras de Jesús.

A partir de entonces, Marta se aseguró de que trabajar para Jesús nunca fuera más importante que llegar a conocerlo mejor. Esa es una lección que deberían recordar todos los que siguen a Jesús.

El buen Pastor

Juan 10.1-21

Mucha gente se preguntaba: "¿Quién es Jesús? ¿De dónde vino?" Una y otra vez se hacían las mismas preguntas. Jesús sabía esto y les dio su respuesta.

"Soy el buen Pastor". Entonces les pintó un cuadro con palabras. Así sabrían por qué se llamaba a sí mismo el buen Pastor.

"Soy la puerta para las ovejas". El pastor permanece en la puerta principal. Él sabe cuáles son sus ovejas y deja que sus ovejas pasen por la puerta. Mantiene alejados a todos los animales salvajes que podrían lastimar a sus ovejas. "El

buen pastor hace todo lo necesario para cuidar a su rebaño. Hasta moriría por salvarlo. Como las ovejas son suyas, no huye cuando llega el lobo. Nunca permite que sus ovejas sean destruidas. Eso es lo que haría el que fuera empleado para esa tarea.

"Soy el buen Pastor. Conozco a mis ovejas y mis ovejas me conocen a mí. Doy mi vida por mis ovejas. Doy mi vida para poder tenerla de nuevo. Esto es algo que el Padre me permite hacer".

Muchas personas se sintieron muy complacidas cuando oyeron a Jesús decir eso. Querían creer que él era su verdadero buen Pastor.

Lázaro vive

Juan 11.1-46

Poco tiempo después, Jesús se enteró que su amigo Lázaro estaba muy enfermo. Jesús esperó unos pocos días para ir a visitarlo. Cuando él y sus discípulos llegaron a la casa de Marta y María, ya Lázaro había muerto.

Marta le dijo: "Señor, si hubieras estado aquí mi hermano Lázaro no habría muerto. Sin embargo, yo sé que todo lo que le pidas a Dios, él te lo concederá".

Jesús le dijo que Lázaro se levantaría de nuevo. Pero Marta no entendió lo que él quiso decir. Jesús dijo. "El que cree en mí no morirá jamás".

Cuando María vio a Jesús, cayó a sus pies. "Señor, si hubieras estado aquí él no habría muerto". Ella lloraba y lloraba. Cada lágrima rodaba hasta llegar al suelo.

Cuando Jesús vio lo dolidos que estaban todos, él también lloró.

"¿Dónde lo enterraron?", preguntó. Lo llevaron hasta una cueva que estaba cerrada. "Quiten la piedra de la entrada".

Una vez que abrieron la cueva, Jesús le dio gracias a Dios. Luego dijo con una voz muy fuerte: "Lázaro, ¡sal de ahí!"

De repente, una silueta extraña y tambaleante salió de la cueva. Estaba todo cubierto de vendas. "Suéltenlo y déjenlo libre", dijo Jesús.

María y Marta fueron presurosas hacia Lázaro. A duras penas se atrevían a tener la esperanza de que dentro de los vendajes blancos encontrarían a Lázaro vivo. Cuando lo dejaron al descubierto, todos gritaron. Todos lloraron mucho más que antes. ¡Era Lázaro! ¡Y estaba vivo! Los tres le dieron las gracias a Jesús.

La oveja perdida y la moneda perdida

Lucas 15.1-10

El precio por seguir a Jesús es muy alto. Pero el valor que tiene una sola persona a los ojos de Dios es aún más alto. Dios atesora a cada niño, a cada hombre y a cada mujer. Nada le gustaría más que todos se volvieran a él y empezaran de nuevo su vida.

A los líderes religiosos no les gustaban las personas que seguían a Jesús. Debido a esto, Jesús contó dos historias sobre lo valiosas que son estas personas para Dios. La primera historia era la de una oveja perdida.

Jesús preguntó: "Si tuvieran cien ovejas y perdieran una, ¿no buscarían a la que se perdió? Y si la encontraran, ¿no la llevarían de nuevo al rebaño? ¿No reunirían a los amigos y les dirían que han encontrado la oveja perdida?

"Del mismo modo, habrá más gozo en el cielo por un pecador que diga 'Estoy arrepentido', que por noventa y nueve personas que crean que son tan buenas que no necesitan la ayuda de Dios". El cielo se llena de gozo con las canciones que cantan los ángeles cada vez que una persona regresa a Dios.

La segunda historia era sobre una mujer que tenía diez monedas. Perdió una que valía todo un día de trabajo. Jesús preguntó: "Si una mujer perdiera una de estas monedas de plata, buscaría por toda la casa. Barrería bien y buscaría debajo de la cama y de las alfombras hasta encontrarla.

"Y al encontrarla, llamaría a sus amigas para decirles que compartieran su alegría pues finalmente había encontrado la moneda perdida.

"Del mismo modo, los ángeles sonríen y cantan cada vez que una persona dice que cree en Dios y que desea vivir una vida mejor con la ayuda de Jesús".

La gente se sorprendía por lo que Jesús les decía. Significaba que hasta los malvados, y en especial los malvados, eran bien recibidos en el cielo. Si tan solo se arrepentían, Dios los recibirían de nuevo y les daría la fortaleza para comenzar de nuevo. Jesús les estaba mostrando el camino al reino de Dios. Esta es la forma en que hay que amar a Dios y al prójimo.

El padre amoroso

Lucas 15.11-19

Jesús le contó a la gente la historia de un hombre que tenía dos hijos. Les dijo: "Un día, el hijo menor fue a ver a su padre. Le dijo: 'Padre, déme el dinero que será mío cuando usted muera. Lo quiero hoy'. El padre no creía que eso fuera una buena idea. Pero finalmente se lo dio. Unos pocos días después de recibir el dinero, el hijo se fue de la casa.

"Viajó muy lejos hasta llegar a un país lejano. Ahí desperdició todo el dinero en licor y en fiestas. Cuando se le acabó el dinero, no tenía nada. Ni siquiera podía comprar comida.

"Este hijo entonces fue de casa en casa. Suplicaba que le dieran los sobros. Finalmente terminó trabajando en una granja, donde cuidaba los cerdos. Tenía tanta hambre que deseaba poder comer con los cerdos.

"No pasó mucho tiempo antes de que pensara: 'Todos los trabajadores de mi padre tienen más que suficiente para comer. Y aquí estoy yo, muriéndome de hambre. Debo irme a casa y decirle a mi padre que estoy arrepentido'. Entonces el hijo menor dejó los cerdos y emprendió el viaje a casa".

De regreso a casa

Lucas 15.20-32

Al contar la historia del joven que se había ido de la casa, Jesús tenía la esperanza de que la gente aprendiera la lección de la historia. Dios perdona a cualquiera siempre y cuando esté arrepentido. Todo el que lo desee puede comenzar de nuevo.

Jesús contó el resto de la historia. "El joven no sabía que su padre lo había estado esperando todos los días desde que se había ido de la casa. 'Por favor, haz que regrese a casa hoy', oraba el padre mientras miraba el camino.

"En este día tan especial, el hijo todavía estaba muy lejos cuando su padre lo divisó. Entonces gritó: '¡Ahí está! ¡Es él! ¡Mi hijo ha regresado!'. Corrió a encontrarse con su hijo y lo abrazó muy fuerte.

"Pero el hijo bajó la cabeza. 'Padre, he sido tan malo. No merezco ser

llamado hijo tuyo. Perdí todo el dinero y...'

"Pero el padre no lo dejó terminar de hablar. Les ordenó a los esclavos: '¡Rápido, traigan la mejor túnica y pónganela! Pónganle un anillo y consíganle zapatos adecuados. Maten el ternero que estábamos guardando para la fiesta. ¡Hagamos una fiesta! Mi hijo estaba muerto y ahora vive. Estaba perdido y ha sido hallado!'

"El hijo menor lloraba de alegría al ver cuánto lo amaba su padre. Se sentía muy aliviado. Ese mismo día, hubo una gran fiesta. Todos los empleados y amigos del padre se unieron a la celebración.

"El hijo mayor, sin embargo, no se sintió muy feliz cuando regresó a casa después de trabajar en el campo. Oyó música y risas. Le preguntó a un empleado por qué había fiesta. Cuando se enteró de lo que había pasado, se enojó mucho. Su padre trató de explicarle todo, pero el hijo mayor se alejó.

'Esto no es justo', decía. 'Durante todos estos años he sido el hijo perfecto. Trabajo mucho para usted. Sin embargo, nunca me ha dado ni una cabra gorda para poder hacer una fiesta con mis amigos. Pero cuando este otro hijo desperdicia su dinero, le da todo'.

'Pero tú también eres mi hijo', le dijo el padre. 'Todo lo que tengo les pertenece a ustedes. ¿No ves? Tu hermano estaba muerto y ahora vive. ¡Estaba perdido y ha sido rescatado!' "

Los que aman el dinero

Lucas 16.10-14

A los líderes religiosos no les gustaba lo que Jesús enseñaba sobre el amor y el perdón. A la mayoría solo les preocupaba su dinero y su poder.

Jesús dijo: "No pueden vivir por el dinero y tratar de complacer a Dios al mismo tiempo. No deben amar el dinero y las cosas más que a Dios.

"Si la gente es honesta en los asuntos de dinero, significa que son confiables. Si una persona es honesta con su dinero también se puede confiar en ella para asuntos más importantes, como por ejemplo cuidar a la gente".

Jesús les decía a los fariseos que debían escoger entre amar el dinero y amar a Dios. ¿Qué debe ser lo primero?

El hombre rico y Lázaro

Lucas 16.19-31

Jesús le contó a la gente otra historia sobre la forma correcta y la incorrecta de vivir. "Había una vez dos hombres. Uno era muy rico. El otro era muy pobre. Este se llamaba Lázaro. Lázaro era feo y su cuerpo estaba cubierto de llagas rojas. Lo único que podía hacer era permanecer en el suelo pidiendo limosna a la entrada de la casa del hombre rico. Pedía que le dieran las migajas que sobraban de las comidas del hombre rico. A veces los perros llegaban y le lamían las llagas.

"Pero el hombre rico no prestaba atención a los pobres y necesitados como Lázaro. Él era muy egoísta. Usaba ropa cara, gastaba grandes cantidades de dinero, iba a fiestas y se ponía cada vez más gordo.

"Cuando por fin murió Lázaro, los ángeles vinieron y se lo llevaron. Lo pusieron en los brazos de Abraham. Ahí ya no sufriría más. Nunca más volvió a tener hambre.

"Pero cuando murió el hombre rico, fue enviado al sitio donde están las personas malvadas. Ahí sufría muchísimo. Desde el sitio donde estaba, el hombre rico podía ver a Abraham a lo lejos, con Lázaro a su lado.

'¡Padre Abraham!', gritó el hombre rico. 'Tenga misericordia de mí, por favor! Envíeme un poco de agua con Lázaro para poder humedecer mi boca! ¡Tengo tanta sed!'

"Pero Abraham le dijo: '¿No te acuerdas? En vida tuviste tantas cosas buenas, mientras que Lázaro no tuvo nada. Ahora es tu turno de sufrir'.

"El hombre rico le dijo: '¿Podría enviar a Lázaro para que advierta a mis cinco hermanos?'

'Ellos pueden leer las advertencias por sí solos', dijo Abraham. 'Moisés escribió sobre eso y también lo hicieron los profetas. Todos trataron que la gente regresara a Dios'".

Lástima que el hombre rico no hubiera cambiado y obedecido a Dios cuando tuvo la oportunidad. ¡Ahora era demasiado tarde!

Más lecciones sobre la oración

Lucas 18.1-8

Orar es hablar con Dios. Jesús quiere que hablemos de todo con él. Quiere ser nuestro mejor amigo. Dios siempre oye nuestras oraciones.

Algunas veces, cuando oramos a Dios, parece que nada sucede. Parece como si él no estuviera escuchándonos. Pero eso no es cierto. Dios siempre nos escucha. Sin embargo, a veces nos responde que esperemos. Es difícil seguir orando en esos momentos. Pero eso es precisamente lo que Jesús quiere que hagamos. Él contó esta historia para enseñarles a sus seguidores que deben continuar orando y no darse por vencidos, sin importar qué pasa.

"Había una vez un juez malo que no le temía a nadie. Un día una mujer pobre le pidió ayuda contra alguien que estaba tratando de engañarla. Al principio el juez no le prestó atención. Ella no tenía nadie más a quien acudir. Una y otra vez le pidió al juez que la ayudara.

"Por fin él accedió". Si así actúa un mal juez, imagínense cómo los escuchará Dios. Él es infinitamente amoroso y está siempre dispuesto a ayudar a las personas.

Hogares destruidos

Mateo 19.3-11; Marcos 10.2-9

Algunas veces un hombre y una mujer deshacen su hogar. Se separan. Esto es lo que significa divorciarse. Todos se sienten heridos. Por lo general, los niños son los que se sienten más dolidos.

302

Cuando una madre o un padre deja el hogar, los niños creen que es culpa de ellos. Pero no es así. No deben culparse a sí mismos. Algunas veces las madres y los padres deciden no vivir juntos. Puede haber muchas razones para que esto suceda, pero nunca es culpa de los niños.

Jesús sabe que el divorcio puede maltratar a las personas. También sabe que hay ocasiones en que el esposo y la esposa no quieren vivir juntos. Cuando Jesús estuvo en esta tierra, uno de los fariseos le preguntó: "¿Hay alguna razón por la cual un hombre pueda divorciarse de su esposa?"

A Jesús no le gustó la pregunta. Él dijo que Dios unió a los hombres y las mujeres para que juntos fueran una sola persona. Dios no quería que esposo y esposa se separaran. Los líderes religiosos le preguntaban por qué las leyes decían que estaba bien divorciarse.

Jesús dijo: "¡Se les permitió dejar a sus esposas porque ustedes tienen el corazón endurecido! Pero no es así como Dios quería que fuera. Cuando un hombre y una mujer deciden casarse, se supone que van a permanecer juntos hasta la muerte".

Cuando los discípulos de Jesús oyeron esto dijeron: "Pero si en realidad es así, entonces a veces es mejor no casarse".

Jesús les dijo: "Tienen razón. No todos necesitan casarse. Y un matrimonio que dura toda la vida es realmente un regalo de Dios".

Jesús trataba de proteger las familias. Y al proteger la familia, estaba protegiendo a los niños.

Dejen que los niños vengan a mí

Mateo 19.13-15; Marcos 10.13-16; Lucas 18.15-17

Jesús es el amigo especial de los niños. Una vez les dijo a sus discípulos que los ángeles de los pequeños siempre están muy cerca de él en el cielo. Los niños son tan confiados que por eso son muy, muy especiales para Dios. Para él cada niño es un tesoro especial.

Los padres que habían oído a Jesús predicar sabían esto. Entonces un día, un grupo de padres llevaron a sus niños ante él. Le pidieron que pusiera las manos sobre los niños y orara por ellos.

Pero los discípulos les dijeron: "Aléjense. ¿No ven que el Maestro necesita descansar? No lo hagan perder el tiempo. Él tiene otras cosas que hacer que son más importantes que jugar con bebés".

Jesús se enojó. Movió la cabeza. "No", les dijo, "no alejen a estos niños. Dejen que vengan a mí".

Miró a sus discípulos y a través de los niños les dio una enseñanza más sobre su reino. "El reino de los cielos le pertenece a todo el que tenga la confianza, el deseo de creer y de aceptar los dones que tienen estos pequeños. Solo los que sean humildes como los niños entrarán en mi reino".

Entonces Jesús extendió los brazos. Les tocó la cabeza a todos los bebés y niños pequeños que lo rodeaban. Los alzó y los abrazó con ternura. Les habló al oído y los hizo reír.

Las madres sonreían al ver que los niños volvían corriendo a sus brazos. Los discípulos se quedaron mirando y luego se unieron a la diversión. Hasta pudieron sonreír. Lo mejor de todo es que los niños sabían qué quería decir Jesús cuando dijo: "Vengan a mí".

305

El joven rico

Mateo 19.16-22; Marcos 10.17-23; Lucas 18.18-23

Un día un hombre le preguntó a Jesús: "Maestro bueno, ¿cómo puedo entrar al reino de Dios? Quiero vivir para siempre".

Jesús sabía que ese hombre joven tenía mucho dinero. También sabía que se había preparado durante muchos años para llegar a ser líder religioso. Jesús le dijo al joven algo que él ya sabía. "Obedece los mandamientos".

El joven le dijo: "He sido muy cuidadoso en obedecer todos los mandamientos. Ahora quiero hacer algo más". Este hombre quería asegurarse de estar lo más cerca posible de Dios.

Por eso Jesús amaba al joven. Él sabía, sin embargo, que había algo que se interponía entre este hombre y Dios. Él sabía que el joven amaba su dinero y sus cosas más que cualquier otra cosa en el mundo. Ese hombre amaba a Dios, pero amaba más sus riquezas.

Entonces Jesús le dijo: "Te falta una cosa. Si quieres ser perfecto, anda y vende todos tus bienes y dale el dinero a los pobres. Entonces tendrás un tesoro en el cielo. Ven, sígueme".

Cuando el hombre oyó esto, se entristeció mucho. Bajó la cabeza y se alejó. En el fondo de su corazón sabía que no había puesto a Dios en primer lugar. No estaba dispuesto a deshacerse de sus riquezas y seguir a Jesús. Entonces se alejó muy triste.

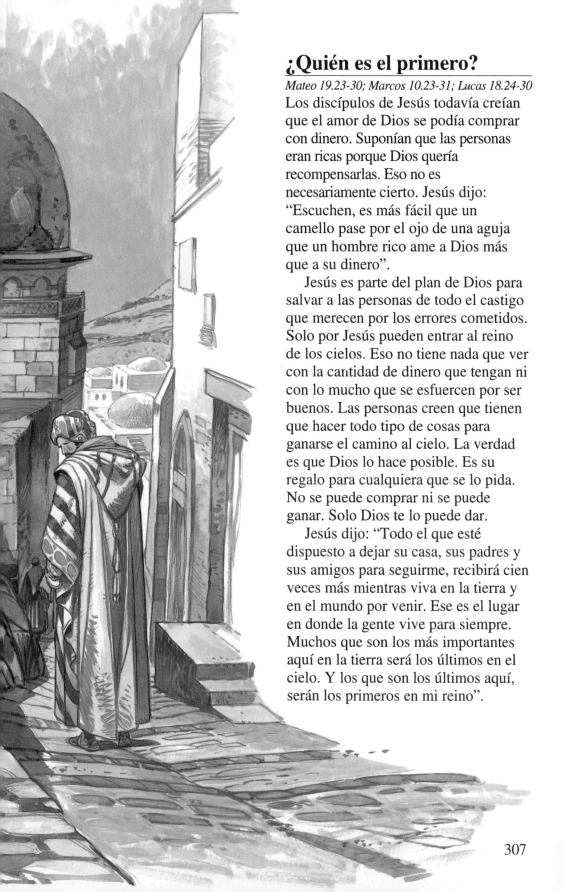

¿Quién es el primero?

Mateo 19.23-30; Marcos 10.23-31; Lucas 18.24-30

Los discípulos de Jesús todavía creían
que el amor de Dios se podía comprar
con dinero. Suponían que las personas
eran ricas porque Dios quería
recompensarlas. Eso no es
necesariamente cierto. Jesús dijo:
"Escuchen, es más fácil que un
camello pase por el ojo de una aguja
que un hombre rico ame a Dios más
que a su dinero".

Jesús es parte del plan de Dios para
salvar a las personas de todo el castigo
que merecen por los errores cometidos.
Solo por Jesús pueden entrar al reino
de los cielos. Eso no tiene nada que ver
con la cantidad de dinero que tengan ni
con lo mucho que se esfuercen por ser
buenos. Las personas creen que tienen
que hacer todo tipo de cosas para
ganarse el camino al cielo. La verdad
es que Dios lo hace posible. Es su
regalo para cualquiera que se lo pida.
No se puede comprar ni se puede
ganar. Solo Dios te lo puede dar.

Jesús dijo: "Todo el que esté
dispuesto a dejar su casa, sus padres y
sus amigos para seguirme, recibirá cien
veces más mientras viva en la tierra y
en el mundo por venir. Ese es el lugar
en donde la gente vive para siempre.
Muchos que son los más importantes
aquí en la tierra será los últimos en el
cielo. Y los que son los últimos aquí,
serán los primeros en mi reino".

Los trabajadores del viñedo

Mateo 20.1-16

Jesús nos enseñó algo más sobre cómo los últimos son los primeros y los primeros los últimos. Él les contó esta historia a sus discípulos.

"El reino de los cielos es como un hombre que tenía un viñedo. Salió temprano en la mañana para contratar trabajadores. Ellos aceptaron el salario normal por el día de trabajo. Unas pocas horas después, el dueño vio que otros hombres estaban ahí cerca sin hacer nada. Ellos también estuvieron de acuerdo con lo que el dueño les prometió pagar. También fueron a trabajar en el viñedo.

"El dueño salió de nuevo a mediodía y en la tarde, para buscar más trabajadores. Estos otros también fueron enviados al viñedo. Conforme se acercaba el final de la jornada de trabajo, el hombre se encontró con un último grupo de hombres y les preguntó: '¿Por qué no han hecho nada útil hoy?'

"Ellos le contestaron: 'Porque nadie nos ha dado trabajo'.

"El dueño del viñedo les dijo: 'Pueden trabajar para mí. Vayan a mi viñedo y ayuden recogiendo las uvas'.

"Una hora después, el dueño del viñedo le dijo al capataz: 'Llame a los trabajadores y páguele al último grupo de primero'.

"Primero le pagó al último grupo que había sido contratado. Les dio el salario de todo un día de trabajo, ¡aunque solo habían trabajado una hora! Después le pagó a los que habían sido contratados de penúltimo y así hasta que llegaron a los que habían trabajado todo el día. Les dio la misma cantidad de dinero a todos los trabajadores.

"Los que fueron contratados de primero se quejaron: 'Pensamos que recibiríamos más que ellos. Los del último grupo solo trabajaron una hora. Nosotros trabajamos todo el día bajo el sol ardiente'.

"El dueño les dijo: 'Amigos, yo soy justo. Ustedes recibieron el salario que convinimos. Si decido regalarle mi dinero a otros que han trabajado menos que ustedes, eso no es asunto de ustedes. No hay razón para que ustedes quieran más. Puedo hacer lo que quiera con mi dinero. Tomen lo que es suyo y váyanse a casa'".

Jesús miró los rostros asombrados de sus discípulos. "Así, los últimos serán los primeros y los primeros serán los últimos".

Todos los trabajadores recibieron el salario de un día, que era suficiente dinero para todo lo que necesitaban. Los trabajadores que fueron contratados de último estaban dispuestos a trabajar todo el día como lo estaban los demás. Del mismo modo, no importa cómo lleguemos a Jesús, él siempre nos perdonará. Él quiere darnos a todos el mismo don de la vida en su reino. Dios nos trata a todos por igual. Nuestra fe en Dios, y no el trabajo arduo que hagamos, es lo que nos lleva al cielo.

El hombre pequeño en el árbol

Lucas 19.1-10

En Jericó vivía un hombre rico llamado Zaqueo. Él era el principal recolector de impuestos en esa zona. Ganaba mucho dinero para sí y para los romanos. Debido a esto, a los judíos no les gustaba Zaqueo. Lo llamaban traidor ambicioso.

Cuando Jesús iba de camino a Jerusalén, pasó por Jericó. muchísima gente se reunía a la orilla de las calles. Esperaban poder verlo y escucharlo. Uno de los hombres en la multitud era Zaqueo. Era tan bajito que no podía ver por encima de las personas. Entonces Zaqueo se subió a un árbol.

Se subió a la rama más baja. Luego subió a otra más alta. No le importaba que la gente se riera al verlo subido al árbol. Él había oído las historias que decían que Jesús era amigo de los recolectores de impuestos. Simplemente tenía que ver a Jesús, sin importar cómo lo lograra.

La gente empezó a hacer ruido. Zaqueo vio a un hombre que se acercaba por la calle polvorienta. "¿Ese es él? ¡Ah, entonces ese es Jesús de Nazaret!", dijo Zaqueo.

Zaqueo gritaba con el resto de la multitud. Luego, de repente, dejó de gritar. Cuando Jesús pasó debajo del árbol donde estaba Zaqueo, miró hacia arriba. Se quedó mirando a Zaqueo. El recolector de impuestos no podía decir palabra alguna.

Por el contrario, simplemente miraba y miraba. Nunca antes había visto unos ojos como los de Jesús. No podía quitarle la mirada. Jesús le dijo: "Zaqueo, apúrate y baja de ahí. Hoy debo alojarme en tu casa".

Zaqueo casi se cae del árbol. Estaba muy sorprendido. Esbozó una sonrisa y se dijo: "¡Qué honor!" Descendió del árbol y llevó a Jesús en dirección a su casa.

La gente junto a la que pasaban murmuraba: "Miren a ese tal Jesús. Ahí va de nuevo, alojándose en casa de pecadores".

Después de recibir a Jesús en su casa, Zaqueo hizo una promesa: "Ahora y en este lugar prometo darles a los pobres la mitad de todo lo que gane. También devolveré cuatro veces lo que les robé a los demás en el pasado". Bajó la cabeza. Zaqueo supo entonces quién era Jesús. Y estaba dispuesto a cambiar su vida por él.

Jesús le dijo: "Hoy tú y tu familia se han salvado. Por eso el Hijo del hombre vino aquí. Estoy aquí para salvar a todos los perdidos y a los que sufren".

Un trabajo bien hecho

Lucas 19.11-27

Jesús contó otra historia. "Había una vez un rey que hizo un viaje a un lugar muy lejano. Antes de salir, les dio mucho dinero a diez de sus esclavos. Mucho tiempo después, el rey regresó a casa. Llamó a los diez esclavos y les preguntó qué habían hecho con el dinero. ¿Habían sido sabios o tontos?

"Todos los esclavos, excepto uno, habían sido sabios. El esclavo tonto había enterrado el dinero y no había tratado de ganar más. El rey se enojó mucho. Le quitó el dinero a este hombre y lo señaló con el dedo. Luego le dio el dinero al que había ganado diez veces lo que había recibido".

Jesús quería que sus discípulos entendieran que la historia se refería a ellos. Estas personas habían recibido una señal sobre lo que era el reino de Dios. Él quería que ellos supieran que los que quisieran ganar más del reino de Dios serían recompensados. Pero aquellos que le volvieran la espalda a lo que Jesús les mostrara terminarían quedándose sin nada.

El acto de amor de María

Mateo 26.6-13; Marcos 14.3-9; Juan 12.1-8

Jesús iba de regreso a Jerusalén por última vez antes de morir. Durante la última noche antes de entrar en la ciudad, Jesús se quedó con Lázaro, María y Marta.

Esa noche, mientras Marta servía la cena, algo extraño sucedió. María, quien había amado y adorado a Jesús desde el principio, hizo algo muy especial. Derramó sobre él un perfume muy, muy caro.

María sabía que Jesús se iría pronto. Esta era la forma en que María le demostraba a Jesús que era su rey. María vertió el aceite perfumado en la cabeza de Jesús. Luego se arrodilló y esparció el perfume en los pies de Jesús. Luego le secó los pies con el cabello.

Los otros huéspedes miraban en silencio. Nadie se movía. El rico aroma se esparció por toda la habitación. Pero hubo algunos a quienes no les gustó lo que María había hecho. Ellos creían que María debería haber vendido el perfume para luego dar el dinero a los pobres.

"No la molesten", dijo Jesús. "Ella hizo algo muy hermoso por mí. Ustedes siempre tendrán a los pobres con ustedes. Pueden ayudarlos cuando quieran. Pero no siempre me tendrán a mí aquí con ustedes.

"La historia de lo que María hizo esta noche será contada una y otra y otra vez. La gente nunca la olvidará por esto".

313

El gran desfile

Mateo 21.1-7; Marcos 11.1-7; Lucas 19.29-35;
Juan 12.12-16

El día amaneció claro y brillante.
Jesús les dijo a sus discípulos: "Hoy
entraremos en Jerusalén". Cuando los
conducía hacia las puertas de la
ciudad, sucedió algo sorprendente.
¡La multitud alrededor de Jesús se
hacía más y más grande! Cientos y
miles de personas salían de la ciudad
para darle la bienvenida. Gritaban y
vitoreaban, llamándolo Hijo de
David. ¡Era justamente la bienvenida
para un rey!

Justo en las afueras de Jerusalén
había una colina boscosa llamada el
Monte de los Olivos. Cuando Jesús
llegó a este lugar, envió a dos de sus
discípulos a que consiguieran un
burro. Se lo llevaron y Jesús entró a
Jerusalén montado en un burro.

Muchas personas cortaron hojas
de las palmeras de las cercanías.
Agitaban las palmas para Jesús. Lo
veían como su rey, uno que podría
liberarlos de los romanos.

Pero Jesús no es esa clase de rey.
Por eso entró a la ciudad montando
un burro y no el caballo de un
general. Trataba de demostrarles a las
personas que su misión era de paz. Él
era el rey, montado en un animal de
carga. La gente del reino de Jesús son
los oprimidos de este mundo. Son los
que deciden ir a él y pedirle ayuda.

¡Jerusalén! ¡Jerusalén!

Mateo 21.8-11; Marcos 11.8-11; Lucas 19.36-44;
Juan 12.17-19

Cuando Jesús entró a Jerusalén,
parecía que toda la ciudad vitoreaba
al unísono: "¡Gloria al Hijo de
David!"

"¡Bendito el que viene en nombre
del Señor!"

Otros gritaban: "¡Este es el profeta
Jesús, de Nazaret de Galilea!"

Los líderes religiosos, sin
embargo, no se sentían muy felices.
"Tú ves", se decían unos a otros,
"todo el mundo lo sigue ahora".

Se enojaban mucho, especialmente
cuando la gente gritaba: "¡Bendito
sea el rey que viene en nombre del
Señor!"

"¡Dígales que dejen de llamarlo
así!", le gritaban a Jesús.

Él se volvió y los miró. "Si hiciera
eso, las propias piedras de Jerusalén
gritarían lo mismo. ¡No pueden
detenerlos!"

Luego Jesús contempló toda la
ciudad de Jerusalén. Las lágrimas le
corrían por las mejillas. Lloraba por
Jerusalén, la Ciudad de David, la
Ciudad de Dios. "¡Ay!, si tan solo
pudieran creer lo que ven hoy. ¡Pero
se volverán ciegos y sus enemigos
los destruirán!"

A pesar de que la gente lo
vitoreaba, Jesús sabía que pronto lo
traicionarían. Lloraba por el desastre

que causarían las malas decisiones
que iban a tomar. Lloró de amor por
las mismas personas que pronto
pedirían a gritos su muerte.

El desalojo del Templo

Mateo 21.12; Marcos 11.15-16; Lucas 19.45

Después de entrar a Jerusalén, Jesús se dirigió al Templo sagrado. El Templo era la casa de Dios. Él lo había llamado la casa de su Padre.

Jesús entró al Templo. No le gustó lo que vio. Dos años antes, Jesús había corrido por el Templo, sacando a toda la gente ruidosa y ambiciosa. Y ahora habían regresado.

Los prestamistas obligaban a la gente a pagar precios muy elevados por los animales que tenían que comprar para hacer sacrificios. Muchas personas pobres se hacían todavía más pobres cada vez que iban al Templo para adorar a Dios. Así no era como Dios quería que se tratara a los pobres.

Jesús sabía esto. Al mirar a su alrededor, se enojó mucho. "¡No!", gritó. "Esta es la casa de mi Padre. ¡Ustedes no pueden hacer esto!" Corrió y volcó las mesas de los prestamistas. Las monedas corrían por el suelo. Asustada, la gente corría en todas direcciones. Las aves se salieron de las jaulas y escaparon asustadas por las ventanas. Jesús fue de un lado a otro y sacó del Templo a todos los ambiciosos.

Sanidad en el Templo

Mateo 21.13-16; Marcos 11.17-18; Lucas 19.46-48

Jesús corrió presuroso de un lado a otro del Templo. Les gritaba a los prestamistas: "Dios dijo que este lugar debía ser una casa de oración. ¡Ustedes lo han convertido en una cueva de ladrones!"

Cuando terminó, Jesús se detuvo y miró a su alrededor. El Templo estaba vacío, excepto por sus seguidores y unos cuantos líderes religiosos que no se sentían felices. Poco a poco, ciegos y minusválidos entraron de nuevo al Templo. Querían que Jesús los sanara. Una y otra vez extendió su mano y sanó a los enfermos.

Los niños que veían esto bailaban alrededor de Jesús. Se daban la mano mientras sus voces llenaban las paredes del Templo con "¡Gloria al Hijo de David!"

En vez de ser cueva de ladrones, el Templo se había convertido en un sitio de gozo.

Los únicos que no estaban felices con los cambios en el Templo eran los fariseos. "Oigan a esos niños tontos" decían, mientras los señalaban.

Jesús les contestó: "¿No han leído la parte de la Biblia que dice que los niños y los bebés alabarán a Dios?" Todos los que lo escucharon predicar en el Templo ese día se asombraron de su sabiduría.

¿Quién dio más?

Marcos 12.41-44; Lucas 21.1-4

Jesús se dirigió a la parte del Templo llamada la tesorería. Ahí llegaba la gente y ponía dinero en una caja especial. Esa era la forma de devolverle a Dios lo que les había dado. Al menos era la forma en que se suponía debía hacerse. Pero los líderes religiosos convirtieron la tesorería en un lugar donde los pobres se hacían más pobres. Ahí los ricos parecían muy santos porque daban mucho dinero. Daban el dinero del que podían desprenderse muy fácilmente.

Jesús y dos de sus discípulos se sentaron a observar. Vieron que llegó una mujer pobre, una viuda. Casi no tenía nada. No dio mucho dinero como sí lo habían hecho los ricos. Depositó dos monedas de cobre pequeñas en la caja. Si acaso valían unos cuantos centavos.

"¿Vieron eso?", les preguntó Jesús a sus discípulos. "La verdad es que esta pobre viuda dio más dinero que todos los otros donantes juntos.

Ellos tan solo dieron un poquito de lo que les sobraba. Dieron aquello de lo que podían desprenderse sin problemas. Ella dio todo lo que le quedaba. Cuando dio esas dos monedas, dio todo lo que tenía".

La pobre mujer había dado por amor. Ella confiaba en que Dios le recompensaría la ofrenda. Sabía que él la ayudaría a seguir, inclusive después de quedarse sin nada. Creía en Dios y lo amaba lo suficiente como para dar lo último que tenía. Esa confianza vale más que todo el dinero del mundo.

Las cinco jóvenes descuidadas

Mateo 25.1-13

Es muy importante estar preparados para cuando venga el fin del mundo. Para enseñarles esto a sus discípulos, Jesús les contó una historia. "Había una vez diez jóvenes. Se suponía que tenían que estar listas para recibir al novio. Eran parte de una fiesta de bodas.

"Cinco de estas jóvenes eran descuidadas y cinco eran listas. Se suponía que todas las diez debían esperar junto al camino el momento en que el novio llegara a la casa. Cuando el novio pasara, ellas le alumbrarían el camino con las lámparas que tenían.

"Las cinco jóvenes descuidadas debían saber que iban a necesitar más aceite. Sólo habían traído suficiente aceite para llenar las lámparas. Sin embargo, cada una de las jóvenes listas había traído suficiente cantidad adicional de aceite.

"Esperaron y esperaron toda la noche pero el novio no llegó. Finalmente se durmieron, pues ya era muy tarde. De repente se escuchó un grito: '¡Ahí viene el novio! ¡Enciendan las lámparas!'

"Las jóvenes listas encendieron sus lámparas. Pero las jóvenes descuidadas ya hacía mucho habían gastado todo el aceite.

'¿Podríamos tomar prestado un poco de su aceite?', les preguntaron a las jóvenes listas.

"Las jóvenes listas movieron la cabeza. 'No, pues no hay suficiente para todas nosotras. Vayan a ver si pueden comprar un poco'. Las otras jóvenes corrieron todo lo que pudieron para tratar de comprar más aceite. Pero mientras estaban ausentes llegó el novio.

"Las que estaban listas entraron a la fiesta de bodas. La puerta se cerró con llave. Cuando las otras jóvenes regresaron, ya era demasiado tarde.

'¡Abran la puerta!' gritaron. '¡Que el novio nos deje entrar, por favor!'

"Pero el novio les dijo: 'No las conozco. ¡Váyanse!' "Entonces, que

esto sea una lección", les dijo Jesús a sus discípulos.

Él les estaba tratando de enseñar que algún día se acabaría el tiempo. Nadie puede darse el lujo de decir: "Mañana cambiaré". El tiempo es algo que no podemos tomar prestado. Si esperas demasiado para hacer algo, entonces puede ser ya demasiado tarde. Ahora es el momento de escoger si estás con Jesús o contra él. No esperes hasta mañana.

Judas

Mateo 26.1-5, 14-16; Marcos 14.1-2, 10-11; Lucas 22.1-6

Estos serían los últimos días antes de que Jesús fuera arrestado. Pasó la mayor parte de ese tiempo con sus discípulos. Les enseñó y trató de ayudarlos a entender lo que él tenía que hacer. Había llegado el momento en que Jesús hiciera realidad todas las palabras que los profetas habían dicho sobre él hacía mucho tiempo.

Jesús no era el único que se preparaba para su muerte. Los jefes religiosos y otros líderes religiosos no pensaban en nada más. "Haremos que lo arresten sin que nadie se dé cuenta" decían.

También se advertían entre sí: "Debemos tener cuidado de no hacer esto durante las fiestas de Pascua. Hay muchos que creen que él es el Mesías. Si ven a Jesús arrestado nos podrían causar problemas". Todavía faltaban dos días para la Pascua.

Los líderes religiosos planeaban la forma de capturar a Jesús. Un hombre llamado Judas Iscariote quería reunirse con ellos. Ellos se sorprendieron. "Judas es uno de los doce seguidores especiales de Jesús", dijo uno de los líderes.

"No solo eso, sino que Judas es el discípulos que se encarga del dinero", dijo otro.

Judas se reunió con ellos. Les preguntó: "¿Cuánto dinero me darían si se los entrego?"

Los máximos líderes se pusieron felices. Sonreían y se frotaban las manos. "Le pagaremos treinta monedas de plata". Ese era el precio por traicionar a Jesús y entregarlo a sus enemigos.

A partir de ese día, Judas esperó el momento de ponerle una trampa a Jesús. No tuvo que esperar mucho tiempo.

La preparación de la última Pascua

Mateo 26.17-19; Marcos 14.12-16; Lucas 22.7-13

Dos días después de que Judas hiciera el trato se inició la festividad de la Pascua. Miles de personas habían llegado a Jerusalén por ese motivo.

El jueves, Jesús les dijo a Pedro y a Juan: "Quiero que preparen todo para la Pascua".

"Pero, Maestro, ¿dónde quiere que hagamos esto?"

Él les dijo: "Vayan a la ciudad. Ahí se encontrarán con un hombre que lleva una jarra de agua. Síganlo. Después vayan a ver al dueño de la casa donde entre este hombre. Díganle al dueño: 'El Maestro dice que ha llegado su hora. Le gustaría traer a sus discípulos y celebrar la Pascua en su casa'".

Pedro y Juan hicieron lo que Jesús les dijo.

Cuando llegaron donde el dueño de la casa, él asintió con la cabeza. Parecía como si desde siempre hubiera sabido que Jesús se quedaría en su casa. Juntos, se aseguraron de que hubiera suficiente comida en la casa.

El hombre les mostró a Pedro y a Juan una habitación grande en el segundo piso. Había una mesa larga y baja. Jesús y sus discípulos podrían compartir la cena de la Pascua en privado. Sería una cena como ninguna otra, una que se recordaría para siempre.

¿Quién es el más grande?

Lucas 22.14, 24-30

Esa noche, Jesús y sus doce discípulos más cercanos iban a partir el pan y a beber el vino de la Pascua.

Hablaron de la forma en que Dios había salvado a su pueblo en Egipto. Había destruido al temible faraón que los había hecho esclavos.

Jesús se sentó en silencio en un extremo de la mesa. Unos de los discípulos hablaban entre sí. De repente, este grupo comenzó a discutir. "¡Soy yo!"

"No, soy yo!" Estaban discutiendo sobre cuál era el discípulo más importante. Algunos pensaban que era Juan y otros que era Pedro.

Jesús frunció el ceño y luego habló. "Los reyes y los gobernantes pelean por el poder. Ustedes deben ser diferentes. Entre ustedes, el que esté al servicio de los demás deberá ser el líder.

"¿Quién es más importante? ¿El que se sienta a la mesa a comer o el que sirve la comida? Para ustedes, el que sirva la comida. Mírenme, les estoy sirviendo. Así es como tienen que ser unos con otros. Ustedes han estado conmigo; cuando todo esto pase, se unirán a mí en el reino de mi Padre. Entonces se sentarán en tronos y juzgarán a las doce tribus de Israel".

El rey sirviente

Jesús miró a sus doce amigos más cercanos. Estos eran los hombres que continuarían su trabajo una vez que él regresara al cielo. Él amaba a esos hombres. Los había amado desde un inicio. Los amó hasta el final.

Jesús sabía que el Padre le había dado la oportunidad de escoger. Al igual que todos, el Hijo del hombre podía decidir seguir el plan que Dios tenía para su vida. O podía alejarse del plan y seguir su propio camino. Jesús venía de Dios. Él quería regresar a Dios. Siempre estaría del lado de Dios. Miró alrededor, a sus discípulos, y luego se puso de pie.

Los discípulos dejaron de hablar. Vieron la forma en que Jesús vertía agua en un recipiente. Luego los miró.

"Mis amigos", dijo, "nadie les ha lavado los pies". Se dirigió hacia cada uno de ellos y se arrodilló. Después Jesús les quitó las sandalias y les lavó los pies. Luego se los secó con una toalla que se había atado a la cintura.

Jesús era el Maestro y el Líder de estos hombres. Sin embargo, se suponía que solo un esclavo hacía lo que él estaba haciendo. Con sus propias manos y un recipiente con agua, lentamente lavó la arena y el polvo de los pies de estos hombres.

Pedro ya no podía soportar más. Gritó: "Señor, ¿qué está haciendo?

Señor, ¿también va a lavarme los pies a mí? ¡Ese es trabajo para un esclavo!"

"Ahora no entiendes por qué hago esto. Pero algún día lo comprenderás", le dijo Jesús.

Pedro le contestó: "¡No! ¡Nunca! ¡Nunca debería tener que lavarme lo pies!" Pedro no podía ver que Jesús, su rey, actuara como esclavo.

"Pedro, si no te lavo, no podrás acercarte más a mí".

Cuando Pedro oyó esto, dijo:

"Entonces, no me laves solamente los pies, Señor. Por favor, lávame las manos y la cabeza también". Aún así, Pedro no entendió verdaderamente lo que Jesús estaba haciendo ni por qué lo hacía.

La verdadera razón

Juan 13.12-18

Cuando Jesús terminó, se puso de nuevo su túnica. Se sentó nuevamente. Después les dijo por qué había actuado como esclavo.

"¿Ustedes saben qué es lo que estaba haciendo? Ustedes me llaman Maestro y Señor con toda razón. Si yo, que soy su Señor, les lavo los pies, ¿qué creen ustedes que deberían hacer los unos por los otros?"

Los discípulos habían estado discutiendo sobre cual de ellos era el más importante. Ahora les dijo: "Les di un ejemplo para que lo sigan. Esta es la forma de llegar a ser verdaderamente importante.

"Todo el que cree lo que le digo, no está simplemente creyendo en mí, sino también en mi Padre que me envió". Aquellos que siguen el ejemplo de Jesús, están haciendo lo que Dios quiere.

Jesús sabía que sus discípulos necesitarían toda la ayuda posible para comprender lo que sucedería los días siguientes. Les esperaban tiempos difíciles. Si aprendían a ser serviciales entre sí, sería más fácil hacerle frente a los tiempos difíciles. Tendrían la bendición del Señor si tan solo decidieran oir y escuchar.

La cena del Señor

Mateo 26.20-29; Marcos 14.17-25; Lucas 22.14-23; Juan 13.18-27

Durante la cena de Pascua, Jesús les dijo a los discípulos: "Uno de ustedes me va a traicionar".

Los discípulos se quedaron sin aliento. ¿Quién entregaría a Jesús a sus enemigos? Se miraron entre sí preguntándose: "¿Será este?"

Jesús les dijo: "Voy a humedecer este trozo de pan. El que humedezca su pan con el mío será el que me traicione". Entonces Jesús humedeció el pan. Judas, el hijo de Simón Iscariote, se le unió. Entonces, el diablo, el enemigo de Dios se apoderó de Judas. Jesús le dijo: "Anda y haz lo que tienes que hacer".

Judas se puso de pie y salió de la habitación. Los otros discípulos pensaron que quizás iba a comprar más comida. Judas sabía que se iría donde los enemigos de Jesús.

Jesús tomó pan y lo partió en pedazos. Distribuyó los trozos. Le dio gracias a Dios por el pan y dijo: "Cómanlo. Esto es mi cuerpo. Piensen en mí cada vez que hagan esto".

Después Jesús tomó la copa de vino. La levantó en alto. Le dio gracias a Dios de nuevo. Luego dijo: "Esto es mi sangre para lavar de pecados. Tomen de este vino todos ustedes. Siempre estaré con ustedes. No tomaré más de esto hasta que pueda tomarlo con ustedes en el reino de mi Padre".

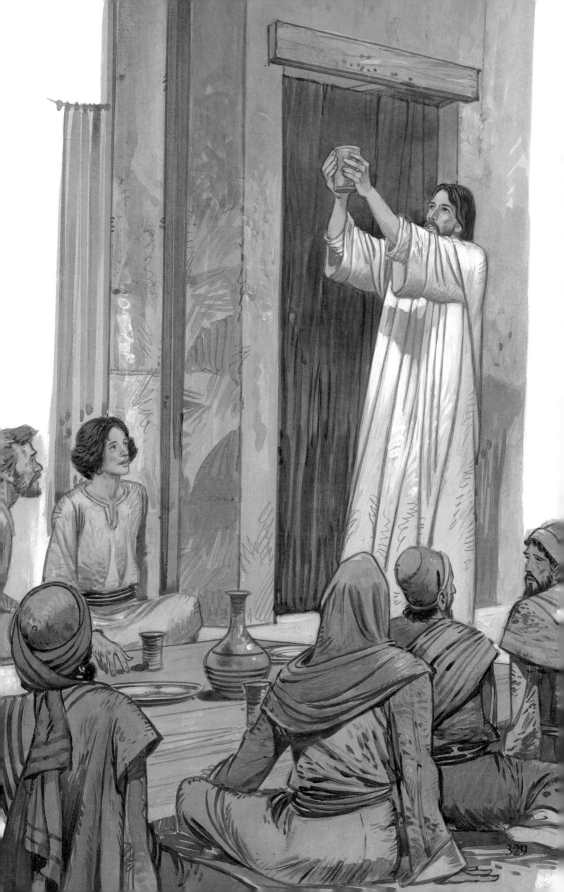

329

Cuando cante el gallo

Mateo 26.30-35; Marcos 14.26-31; Lucas 22.31-34; Juan 13.31-38

Jesús había cambiado la fiesta de Pascua en "La Cena del Señor". Esta fue la última cena de Jesús en la tierra. La última cena se convertiría en una forma especial que tendrían los seguidores de Jesús de recordarlo a él.

Él y sus discípulos habían terminado de cenar. Se pusieron de pie y cantaron una antigua canción de alabanza a Dios. Ya era hora de irse de la casa. Jesús se dirigió al Monte de los Olivos. Este era un lugar muy tranquilo, lleno de árboles muy antiguos. Era un sitio para descansar y meditar, un sitio para orar. Era un lugar en donde esperar.

Jesús y sus discípulos subieron la colina hasta el huerto llamado Getsemaní. Mientras caminaban, Jesús les dijo: "Esta noche, ustedes huirán. No importa lo que pase, recuerden que después me reuniré con ustedes en Galilea".

Pedro dijo: "¡No! Quizás los otros te abandonen, pero yo no lo haré".

"Pedro", le dijo Jesús, "antes de que amanezca, eso es exactamente lo que harás. Antes de que el gallo cante tres veces al amanecer, habrás jurado tres veces que ni siquiera me conoces".

"¡No! ¡Preferiría morir que hacer eso!", gritó Pedro.

Los otros discípulos dijeron lo mismo. "¡Nunca huiremos!"

Un hogar en el cielo

Juan 14.1-6

Los discípulos estaban muy disgustados. Iban detrás de Jesús, tratando de entender lo que él les había dicho. "Durante toda la noche ha hablado de que será traicionado y morirá. ¿Qué significa todo eso?"

"¿Notaron lo disgustado que estaba el Maestro mientras cenaba? ¿De verdad creen que va a morir pronto?"

"No sé", contestó otro. "No veo cómo pueda ser eso. Vean qué tranquilo que está todo. Todas las personas están en sus casas".

"¿Qué pasaría si él se fuera? ¿Qué haremos nosotros entonces?"

Jesús sabía que ellos estaban confundidos y que tenían miedo. Les dijo: "Escuchen. Deben dejar de preocuparse. Siempre han confiado en Dios, entonces ahora confíen en mí. Cuando yo muera, regresaré con mi Padre. Hay un sitio para todos en el cielo. Preparé un lugar para ustedes. Volveré y los llevaré a casa conmigo. Entonces todos estaremos juntos para siempre".

Uno de los discípulos, Tomás, le dijo: "Pero Señor, no sabemos para dónde va. ¿Cómo llegaremos ahí?"

Jesús le dijo: "Yo soy el camino, la verdad y la vida. La única forma de llegar al Padre es creyendo en mí". Jesús no sólo nos muestra el camino a Dios, ¡sino que él es el camino hacia Dios!

Jesús ora por sus seguidores

Mateo 26.36-46; Marcos 14.32-42; Lucas 22.39-46; Juan 17.1—18.1

De camino al huerto, Jesús se detuvo. Quería orar con sus discípulos por última vez.

Dijo: "Padre, ha llegado el momento. Tú me diste estos hombres. Ellos escucharon y creyeron que tú me habías enviado. Por su bien, mantenlos a salvo después de que yo me vaya. Los cuidé mientras estuve con ellos. Ahora voy a ti para que puedan tener un gozo mayor que todo el que puedan soñar.

"Quizás el mundo los odie, pero tú y yo los amamos. Haz que sean uno solo, como lo somos tú y yo. Ahora que van al mundo, acompáñalos, como lo hiciste conmigo. Haz que el amor que tú me diste viva ahora en ellos".

Jesús le estaba pidiendo al Padre que protegiera siempre a todos sus seguidores. Estaba orando por personas como tú y como yo. Cuando terminó, los condujo al huerto.

Ahí, tomó a Pedro, a Santiago y a Juan. Se alejaron juntos. Jesús estaba muy inquieto. Les dijo: "Mi alma está destrozada, a punto de morir. Quédense aquí y monten guardia". Iba a hablar con el Padre. Luego les dijo: "Oren para que esta noche no sean débiles". Jesús se alejó solo a orar.

A poca distancia de sus discípulos, cayó al suelo. "Oh, Padre", gritó. "Si es posible, haz que no pase por este dolor. Padre mío, ¿no hay otra forma? ¿debo pasar por esto?" Jesús sabía que Dios no lo estaba obligando a hacer nada. Jesús había decidido obedecer. Así, Dios podría obrar maravillas. Podría ofrecerle a todas las personas de todos los tiempos la oportunidad de comenzar de nuevo y de estar limpios frente a Dios.

Jesús levantó la mirada hacia las estrellas. Dijo: "Padre, estoy dispuesto a hacer lo que tú quieras".

Entonces, un ángel celestial descendió hasta Jesús. Lo fortaleció. Jesús oró y oró. El sudor que corría por su rostro era como gotas de sangre. Cada gota que caía al suelo dejaba su marca.

Finalmente, se puso de pie y regresó donde sus discípulos. ¡Ellos se habían quedado dormidos! Estaban tan tristes y confundidos. Simplemente se pusieron cómodos y se durmieron. "Pedro, ¿estás dormido? ¿No pudiste estar de guardia ni siquiera una hora? Mantente despierto conmigo y ora para que no caigas en tentación esta noche".

Esto sucedió dos veces más. Jesús se alejó para expresarle a Dios la angustia de su corazón. Cada vez que regresaba, se encontraba a los discípulos durmiendo. Fueron momentos muy solitarios para Jesús. Cuando regresó por tercera vez dijo: "¿Todavía están dormidos? Muy bien. Por fin llegó la hora. ¡Levántense! ¡Vámonos! ¡Miren, ahí está el que me traicionó!"

Traicionado con un beso

Mateo 26.47-50; Marcos 14.43-46; Lucas 22.47-48; Juan 18.2-9

Jesús alertó a Pedro, a Santiago y a Juan. Después oyeron voces al otro extremo del huerto. Los discípulos levantaron la mirada. Vieron que muchas luces se acercaban. De repente sintieron mucho miedo.

Pedro vio a los líderes religiosos. Llevaban palos y espadas. "¡Los enemigos de Jesús!", le dijo Pedro a Juan, casi sin aliento. Luego susurró: "¡Mira!"

¡Ahí estaba Judas! Pedro preguntó: "¿Por qué estará Judas hablando con nuestros enemigos?" Pedro ya sabía la respuesta.

Judas tan solo les había dicho a los líderes religiosos: "Arresten al hombre al que yo bese. Les mostraré cuál es". Judas se dirigió a Jesús. "¡Maestro!", lo llamó.

"Judas", le dijo Jesús, "¿estás traicionando con un beso al Hijo del hombre?" Judas no podía mirar a Jesús a los ojos. Abrazó al que había sido todo para él: maestro, amigo, Dios. Luego Judas le dio la espalda y se alejó sin mirar hacia atrás.

En un instante, los jefes de los sacerdotes y los líderes religiosos arrestaron a Jesús. Él ni siquiera se resistió. "Yo soy el que ustedes buscan. Ahora dejen que estos otros hombres se vayan", dijo Jesús. Se refería al resto de sus discípulos.

Jesús se quedó solo esa noche, la más negra de todas.

Pedro opone resistencia

Mateo 26.51-56; Marcos 14.47-50; Lucas 22.49-53; Juan 18.10-12

Pedro no podía creer que los enemigos se estuvieran llevando a Jesús. Se dirigió rápidamente hacia el grupo enojado. Moviendo en alto la espada gritaba: "¡Atrás! ¡Suelten al Maestro!"

Golpeó al que estaba más cercano. Con un silbido de la espada, le cortó una oreja a un esclavo. Este hombre trabajaba para uno de los jefes de los sacerdotes. Pedro se quedó mirando la oreja.

"¡Alto! ¡Haz la espada a un lado! ¡Quienes le hacen daño a los demás terminan por hacerse daño a sí mismos!" Después Jesús le tocó la oreja al esclavo y se la sanó.

Le dijo a Pedro: "Si yo hubiera querido oponer resistencia, le habría pedido a mi Padre que enviara a miles de ángeles a luchar por mí. Si hiciera eso, no estaría haciendo lo que mi Padre desea. ¿No lo ves? Si luchas contra ellos, no puedo hacer lo que vine a hacer".

Luego Jesús se dirigió a sus enemigos: "No había razón para que me tomaran prisionero así, con palos y espadas. No soy un ladrón. Todos los días he predicado en el Templo. Fácilmente me pudieron haber arrestado ahí".

Cuando los guardas se acercaron, Pedro y los otros discípulos corrieron y se escondieron. Tenían miedo de ser arrestados junto con Jesús.

Jesús es hecho prisionero

Mateo 26.57; Marcos 14.53; Lucas 22.54; Juan 18.13-14

Cuando Pedro y los demás huyeron, dejaron a Jesús solo con sus enemigos. Tan solo les tomó unos pocos minutos darse cuenta de que Jesús no iba a oponer resistencia. Luego lo empujaron. Jesús tropezaba mientras lo sacaban del huerto.

Los guardas llevaron a Jesús a la casa del sacerdote principal. Ahí se reunieron todos los enemigos de Jesús. Lo sometieron a juicio. Le habían pagado a Judas por ayudarles a arrestar a Jesús. Ahora querían ver a Jesús muerto.

337

El gran error de Pedro

Mateo 26.58, 69-75; Marcos 14.54, 66-72;
Lucas 22.54-62; Juan 18.15-18, 25-27

Pedro había seguido a la gente que arrestó a Jesús. Estaba demasiado asustado para ayudarlo. Cuando vio que llevaban a Jesús a la casa del sacerdote principal, decidió esperar. El patio estaba lleno de soldados. Algunos de ellos habían encendido un fuego para mantenerse calientes.

Cuando Pedro se sentó junto al fuego, se le acercó una sirviente. Ella se quedó mirándolo y dijo: "Usted es uno de los amigos del prisionero".

Pedro esperaba que nadie la hubiera escuchado. "¡No! ¡No!", dijo en voz alta. "No sé de qué hablas".

Luego salió hasta el portón de entrada. Ahí, otra muchacha lo vio. Ella dijo: "Este hombre estaba con Jesús de Nazaret".

"¡No! ¡No! Usted debe estar confundiéndome con alguien. ¡Ni siquiera conozco a ese hombre!" Después de un rato, unos hombres se le acercaron. Uno de ellos conocía al hombre a quien Pedro le había cortado la oreja. "Usted es uno de los seguidores. Lo vi con él en el huerto de olivos hace tan solo unas horas".

"Sí. Este hombre es de Galilea. Habla igual que ellos", dijo otro hombre.

El corazón le latía más y más rápidamente a Pedro. Juró y gritó a viva voz: "¡Ni siquiera conozco a ese hombre!"

No había Pedro terminado de hablar cuando oyó cantar un gallo.

Jesús se volvió y miró a Pedro a los ojos. Entonces Pedro recordó lo que Jesús le había dicho: "Antes de que cante el gallo, habrás dicho tres veces que ni siquiera me conoces". Pedro lloró y lloró por lo que había hecho.

339

Jesús y Pilato

Mateo 26.59-68; 27.1-2, 11-14; Marcos 14.55-65; 15.1-5; Lucas 22.63—23.5; Juan 18.19-24, 28-38

Los líderes religiosos trataban de demostrar que Jesús había desobedecido la Ley. Hasta les pagaron a algunas personas para que dijeran mentiras contra Jesús.

El sacerdote principal preguntó: "Dinos, en nombre del Dios vivo, si eres el Cristo, el Hijo de Dios".

340

"Sí, sí soy", dijo Jesús. "Un día todos ustedes me verán sentado en el trono junto a Dios".

"¡Dice que es Dios! ¡Eso es contra la Ley!"

"¡Mátenlo! ¡Mátenlo!" Golpearon a Jesús. Luego lo escupieron en la cara. Junto con los soldados, lo azotaron.

Al amanecer, los líderes religiosos llevaron a Jesús ante el gobernador llamado Poncio Pilato.

"¿Qué hizo este hombre?", les preguntó Pilato a los líderes religiosos.

Le mintieron a Pilato. "Este hombre pone a los judíos a pelear contra los romanos. Dice que es un rey".

"¿Eres tú el rey de los judíos?", le preguntó Pilato a Jesús.

"Si eso es lo que crees", dijo Jesús. "Pero mi reino no es de este mundo. Si estuviera aquí, mis seguidores me defenderían. Sí, soy un rey. Vine a traer la verdad al mundo. Todo aquel que ama la verdad es seguidor mío".

Esto le dio qué pensar a Pilato. "¿No has oído las cosas tan terribles que dicen de ti?" Jesús no contestó nada. Pilato estaba sorprendido. Dijo: "No veo razón alguna para matar a este hombre. No ha hecho nada malo".

Los líderes religiosos dijeron: "Vino desde Galilea tan sólo para causar problemas".

341

Jesús y Herodes

Lucas 23.6-12

"¿Qué dijeron?", les preguntó Pilato a los líderes religiosos. "¿Dijeron que este hombre es de Galilea? Si es así, entonces debería ser juzgado por Herodes. Él es quien está a cargo de esa región y no yo".

Pilato no quería tener nada que ver con Jesús. "No ha hecho nada malo", se dijo a sí mismo. Pilato vio cómo los guardas se llevaban a Jesús donde Herodes.

Herodes estaba en Jerusalén en esa época. Había llegado para ver las fiestas de Pascua. Cuando Herodes vio a Jesús, se sintió muy satisfecho. Hacía tiempo quería conocer al hombre del que todos hablaban. "Quizás hasta haga algunos milagros", pensó Herodes.

Herodes se sintió desilusionado. Le hizo muchas preguntas a Jesús. Jesús no le dio respuestas. Los líderes religiosos estuvieron presentes todo el tiempo, gritándole a Jesús.

"¡Es un criminal peligroso!"

"¡Se llama a sí mismo el Mesías!"

"¡Deberías condenarlo!"

Herodes se cansó del silencio de Jesús. Él y sus soldados se unieron a los líderes religiosos. Se burlaban de Jesús. Le pusieron una túnica larga y se reían:

"¡Ja, ja! ¡Ahora sí te vez como un verdadero rey!"

"¡Lleven a este tonto de regreso donde Pilato!", ordenó Herodes. "No me hagan perder el tiempo. ¡Sáquenlo de aquí!".

Entonces Jesús se fue de regreso donde Pilato. Era algo muy extraño. Antes de ese día, Pilato y Herodes habían sido enemigos. Eran dos romanos que peleaban entre sí por tener más poder. Después de ver a Jesús, se hicieron buenos amigos.

343

Pilato trata de liberar a Jesús

Mateo 27.15-18; Marcos 15.6-11; Lucas 23.13-17; Juan 18.39

Pilato no estaba muy feliz de ver que los guardas le traían a Jesús de regreso.

Pilato sabía que Jesús no había hecho nada malo. Los líderes religiosos estaban celosos de la popularidad que tenía Jesús entre la gente. Pilato pensó mucho en eso. ¡Entonces tuvo una idea! Había una forma de liberar a Jesús. Quizás funcionaría...

Cada Pascua, el gobernador podía dejar en libertad a un prisionero. El pueblo escogía cuál prisionero quería. Pilato tenía la esperanza de que ese año la gente escogiera a Jesús.

Ahí estaba el otro prisionero que el pueblo podía liberar. Se llamaba Barrabás. Era un asesino, un hombre muy malvado. Cuando la multitud estuvo lista, Pilato preguntó: "¿A quién quieren que libere, a Barrabás o a Jesús?"

La sentencia de muerte

Mateo 27.19-26; Marcos 15.12-15; Lucas 23.18-25; Juan 18.40

Mientras Pilato esperaba que la multitud decidiera, su esposa le envió un mensaje. "Ten cuidado. No dejes que maten a Jesús. Tuve un sueño terrible con él anoche. Desde entonces estoy muy preocupada".

Los líderes religiosos habían enviado a sus hombres a que se mezclaran con la multitud. "Pidan a Barrabás", le decían a la gente. "Díganle al gobernador que ustedes quieren que Jesús muera".

Pilato les ordenó a Jesús y a Barrabás que se pusieran de pie frente al pueblo. "Entonces, ¿a cuál hombre quieren que libere?", les preguntó de nuevo.

"¡A Barrabás!", gritaron.

Esto sorprendió a Pilato. "¿Qué debo hacer con Jesús?"

"¡Crucifíquelo!"

"¿Por qué? ¿Qué mal hizo?"

Gritaban más alto: "¡Crucifíquelo! ¡Crucifíquelo!"

Tres veces trató Pilato de persuadir a la gente para que no le hicieran daño a Jesús. "No hay razón para matar a este hombre. ¿Por qué no me permiten simplemente castigarlo y luego dejarlo libre?"

La multitud gritó todavía mas fuerte: "¡Crucifíquelo!" ¡Estaban a punto de amotinarse! Pilato pidió un recipiente con agua. Entonces se lavó las manos. "No tengo nada que ver con la sangre que derrame este hombre", dijo. "Esto es algo que todos ustedes han hecho". La multitud estuvo de acuerdo.

Pilato dejó en libertad a Barrabás. Ordenó que azotaran a Jesús y luego lo entregó para que fuera crucificado.

349

346

Se burlan de Jesús

Mateo 27.27-31; Marcos 15.16-20; Juan 19.1-16

La multitud le había dicho a Pilato que quería que Jesús muriera. Pilato ordenó que Jesús fuera llevado al palacio.

Los soldados se le acercaron a Jesús. Lo empujaban en todas direcciones. Lo desnudaron y le pusieron una túnica. La Túnica era rojo púrpura, el color que usan los reyes. Los soldados hicieron esto para burlarse de Jesús.

"¡Mírenlo! ¡Todavía no parece rey!"

"¡Un rey debe tener una corona!"

Hicieron una corona de espinas. Luego se la pusieron. Le pusieron un palo en la mano derecha y se arrodillaron frente a él. Los guardias se reían de él.

"¡Viva el rey de los judíos!", se burlaban. Lo escupieron y le quitaron el palo. Lo golpearon en la cabeza una y otra vez. Jesús no opuso resistencia en ningún momento.

Los soldados llevaron a Jesús de nuevo ante Pilato. Este les dijo nuevamente a los líderes religiosos que no había razón para matar a Jesús. Tan pronto como los líderes religiosos vieron a Jesús comenzaron a gritar: "¡Crucifíquelo! ¡Crucifíquelo!"

"¡Crucifíquenlo ustedes! Yo no veo razón para mandar a matar a este hombre".

"Él dice que es el Hijo de Dios", contestaron. "Y según las leyes judías debe morir por eso".

Pilato ingresó de nuevo al palacio. "¿De dónde vienes en realidad?", le preguntó a Jesús. Jesús no dijo nada. Pilato dijo: "¿No te das cuenta que tengo el poder de dejarte en libertad?"

Jesús movió la cabeza. Le dijo. "No tienes poder sobre mí. Dios es quien manda aquí".

Pilato trató de nuevo de liberar a Jesús. Pero la gente no se lo permitió.

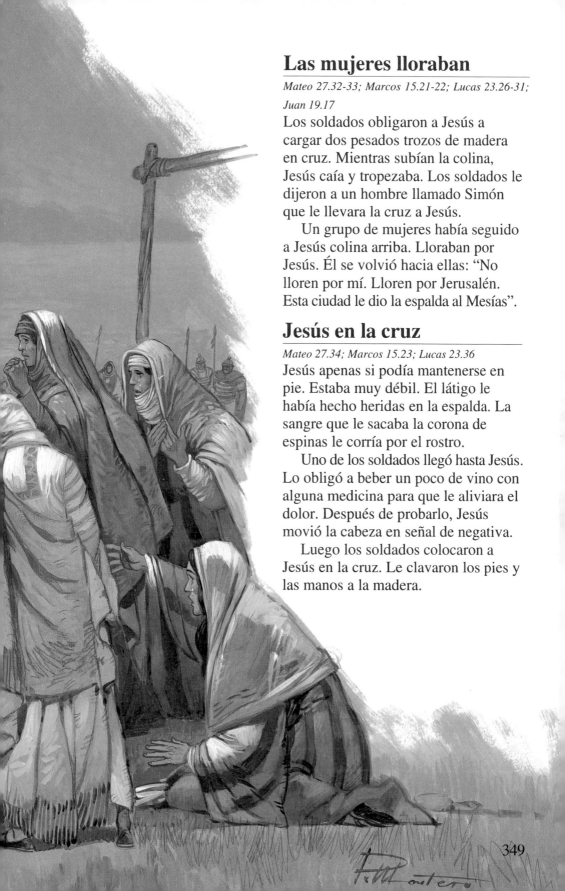

Las mujeres lloraban

Mateo 27.32-33; Marcos 15.21-22; Lucas 23.26-31; Juan 19.17

Los soldados obligaron a Jesús a cargar dos pesados trozos de madera en cruz. Mientras subían la colina, Jesús caía y tropezaba. Los soldados le dijeron a un hombre llamado Simón que le llevara la cruz a Jesús.

Un grupo de mujeres había seguido a Jesús colina arriba. Lloraban por Jesús. Él se volvió hacia ellas: "No lloren por mí. Lloren por Jerusalén. Esta ciudad le dio la espalda al Mesías".

Jesús en la cruz

Mateo 27.34; Marcos 15.23; Lucas 23.36

Jesús apenas si podía mantenerse en pie. Estaba muy débil. El látigo le había hecho heridas en la espalda. La sangre que le sacaba la corona de espinas le corría por el rostro.

Uno de los soldados llegó hasta Jesús. Lo obligó a beber un poco de vino con alguna medicina para que le aliviara el dolor. Después de probarlo, Jesús movió la cabeza en señal de negativa.

Luego los soldados colocaron a Jesús en la cruz. Le clavaron los pies y las manos a la madera.

Los últimos momentos

*Mateo 27.35-43; Marcos 15.24-32; Lucas 23.34-38;
Juan 19.18-27*

Clavaron a Jesús en la cruz. Sobre la cabeza pusieron un rótulo que decía: "Este es el rey de los judíos". Un soldado se burló de Jesús. Es más, mientras él estaba en la cruz, los soldados jugaban dados para ver quién se quedaba con la túnica de Jesús.

Algunos le gritaban: "Si eres el Hijo de Dios, baja de la cruz!"

No todos los que estaban alrededor de Jesús querían hacerle daño. Entre las mujeres estaban su madre, otra María y María Magdalena. Jesús vio a su madre y a Juan juntos. Le dijo:

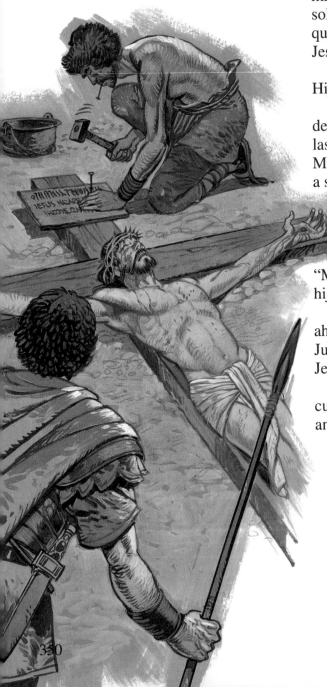

"Madre, este hombre es ahora tu hijo".

Luego le dijo a Juan: "Esta es ahora tu madre". A partir de ese día, Juan cuidó de María, la madre de Jesús.

Hasta en sus últimos momentos cuidó Jesús de aquellos que lo amaban.

351

La muerte de Jesús

Mateo 27.44-50; Marcos 15.33-37; Lucas 23.39-46; Juan 19.28-30

Las cruces de otros dos hombres estaban cerca de la de Jesús. Los dos eran ladrones. Uno de ellos se rio de Jesús. "¡Sálvate y sálvanos a nosotros! Se supone que eres el Cristo ¿verdad?"

El otro ladrón dijo: "Deberías tener más temor a Dios. Este hombre no hizo nada malo". Luego gritó: "Jesús, ¡recuérdame cuando estés en tu reino!"

Jesús le dijo: "Te prometo que hoy estarás conmigo en el paraíso".

Después de estar en la cruz durante seis horas, Jesús gritó: "¡Dios mío! ¡Dios mío! ¿Por qué me has abandonado?"

Durante esas horas en que estuvo en la cruz, Jesús se convirtió en el mediador entre el pueblo y Dios. Jesús es el Camino mediante el cual Dios llega a cualquier hombre, mujer, niño o niña.

Esa tarde, toda la tierra se cubrió de tinieblas. La oscuridad cubrió tanto la ciudad como el campo.

Jesús también estaba en la oscuridad. Por primera y única vez en la vida de Jesús, Dios le volvió la espalda a su Hijo. Cuando Jesús tomó sobre sí el pecado del mundo, sintió el dolor y la pena causada por todos los pecadores.

Jesús no dijo nada durante mucho tiempo. Sufría muchísimo y moría muy lentamente. "¡Padre, te entrego mi espíritu!" Jesús ya había sufrido suficiente. El precio había sido

353

pagado. Ahora estaba abierto el camino de regreso a Dios.

Luego Jesús gritó de nuevo: "¡Llegó el final!" Era un grito de batalla después de la victoria. Jesús bajó la cabeza y respiró por última vez. Jesús había muerto.

Las cortinas del Templo se rasgaron

Mateo 27.51-54; Marcos 15.38-39;
Lucas 23.45, 47-49

En el momento en que Jesús gritó, le entregó su espíritu a su Padre. La cortina del Templo se rasgó. Esta cortina marcaba la entrada hacia la parte más sagrada del Templo. Este sitio era lo más cerca de Dios que alguien podía llegar. Solo al sacerdote principal se le permitía entrar, y solo una vez al año.

Algo muy especial sucedió cuando la cortina se rasgó por la mitad. Al morir Jesús, quería decir que la gente ya no tenía que esperar a que el sacerdote principal orara a Dios por ellos. Jesús había muerto por todas las personas. Abrió un camino para que todos llegaran hasta Dios. Entonces ya la cortina no era necesaria. Cualquiera podía llegar a Dios, gracias a Jesús.

Jesús había muerto. El cielo estaba oscuro. Se escuchó un ruido terrible. La tierra tembló. Grandes rocas se desprendieron y rodaron por las colinas. Muchas cosas muy extrañas sucedieron esa tarde cuando murió Jesús.

"¿Por qué está tan oscuro?", gritaba la gente.

"¡Es el fin del mundo! ¡Nos están castigando!"

Hombres y mujeres lloraban de miedo. Corrían a todo lado. El pánico se apoderó de la ciudad. Muchas de las tumbas, que eran los lugares donde se enterraba a los muertos, se abrieron. Los muertos resucitaron. Después, estas personas caminaban por Jerusalén como si nunca hubieran muerto.

El entierro

Mateo 27.54-60; Marcos 15.39-46; Lucas 23.49-54; Juan 19.38

¡El capitán romano y sus hombres no podían creer lo que veían! El viento rugía alrededor del capitán. Él había visto cómo había muerto Jesús. Esa no era la forma normal en que moría cualquier hombre. Buscó el sol pero no lo encontró. "¡No hay duda! ¡Este era el Hijo de Dios!" El capitán dijo: "¡Nunca he visto a nadie morir así!"

Después de seis horas en la cruz, Jesús estaba muerto. Un grupo de mujeres le ayudaron a un hombre rico de Arimatea, llamado José, a bajar a Jesús de la cruz. Sabían que la festividad del sábado comenzaría en pocas horas. Entonces a nadie se le permitiría hacer nada. No podrían enterrar el cuerpo si esperaban.

José bajó el cuerpo. Lo envolvió en una sábana de lino limpia. María Magdalena y la otra María estaban ahí, al igual que muchas otras mujeres. Lentamente llevaron el cuerpo de Jesús a la tumba que José había comprado para sí. Ahora la cueva, esculpida en la roca, sería para Jesús.

357

Guardias en la tumba

Mateo 27.61-66; Marcos 15.47; Lucas 23.55-56;
Juan 19.39-42

José puso el cuerpo de Jesús en su tumba. Él y los otros amigos de Jesús lo envolvieron en un lino. Pusieron especies aromáticas entre los dobleces. Las mujeres querían ungir el cuerpo de Jesús con cremas especiales, pero se les estaba acabando el tiempo. Cuando el sol se pusiera, tendrían que irse. Todos lloraron. Tenían los corazones apesadumbrados, tristes. Jesús estaba muerto.

El cuerpo de Jesús estaba a salvo en la tumba. Los líderes religiosos fueron donde Pilato. "Señor", le dijeron, "Jesús dijo que volvería de nuevo a la vida después de tres días. Por favor ordene que sellen la cueva y pongan un guardia. De otro modo, los discípulos podrían llegar y robarse el cuerpo. Entonces le podrían decir a la gente: 'Ven, se ha levantado de entre los muertos'. ¡Esta mentira sería peor que todas las otras!"

Pilato les dijo: "Muy bien. Pueden contar con algunos de mis soldados para que vigilen la tumba. Ahora vayan a asegurarse de que la tumba esté bien cerrada".

Cerraron la cueva. Pusieron soldados romanos a vigilarla. Luego sellaron la piedra. Mientras lo hacían, se decían a sí mismos: "Ahora no hay forma de que puedan decir que él se levantó de entre los muertos. Nos hemos asegurado de que así sea". Pero a estos líderes religiosos les esperaba una gran sorpresa.

La tumba vacía

Mateo 28.1-8; Marcos 16.1-8; Lucas 24.1-10;
Juan 20.1

Era la mañana después del sábado.
Todavía estaba oscuro cuando las
mujeres se dirigieron a la tumba.
María Magdalena y las demás habían
estado esperando este momento.
Ahora podrían por fin regresar a la
tumba de Jesús para ungir su cuerpo.

Una mujer le preguntó a María
Magdalena: "Pero, ¿cómo vamos a
mover la enorme piedra? ¿Cómo
entraremos en la cueva?"

"No sé", suspiró María. "Veremos
la forma de hacerlo. Tenemos que
hacerlo".

Justo cuando amanecía, las
mujeres llegaron al borde del jardín.
Llevaban sus botellitas de perfume y
de preciados aceites. Conforme el sol
se asomaba en el horizonte, las
mujeres se acercaban más a la tumba.

De repente, la tierra tembló. ¡Era
un terremoto! Los soldados que
Pilato había enviado a cuidar la
tumba cayeron al suelo.

Un ángel del Señor descendió de
los cielos. El ángel se dirigió a la

entrada de la tumba. Hizo a un lado la piedra que cubría la entrada. Se sentó sobre la piedra. El ángel brillaba como el relámpago. Sus ropas eran blancas como la nieve.

"No tengan miedo", les dijo el ángel a las mujeres. "No hay por qué estar asustadas. Sé que buscan a Jesús. Él no está aquí. Él ha vuelto a la vida, tal y como dijo que lo haría. Entren y vean el lugar donde estuvo su cuerpo". El ángel extendió un brazo hacia las mujeres. Las invitó a que entraran en la tumba.

María Magdalena puso los aceites en el suelo. Se levantó. Tomó de la mano a otra de las mujeres. "Vamos", le susurró. "Tenemos que ir a ver".

Entraron lentamente en la cueva. "¡Ay, no!", gritó María Magdalena. "¡No está! ¡Se lo llevaron!"

"Nadie se lo ha llevado. ¡Jesús está vivo! Sí, ¡resucitó de entre los muertos!", les dijo el ángel. "Ahora, apresúrense y díganles a sus discípulos que él se reunirá con ellos en Galilea. Asegúrense de que Pedro se entere de la noticia".

Las mujeres se alejaron de la tumba tan rápido como pudieron. Se fueron en diferentes direcciones. Nunca antes se habían sentido tan felices ni tan asustadas.

361

María Magdalena ve a Jesús

Marcos 16.9-11; Lucas 24.12; Juan 20.3-18

María Magdalena se fue de prisa a darles la buena noticia a Pedro y al resto de los seguidores de Jesús. Pedro y Juan regresaron con ella a la tumba. Estaba vacía, tal y como ella les había dicho.

María Magdalena se quedó mirando mientras ellos entraron. Los vio entrar en la tumba con una expresión de miedo en las caras. Y los vio salir con una expresión de alegría y confusión.

Cuando los hombres se fueron a casa a esperar, ella se quedó junto a la tumba. Se quedó afuera y lloró. Tenía tanto miedo. ¿Sería cierto el mensaje del ángel? Pensó que alguien podría haberse robado el cuerpo. María Magdalena no entendía muy bien qué era lo que estaba pasando.

Jesús había muerto. Pero ahora su cuerpo no estaba en la tumba. ¿Qué quería decir todo esto?

Llorando, María Magdalena se inclinó y miró en el interior de la tumba. De repente, vio a dos hombres vestidos de blanco brillante que estaban sentados en donde había estado el cuerpo de Jesús. Le dijeron: "Querida señora, ¿por qué llora?"

Ella les dijo: "Lloro porque se llevaron a mi Señor. No sé dónde lo pusieron".

Entonces se volvió y vio a Jesús de pie en el jardín, detrás de ella. Pero ella no sabía que era Jesús. Era un poco diferente. Le dijo: "Querida mujer, ¿por qué lloras? ¿A quién buscas?"

María Magdalena creyó que el hombre que estaba de pie frente a ella era el jardinero. Le dijo. "Señor, si usted se lo llevó, dígame dónde puso el cuerpo. Yo me lo llevaré".

Con su voz suave, pero fuerte, Jesús le dijo. "¡María!" Al oir su nombre ella se volvió rápidamente.

Entonces María vio quién era él. Solo Jesús podía decir el nombre de ella así.

"¡Oh, Maestro!", gritó y cayó a los pies de él.

Jesús le dijo: "No me toques todavía. Todavía tengo que ir al Padre. Pero ve donde mis hermanos. Diles que yo dije: 'Regreso a mi Padre y a su Padre, mi Dios y su Dios'".

María se dirigió rápidamente donde estaban los discípulos. Esta noticia que compartió con ellos era todavía más emocionante que la anterior. "¡He visto al Señor!", les dijo, y les contó todo lo que él había dicho.

363

Los discípulos ven a Jesús

Marcos 16.14-16; Lucas 24.36-48; Juan 20.19-21

Al poco tiempo, Jesús se les apareció a sus seguidores. Ellos habían estado escondidos en una casa cuando Jesús en persona se les apareció de la nada.

"¡Que la paz sea con ustedes!", les dijo Jesús. Los discípulos estaban muy asustados. Habían cerrado todas las puertas con seguro. Como nadie podía entrar, creyeron que Jesús era un fantasma. Él les dijo que debían haber creído lo que les había contado María Magdalena. Estaba desilusionado de que ellos no hubieran creído.

Después les dijo: "¿Por qué están tan asustados? ¿Por qué dudan de lo que les dice el corazón? Miren mis manos y mis pies. Tóquenme y verán. ¡Un fantasma no tiene carne y huesos como yo!" Entonces Jesús les pidió algo de comer. Quería probarles que no era un fantasma.

Les dijo que todo estaba pasando justo como había sido escrito hacía mucho tiempo. Los libros de los Profetas, de Moisés, y los Salmos habían dicho que esto sucedería.

"Ustedes han visto todo esto. Ahora vayan por todo el mundo y cuenten lo que ha sucedido. Ese será su mayor trabajo".

Jesús abandonó la habitación. Los discípulos se miraron unos a otros, maravillados. ¡Era demasiado bueno para ser cierto! Sin embargo, era cierto. ¡Jesús había resucitado de entre los muertos! ¡Estaba con ellos de nuevo!

La historia de Tomás

Juan 20.24-29

Cuando Jesús se les apareció a los discípulos, faltaba uno de los once. Este era un hombre llamado Tomás.

Después de que Jesús se fue, Tomás regresó a la habitación donde todos estaban escondidos. Cuando entró, los discípulos le dijeron: "Tomás, Tomás, ¡es cierto! ¡Hemos visto a Jesús! ¡Está vivo!"

Él les dijo: "No, no lo creo hasta que vea la marca de los clavos en sus manos. Tengo que poner mi dedo donde estuvieron los clavos. Si puedo tocarle el costado, les creeré".

Ocho días después, Jesús visitó nuevamente a los discípulos. Esta vez Tomás estaba con ellos. Jesús caminó a través de la puerta cerrada. De pie en la habitación les dijo: "¡Que la paz sea con ustedes!"

Luego dijo: "Tomás, ven aquí y mira mis manos. Toca las heridas de mis manos. Pon tu mano en mi costado. Deja ya de dudar y cree".

Tomás se sentía muy avergonzado de no creer. Bajó la cabeza y dijo: "Mi Señor y mi Dios".

Jesús le dijo: "¿Ahora crees porque me has visto? Habrá muchos que no habrán visto y aún así desean creer. Esas personas son especiales para mí".

Jesús estaba hablando de personas como tú y como yo. ¿Tú crees, o dudas como Tomás?

Desayuno junto al mar

Juan 21.1-14

En otra ocasión, Jesús se les apareció a los discípulos en el mar de Galilea. Una tarde, Pedro les dijo a seis de los otros discípulos: "Voy a ir a pescar".

"Nosotros también iremos", dijeron ellos.

Pescaron toda la noche. Lanzaron la red por un lado de la barca y luego por el otro. No importaba dónde la lanzaran, la red siempre salía vacía. Por fin terminó la larga noche de trabajo en vano. Cuando el sol apenas estaba saliendo, los hombres decidieron regresar a la orilla.

Cuando se acercaban a la orilla, vieron que un hombre les hacía señales. "¡Hola!" les gritó:

"¿Pescaron algo?"

"No. Ni siquiera uno", le gritaron.

"¡Traten de nuevo! Tiren la red
por el lado derecho, de la barca. ¡Así
pescarán algo!" Los hombres hicieron
lo que él les dijo. ¡Quedaron muy
sorprendidos! La red estaba tan llena
que casi no tenían espacio en la barca
para llevar todo lo que habían pescado.

Juan volvió a ver hacia la playa de
nuevo. Le dijo a Pedro, casi sin
aliento: "¡Es el Señor!" Cuando
Pedro oyó esto, se lanzó al agua.

Nadó tan rápido como pudo hacia la playa. Los otros discípulos llevaron la barca a la orilla, arrastrando la red. Cuando se acercaron, vieron que Jesús ya había encendido una fogata. Estaba cocinando pescado y calentando pan para ellos.

"Traigan algunos de los pescados que atraparon", les dijo.

Cuando los otros llegaron a la orilla, Pedro les ayudó a arrastrar la red hasta la playa. Mientras la arrastraba, se quedó maravillado de todo lo que habían pescado. Había más de cien pescados en la red pero ésta no se había roto.

Entonces Jesús les dijo: "Vengan a desayunar".

¿En realidad me amas?

Juan 21.15-19

Esa mañana, Jesús les ayudó a los discípulos para que pudieran pescar todo lo que cabía en una red. Después de comer, se quedó hablando con ellos.

Jesús llamó a Pedro a su lado. "Pedro, ¿en realidad me amas?

¿Me amas más que estos otros hombres?"

"Sí, Señor. Usted sabe que yo lo amo", le contestó Pedro.

"Alimenta a mis ovejas", le dijo Jesús. Luego le hizo la misma pregunta de nuevo: "Pedro, ¿en verdad me amas?"

"Sí, Señor. Usted sabe que lo amo".

"Cuida a mis ovejas", dijo Jesús. Por tercera vez le preguntó: "Pedro, ¿me amas?"

Pedro se puso muy triste cuando Jesús le hizo la misma pregunta por tercera vez. Todavía podía recordar aquella noche terrible cuando Jesús fue arrestado. Fueron tres las veces que Pedro les dijo a los otros que no sabía nada de Jesús. Suspiró: "Señor, usted lo sabe todo. Usted sabe que yo lo amo".

"Alimenta a mis ovejas", le contestó Jesús. El trabajo de Pedro sería guiar a los discípulos de Jesús. Él sería uno de los líderes en los años venideros.

370

A casa del Padre

Marcos 16.19-20; Lucas 24.50-53; Juan 14.1-2;
Hechos 1.3-11

Jesús se les apareció varias veces a sus discípulos después de que resucitó de entre los muertos. Hizo milagros. Les enseñó a hacer todo lo que habían estado aprendiendo a hacer. Un mes después de que murió y resucitó de nuevo, Jesús dejó la tierra y se fue a los cielos.

Jesús llevó a sus discípulos a Betania, en las afueras de Jerusalén. Ahí era donde vivían sus amigos Lázaro, Marta y María. Todos sus seguidores lo rodeaban. Él levantó los brazos y los bendijo. Luego les dijo que fueran directamente a Jerusalén. Debían esperar ahí lo que el Padre les había prometido.

Jesús les dijo. "Juan bautizaba con agua. Ustedes serán bautizados con el Espíritu Santo dentro de pocos días. Recibirán poderes una vez que el Espíritu Santo descienda sobre ustedes. Serán mis testigos aquí y en los rincones más apartados de la tierra".

Luego, algo asombroso sucedió. ¡Jesús fue llevado a los cielos! Subió más alto y más alto hasta que desapareció en una nube. Los discípulos se miraron unos a otros. Habían visto un milagro tras otro. ¡Ahora este era el más grande de todos! Jesús, que había sido crucificado y había resucitado, ahora había subido al cielo para estar con su Padre.

Los discípulos de Jesús miraban el cielo. Luego, dos hombres vestidos de blanco llegaron y se detuvieron junto a ellos. "Hombres de Galilea, ¿por qué están mirando el cielo? Jesús se ha alejado de ustedes para irse al cielo. Volverá de nuevo de la misma forma en que se fue".

Los discípulos regresaron a Jerusalén llenos de gozo. Fueron directamente al Templo y le cantaron alabanzas a Dios. Algunos se preguntaban cómo sería este lugar donde Jesús se había ido, el cielo. Recordaron que él les había dicho: "No se preocupen. Crean en Dios. También crean en mí. Hay muchas habitaciones en la casa de mi Padre. Pronto me iré y las alistaré para ustedes". Y por eso Jesús regresó al cielo.

Tiempo de espera

Juan 15.26; 16.7; Hechos 2.1

Cuando Jesús visitó a sus discípulos les había dicho: "Algún día les enviaré al Consolador. Él es el Espíritu de la verdad que viene del Padre. Él les ayudará a creer en el plan que tengo para sus vidas".

Después agregó: "Realmente es mucho mejor para ustedes que yo me vaya. Si no lo hago, el Consolador no vendrá a ustedes. Prometo que se los enviaré".

La "ida" de que había hablado Jesús era su ida a casa del Padre. Ahora ya Jesús se había ido. Los discípulos estaban a la espera del Consolador, el Espíritu Santo. Jesús les había prometido que vendría.

Los discípulos tenían miedo de ser arrestados. Sabían que los líderes religiosos todavía podían causarles muchos problemas. Habían encontrado la forma de crucificar a Jesús. También podrían encontrar la forma de hacerles daño a los seguidores de Jesús.

Entonces los discípulos esperaron. Esperaron durante diez días. Esperaban y se preguntaban qué pasaría luego. ¿Qué haría este Consolador? ¿Quién era en realidad?

El Consolador

Hechos 2.1-13

Un día, mientras los discípulos estaban escondidos, oyeron un ruido como si soplara un viento muy fuerte.

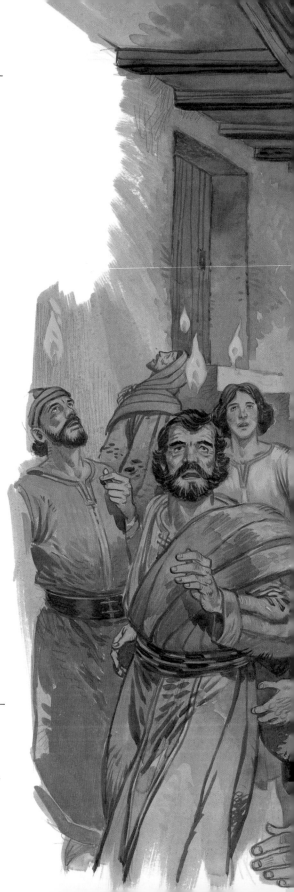

El ruido no venía de fuera de la habitación sino de adentro. Llenaba toda la casa. De repente, aparecieron pequeñas llamas en el aire. Las llamas descendieron sobre cada uno de ellos.

¡El Espíritu Santo los estaba llenando! Había terminado la espera. Abrieron la boca y comenzaron a hablar en idiomas que nunca habían estudiado ni hablado antes. Este era un don especial del Espíritu Santo. Ahora las personas podrían oir hablar de Jesús, sin importar de dónde vinieran.

En esa época, en Jerusalén, había muchas personas de muchos países diferentes. Había personas de África y de todas partes de Europa. Hablaban muchos idiomas diferentes. Cuando los discípulos salieron, las otras personas los oyeron. La multitud estaba asombrada. "¿Qué es ese ruido extraño que oímos?"

"¿Ustedes también lo oyeron? Sonaba como un viento fuertísimo".

"Oigan a esos hombres hablar", dijo alguien más. "¿Cómo es posible? Todos estos hombres vienen de Galilea, pero hablan como nosotros".

El Espíritu Santo había hecho que el miedo desapareciera entre los seguidores de Jesús. Ya no se reunían a escondidas en un ático, temerosos de abrir la puerta. Por el contrario, llenaban las calles. Reían y hablaban todos a la vez. No mantenían en secreto su fe en Jesús. A todos los que se encontraban le hablaban de él.

373

Sanidad y enseñanza

Hechos 2.43; 3.1-10

Con la ayuda del Espíritu Santo, los apóstoles podían hacer milagros. Más y más personas creían en Jesús, de modo que la iglesia crecía día con día. Una vez, Pedro ayudó a que un limosnero sanara. Este hombre no había podido caminar nunca.

Pedro y Juan pasaron junto a él en las gradas del Templo. El limosnero trató de obtener dinero. En vez de eso, los dos apóstoles querían darle mucho más.

"No tengo dinero", le dijo Pedro. "Lo que tengo, te lo doy. En nombre de Jesús de Nazaret, ¡camina!" Pedro le tomó la mano derecha. Lo ayudó a levantarse. De inmediato, el limosnero sintió que sus piernas eran fuertes. ¡Pudo ponerse en pie por sí solo!

"¡Puedo caminar! ¡Puedo caminar! ¡Bendito sea el Dios de Israel!", gritaba el hombre. Entró al Templo saltando y danzando, detrás de Pedro y Juan.

Pedro y Juan en problemas

Hechos 3.11—4.22

Las personas en el Templo se sorprendieron al ver al limosnero brincando. Al poco tiempo se congregó una multitud.

Pedro vio que todos se preguntaban qué había pasado. Él dijo: "Fue en realidad Jesús, y no nosotros, el que sanó al hombre. Tan

solo lo hicimos en nombre de Jesús. Ustedes mandaron a matar a Jesús. Dios lo devolvió de nuevo a la vida. Él es el Mesías. Por creer en él este hombre fue sanado".

¡Esto enojó mucho a los líderes religiosos! No querían que nadie hablara de Jesús. Llamaron a los guardias e hicieron que arrestaran a Pedro y a Juan. "Eso les impedirá decir de que Jesús regresó a la vida", se dijeron los líderes religiosos. Encarcelaron a Pedro y a Juan durante la noche, pero muchas otras personas también creyeron.

Al día siguiente, los líderes religiosos mandaron a llamar a Pedro y a Juan. Les preguntaron a los dos apóstoles cómo habían sanado al inválido. Pedro estaba lleno del Espíritu Santo, por lo que les contestó sabiamente.

Los líderes religiosos dijeron: "Estos hombres nunca han ido a la escuela. Son personas sencillas de Galilea. ¿Cómo pueden hablar tan bien?" "¡Escuchen!", les dijeron. "Si prometen dejar de hablar de ese tal Jesús, los dejaremos libres".

"¿Qué creen ustedes que sea lo correcto? ¿Hacer lo que Dios desea o lo que ustedes desean? ¿Ustedes creen que Dios quiere que los escuchemos a ustedes o que lo que escuchemos a él?", les respondió Pedro. "No podemos dejar de hablar de lo que hemos visto y oído". Pedro y Juan no les temían a los líderes religiosos. Los sacerdotes no podían hacer nada más. El hombre que Pedro había sanado estaba de pie frente a ellos. Entonces dejaron libres a Pedro y a Juan.

Un ángel libera a los apóstoles

Hechos 5.12-20

Los apóstoles se reunían diariamente en las puertas del Templo. Le hablaban de Jesús a la gente. Muchos les creían y se convertían en seguidores de Cristo. A otros les daba miedo verse en problemas. No se acercaban mucho, pero de todos modos escuchaban.

Los líderes religiosos se enojaban cada vez más por todo esto. Estaban muy celosos. No querían volver a oir de Jesús nunca más. Sin embargo, ¡más personas que nunca creían en él! ¿Cómo era posible esto?

Finalmente, les ordenaron a los guardias que mandaran a los apóstoles a la cárcel. En la noche Dios les envió un ángel del Señor. Abrió la puerta de la cárcel y les dijo: "Sigan su camino. Están libres. Regresen y háblenle a la gente del Templo sobre la nueva vida en Jesús".

Los apóstoles son interrogados

Hechos 5.21-42

Los apóstoles regresaron al Templo, tal y como les había dicho el ángel. En la mañana los jefes de los sacerdotes se enteraron de que los apóstoles habían escapado. Ahora estaban todavía más preocupados que nunca.

"Los hombres que ustedes están buscando le están hablando a la gente en el Templo", les dijo alguien. Entonces el capitán de los guardias

llevó a los apóstoles nuevamente ante los sacerdotes. Ahí fueron interrogados.

"¡Les dijimos que no predicaran más sobre Jesús!"

Pedro y los apóstoles contestaron: "Debemos obedecer a Dios y no a los hombres. Jesús vive de nuevo. Mediante él podemos ahora ser perdonados si buscamos a Dios. Sabemos esto porque lo vimos. Además, ustedes son los que lo crucificaron".

Unos de los líderes religiosos se enojaron muchísimo cuando oyeron esto. Querían matar a los apóstoles ahí mismo. Un fariseo más inteligente les dijo: "Sería mejor que dejaran libres a estos hombres. Si están inventando cosas, los que los siguen dejarán de creer. Si esto viene de Dios, durarán y será verdadero sin importar lo que ustedes hagan. Tengan cuidado, o ustedes pueden terminar luchando contra Dios".

Los líderes religiosos no pudieron hacer otra cosa sino ordenar que azotaran a los apóstoles. Finalmente los dejaron irse. Los apóstoles se fueron caminando a casa. Se sentían felices porque otros creyeron que ellos eran dignos de sufrir por Jesús. Al día siguiente continuaron predicando sobre Jesús.

Esteban no tiene miedo

Hechos 6.1—7.60

Más y más personas creían lo que los apóstoles predicaban. Querían saber más sobre Jesús. Habían decidido seguirlo. Lo habían puesto de primero en sus vidas. Sin embargo, mientras esto pasaba, también se presentaban algunos problemas. Uno era asegurarse que algunas de las viudas recibieran la ración de comida que les correspondía.

Los apóstoles escogieron a siete hombres para que solucionaran el problema. Esto les daba más tiempo a los apóstoles para hablarle a la gente sobre Jesús. Los siete hombres estaban llenos de fe y del Espíritu Santo. Uno de ellos se llamaba Esteban. Él estaba muy cerca de Dios. Hacía muy bien su trabajo y Dios hacía milagros a través de él.

Había unos hombres que trataron de discutir con Esteban. Pero no pudieron. No había forma de poder igualar la sabiduría del Espíritu de Dios. Estos malvados encontraron personas que mintieran sobre Esteban.

"Esteban dijo cosas malas sobre Moisés y sobre Dios". No pasó

mucho tiempo antes de que más y más personas se les unieran a los líderes religiosos. Lograron que arrestaran a Esteban.

Fue llevado ante un tribunal. Esteban no estaba preocupado en absoluto. Su rostro estaba iluminado como el de un ángel. A los líderes religiosos no les importó que Esteban nunca hubiera hecho nada malo. Hicieron todo lo posible para ponerlo en problemas. Trajeron personas que mintieron sobre Esteban. Esto es lo mismo que habían hecho durante el juicio de Jesús. Cambiaron las palabras que él había dicho sobre Jesús. Esto, por supuesto, era algo muy malo.

Esteban estaba lleno del Espíritu Santo. El Espíritu de Dios le ayudaba a Esteban para saber qué debía decir y cuándo decirlo. Contestó todas las preguntas con gran sabiduría. Finalmente dijo. "Ustedes han elegido no escuchar lo que Dios quiere. ¿No trataron sus padres de matar a los profetas? Ahora, ustedes mismos mataron al Mesías. ¡Él vino a salvarlos!"

Los líderes religiosos estaban furiosos. Esteban levantó la mirada. Vio a Jesús sentado junto a Dios Padre en el cielo. Dijo: "Miren, veo que el cielo se abre. Ahí está el Hijo del hombre!" Al decir esto señalaba hacia el cielo.

La multitud enloqueció. Se taparon los oídos y corrieron hacia donde estaba Esteban. Lo llevaron fuera de la ciudad. Luego le tiraron piedras. Él cayó de rodillas y gritó: "Señor Jesús, ¡toma mi espíritu! Señor, ¡no te vengues de esta gente por esto que hacen!" Entonces Esteban murió Murió como un héroe por Jesús, como un hombre de valor y sabiduría.

El camino a Damasco

Hechos 8.1-4; 9.1-8; 22.4-11; 26.9-18

Cuando Esteban murió, uno de los líderes religiosos se sintió satisfecho. Se llamaba Saulo. Saulo quería que Esteban muriera, tanto como lo querían los otros líderes religiosos. La muerte de Esteban marcó el principio de una época terrible de mucho sufrimiento para los seguidores de Jesús. También fue una época en la que el pueblo de Dios demostró gran valor. Una y otra vez, las personas decidían morir por lo que creían. No le daban la espalda a Jesús. Muchos creyentes se veían obligados a dejar sus casas y a huir para salvarse.

Los enemigos de Jesús creían que podrían deshacerse de los que lo seguían. Pero, por el contrario, solo lograron hacerlos más fuertes. El número de creyentes creció conforme se dispersaban. Huían de hombres malos como Saulo. Al huir, le contaban a la gente que valía la pena vivir y morir por Jesús.

Saulo pensó en formas de matar a los seguidores de Jesús. Odiaba a todo aquel que tuviera algo que ver con Jesús. Su odio era muy peligroso y feo.

Saulo fue a ver al sacerdote principal. Le preguntó si podía buscar a los seguidores de Jesús dentro y fuera del país. Los arrestaría a todos. Quería llevar a todos los seguidores de Jesús de regreso a Jerusalén. Sin importar si eran hombres o mujeres, los mandaría a matar a todos.

Rápidamente se extendió la voz de que Saulo iba de camino. Todos los creyentes del área oraban unos por otros. Sabían que Saulo era más terrible que cualquier otro. Era cruel.

Saulo fue a Damasco primero. Llevaba cartas importantes que le daban derecho a arrestar a todos los seguidores de Jesús. Con él viajaban guardias armados. Sin embargo, cuando Saulo iba en esa dirección, sucedió algo realmente sorprendente. De repente, un haz de luz del cielo lo rodeó. ¡Derribó a Saulo del caballo!

Saulo cayó al suelo. Oyó una voz que le decía: "Saulo, Saulo, ¿por qué me haces tanto daño?"

"¿Quién eres tú, Señor?"

"Soy Jesús de Nazaret. Al arrestar a mis seguidores, me arrestas a mí. Al encarcelarlos a ellos, me mandas a prisión. Me matas una y otra vez. Ahora, ¡levántate y ve a la ciudad!"

Los hombres que iban con Saulo también oyeron la voz. No vieron a nadie. Saulo hizo lo que le dijo la voz. Cuando abrió los ojos, ¡estaba ciego! Hizo que sus hombres lo llevaran al lugar donde Jesús le había dicho que fuera. Ahí esperó en la oscuridad.

Una sábana llena de animales

Hechos 10.1-16

La buena noticia sobre Jesús se extendía. Muchos decidieron no escuchar. Muchos arriesgaron su vida y creyeron. Había llegado la hora, sin embargo, en que otras personas que no fueran judías recibieran la buena noticia.

A lo largo de la historia judía, Dios había hablado muchas veces a través de los profetas. Había dicho que del pueblo judío vendría una luz. Esa luz era Jesús. La luz salvaría el mundo. Hasta Jesús había dicho que sus enseñanzas eran primero para los judíos. Después serían para la gente de todo el mundo. Esta era una de las razones por la que los líderes religiosos lo habían odiado tanto. A ellos les gustaba ser el único pueblo elegido de Dios. Ahora había llegado el momento para que todo eso cambiara. Dios dejó esto en claro mediante dos hombres: Pedro y otro hombre llamado Cornelio.

Cornelio no era judío. Era un centurión romano, un oficial del ejército. Tenía a su cargo a más de cien soldados romanos. Aún así, él y toda su familia creían en el Dios único. Cornelio era hombre de oración. A menudo donaba su dinero a los pobres.

Una tarde, Cornelio estaba orando. Entonces tuvo una visión. Vio un ángel que lo llamaba: "¡Cornelio!"

"¿Sí señor?", dijo mientras miraba fijamente al ángel. Sintió miedo.

"Dios escuchó tus oraciones. Le complacen los regalos que das a los pobres. Dios está dispuesto a concederte lo que le pides. Ahora

envía a algunos de tus hombres a Jope.
Diles que busquen a un hombre
llamado Pedro. Él vive junto al mar en
la casa de Simón, el curtidor de
pieles". Cornelio hizo lo que el ángel
le indicó. Envió a tres de sus hombres
a ver a Pedro.

Cuando estos hombres iban para
Jope, algo extraño le sucedió a Pedro.
Estaba sentado en el techo de la casa
junto al mar. Había ido allí a orar
mientras esperaba la cena. Entonces,
¡Pedro también tuvo una visión!

Pedro vio que el cielo se abría. Una
gran sábana descendió y en ella había
toda clase de animales y pájaros. Una
voz le dijo: "Levántate, Pedro. ¡Te
puedes comer todos estos animales!"

Pedro dijo: "No, Señor, no nos está
permitido comer estas cosas. Nunca he
comido las cosas impuras que nos
prohíben nuestras leyes".

Entonces, por segunda y por tercera
vez, la voz le dijo: "No llames impuro
aquello que Dios ha creado puro".
Entonces la sábana de nuevo subió al
cielo.

383

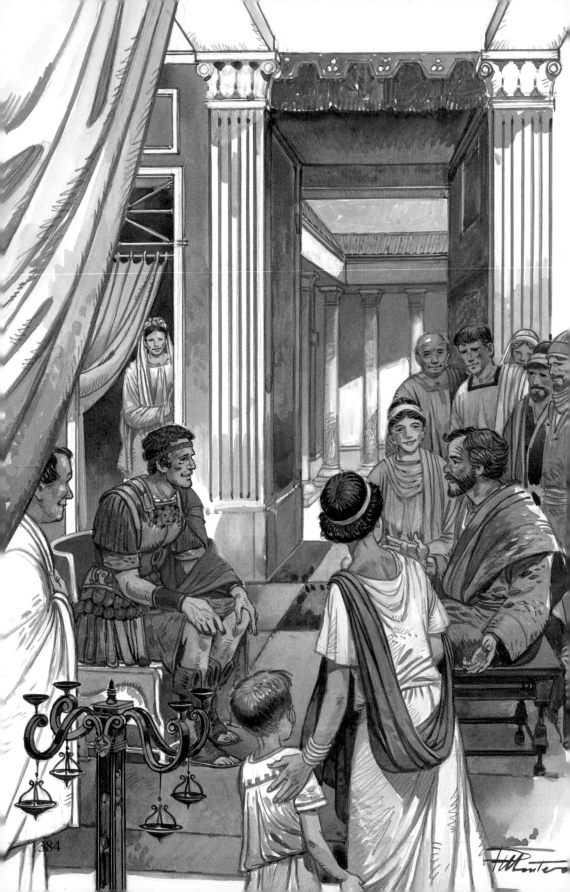

Pedro visita a un oficial del ejército

Hechos 10.17-48

Cuando Pedro despertó de esta extraña visión, se sintió muy confundido. "¿Qué significa?", se preguntaba. Entonces el Espíritu Santo le dijo a Pedro: "Levántate y ve a la planta baja. Te buscan tres hombres. No te preocupes, yo los envié".

Pedro bajó. Les oyó decir que un ángel le había dicho a Cornelio que mandara a buscar a Pedro. Entonces, al día siguiente salió de viaje. Pedro viajó con algunos otros creyentes de Jope. Pedro llegó a la casa. Cornelio se postró a sus pies y se inclinó ante él. Todos sus familiares y amigos estaban ahí. Oyeron cuando Pedro decía: "Por favor, levántate. Tan solo soy un hombre como tú".

Pedro miró a su alrededor. La habitación estaba llena de hombres, mujeres y niños. La mayoría no eran judíos. Les dijo: "Ustedes mismos saben que las leyes judías prohíben que yo los visite. Sin embargo, Dios me ha demostrado que él los ama a todos, sin importar si son judíos o no. Por eso estoy aquí. ¿Por qué me mandaron a traer?"

Cornelio dijo: "Estoy muy complacido de que haya venido a mi casa. Tuve una visión que me dijo que debería mandar por usted. Dios tiene algo que decirnos por su medio. ¿Dios le dio algún mensaje?" Le contó a Pedro lo que le había dicho el ángel durante la visión. Pedro asintió.

"Sí, me dio un mensaje. Escuchen. Dios trata a todos por igual. No hace ninguna diferencia. Él recibe a todo el que crea en él. Ahora comprendo eso".

De repente, mientras Pedro explicaba esto, el Espíritu Santo inundó la habitación. Descendió sobre todos los que estaban escuchando. ¡Todos comenzaron a hablar en lenguas y a alabar a Dios!

Los creyentes judíos que Pedro había llevado consigo estaban muy sorprendidos. Nunca habían visto que el Espíritu Santo descendiera sobre los que no eran judíos.

La buena noticia para todos

Hechos 11.1-26

La noticia de lo que había pasado pronto les llegó a los otros apóstoles. Los que no eran judíos, llamados gentiles, ¡habían recibido la palabra de Dios! Algunos de los apóstoles no se sintieron muy complacidos con eso. Creían que Pedro había quebrantado las leyes judías al mezclarse con los que no eran judíos. Había llegado el momento de que todo el mundo se convirtiera en la familia de Dios. Tan pronto como Pedro regresó a Jerusalén, lo interrogaron.

"Desobedeciste la ley", dijeron los apóstoles. "Te alojaste en casa de gentiles. ¡Hasta comiste con ellos!"

Pedro les explicó exactamente lo que había sucedido. Les contó la visión que había tenido y les habló del ángel que había visitado a Cornelio.

Cuando los otros apóstoles oyeron esto, dejaron de refunfuñar y alabaron a Dios. "Esto quiere decir que Dios les da a todos la oportunidad de dirigirse a él y de comenzar una nueva vida en Jesús".

Fue en esta época que por primera vez se les llamó "cristianos" a los creyentes. La palabra "cristiano" quiere decir "que le pertenece a Cristo".

386

Pedro escapa de la cárcel

Hechos 12.1-17

Más y más personas escuchaban a los seguidores de Jesús y creían en ellos. Algunas veces esto era muy peligroso. El malvado rey Herodes quería matar a todos los cristianos.

Muchos cristianos se vieron obligados a huir. Algunos tuvieron que vivir en cuevas con el fin de reunirse en secreto. No todos pudieron escapar. Herodes logró arrestar a Pedro. Herodes lo mandó a la cárcel y ordenó que lo vigilaran cuatro compañías de soldados. "Después de la Pascua lo enviaremos a juicio", dijo el rey Herodes. Pero Dios tenía otros planes.

Pedro no estaba solo. Muchas personas oraban por él. Pedro no temía morir. Todavía recordaba las palabras que Jesús le había dicho con mucha frecuencia: "No tengas miedo". Pensó en eso durante la anoche anterior al día del juicio. Pedro estaba encadenado a dos soldados. También había guardias apostados en la puerta de entrada.

De repente, un ángel del Señor iluminó la celda. Sacudió a Pedro y le dijo. "Levántate rápido". Pedro se puso de pie. ¡Ya no estaba encadenado! "Ponte las sandalias y el abrigo. Luego sígueme", le dijo el ángel.

Pedro hizo lo que se le dijo. No podía creer lo que estaba sucediendo. "Debo estar soñando", pensó. Pasaron junto a todos los guardas. ¡Ninguno vio a Pedro! Cuando llegaron a las puertas que daban a la ciudad, ¡éstas se abrieron solas! Pedro puso los pies en la calle. El ángel desapareció.

Pedro se abrió camino hasta la casa donde esa noche estaban reunidos los cristianos. Cuando Pedro tocó la puerta, una sirviente respondió. Ella oyó la voz de Pedro. Se alegró mucho de que fuera Pedro. Corrió a decirles a los demás, pero se olvidó de abrir la puerta. "¡Es Pedro el que está afuera!"

Los otros levantaron la vista y dijeron: "¿Qué? Bueno, quizás era su ángel".

En ese momento, Pedro estaba tocando la puerta una y otra vez. Finalmente la abrieron y todos comenzaron a hablar al mismo tiempo.

Pedro los calmó. Después les contó la forma en que el Señor lo había liberado de la cárcel.

Pablo el predicador

Hechos 9.10-25; 14.1-22

Saulo estaba ciego cuando llegó a
Damasco. Cuando se fue, ya podía
ver bien con los ojos y con el
corazón. Saulo se convirtió en uno de
los más fieles seguidores de Jesús.
Además, cambió de nombre. Ahora
se llamaba Pablo.

Pablo iba de pueblo en pueblo. Le
contaba su historia a la gente. Antes
era un líder religioso que quería
matar a todos los cristianos. Entonces
Dios se encontró con él y lo cambió.
Jesús lo había perdonado. Lo que
Pablo más deseaba era contarle a la
gente la forma en que Jesús podía
cambiar vidas.

Algunas veces Pablo viajaba con
amigos. Uno de ellos era un hombre
llamado Bernabé. Juntos iban de ciudad
en ciudad. Predicaban las mismas
cosas que Jesús había enseñado.
Algunas veces hacían amigos y otras
veces se ganaban enemigos.

En un lugar conocieron a un
hombre que nunca había podido
caminar. Este hombre escuchó a
Pablo con todo el corazón. Pablo le
dijo: "¡Levántate!" ¡El hombre se
levantó y pudo caminar! Estaba tan
feliz que se puso a bailar.

Luego, unos judíos de Antioquía
les dijeron a muchas personas que
Pablo era malvado. Entonces le
dieron de palos. Le tiraron piedras
hasta que lo creyeron muerto. Luego
lo sacaron arrastrado de la ciudad.
Cuando los discípulos todavía lo
rodeaban, Pablo se levantó y volvió a
la ciudad para predicar, ¡como si
nada hubiera pasado!

Cantos en la cárcel

Hechos 16.16-34

Un día, Pablo y sus amigos sanaron a una joven. Ella era una esclava que podía decirles la suerte a los demás. Mientras estuvo enferma, sus amos habían ganado mucho dinero con la habilidad de ella. Cuando Pablo la sanó ya los amos no pudieron ganar más dinero con ella. Se enojaron mucho. Entonces detuvieron a Pablo y a Silas, y los llevaron a rastras a la policía.

Mintieron y los acusaron de ser traidores. Una muchedumbre

enfurecida apaleó a Pablo y a Silas. Enviaron a los dos hombres a la cárcel. Pablo y Silas tenían los pies atados en medio de pesados tablones de madera. Estaban encadenados y muchos guardias los vigilaban.

Estaban encadenados y debían permanecer en una sola posición. No podían moverse ni un poquito. Les dolía mucho la espalda por la paliza que les habían dado los guardias. Los dos apóstoles parecían no tener ninguna esperanza.

Pablo y Silas no se dieron por vencidos. No se quejaron. Por el contrario, ¡se pusieron a cantar! Cerca de la medianoche, cantaban y oraban, alabando a Dios. Los otros prisioneros los escuchaban. De repente, ¡un gran temblor estremeció la cárcel! Las puertas de las celdas se abrieron. Se soltaron todas las cadenas.

El carcelero se despertó y vio que todas las puertas estaban abiertas. Sacó la espada y se iba a matar. Pensaba que todos los prisioneros

habían escapado. Sabía que su castigo sería terrible. Pablo le gritó: "¡No te hagas daño! ¡Todavía estamos todos aquí!"

El carcelero pidió que trajeran luces. Entró temblando de miedo. Cayó de rodillas frente a Pablo y a Silas. Después los guió para que salieran de la cárcel. Luego les dijo: "Díganme, por favor, ¿qué debo hacer para convertirme en seguidor de su Dios?"

Pablo y Silas le dijeron: "Cree en el Señor Jesús y serás salvo". El carcelero asintió.

Después llevó a Pablo y a Silas a su propia casa. Ahí, les curó las heridas. El resto de la familia escuchaba a Pedro que hablaba de Jesús. Querían hacerse cristianos también. El carcelero y su familia fueron bautizados ahí mismo. Después les sirvieron comida a los apóstoles. Todos estaban llenos de gozo porque sabían lo que significa creer en Dios.

Pablo es alertado

Hechos 20.17-38

Pablo iba de regreso a Jerusalén.
Trataba de predicar en tantos sitios
como le fuera posible. Habían pasado
muchos años desde la primera vez
que Pablo fue cegado en el camino a
Damasco. Ahora visitaba a los viejos
amigos y hacía nuevos amigos.
Escribió muchas cartas a los amigos
que no podía ir a visitar
personalmente.

Pablo quería llegar a Jerusalén tan
rápido como pudiera. Sabía que no
vería a sus amigos de nuevo. Lo
habían alertado de que Jerusalén era
una ciudad peligrosa. Él dijo:
"Ustedes saben que debo continuar
hacia Jerusalén. Debo terminar el
trabajo que Dios me puso a hacer.
Tengan cuidado mientras estoy lejos.
Cuídense de aquellos que quieren ver
arruinado todo nuestro trabajo.
Protejan a la iglesia de aquí y
continúen la obra que Dios nos ha
asignado".

Una y otra vez, los amigos de
Pablo le advertían sobre todos los
que querían matarlo. Jerusalén había
sido la ciudad más peligrosa para
Jesús. Sería igual para Pablo. Todos
sabían que Pablo posiblemente sería
enviado a la cárcel ahí. Hasta Pablo
lo sabía. No importaba. Aún así tenía
que ir donde Dios lo requería.

Pablo escribía todo esto en las
cartas que les enviaba a los amigos.
Ellos se alegraban mucho al recibir
noticias de él. Sin embargo, todos se
preocupaban. ¿Qué le pasaría a Pablo
en Jerusalén?

Pablo le habla a mucha gente

Hechos 21.27—23.11

Jerusalén resultó ser un lugar peligroso para Pablo. Los líderes religiosos organizaron a la gente para que se amotinara. Trataron de matar a Pablo. Sin embargo, los soldados romanos llegaron justo a tiempo. Arrestaron a Pablo para que la muchedumbre no lo matara.

No sabían quién era él ni qué era lo que había hecho mal. Pablo les preguntó si podía hablar con la gente. Los soldados estuvieron de acuerdo.

Pablo le pidió a la gente que lo escucharan. Entonces les dijo quién era en realidad. Les contó cómo Jesús lo había cambiado de enemigo de los cristianos a uno de sus líderes. Les contó cómo se había encontrado con Jesús camino a Damasco. Y que luego Dios lo había enviado a predicar, tanto para los judíos como para los que no lo eran.

Cuando la muchedumbre oyó esto, dejaron de escuchar y empezaron a gritar. "¡Llévenselo! ¡Maten a este hombre!" El comandante llevó a Pablo al interior del fuerte. Estaba a punto de azotarlo para que se diera cuenta de lo que había hecho mal.

"¡Espere un minuto!", le advirtió Pablo. "¿Tienes permiso de azotar a un ciudadano romano sin que tenga un juicio justo?" Los soldados podían verse en serios líos si le hacían daño a Pablo sin tener una verdadera razón. Entonces el comandante les habló a los líderes religiosos que estaban en la muchedumbre. Al día siguiente, el capitán llevaría a Pablo ante ellos para que lo juzgaran.

Durante el juicio, Pablo trató de explicar todo de nuevo. Sin embargo, nadie lo escuchó. Todos comenzaron a gritarse entre sí. Las tropas impidieron que Pablo fuera hecho pedazos. Esa noche, Pablo estaba de nuevo en la cárcel. El Señor estaba junto a él. "Sé valiente, Pablo. Estás haciendo lo correcto. Así como les hablaste de mí a la gente aquí en Jerusalén, así habrás de hacerlo en Roma".

394

¡Pablo debe morir!

Hechos 25.1—26.32

Como ciudadano romano que era, se suponía que Pablo debía tener un juicio justo. En vez de eso, tuvo que pasar dos años en la cárcel.

El gobernador romano se llamaba Festo. Él dijo: "Creo que deberías venir a Cesarea". Así, por cuarta vez, Pablo fue enviado a juicio. Esta vez, sus enemigos estaban ahí con él. Lo acusaban de un crimen tras otro. Pero ninguno tenía ninguna prueba. Festo no quería tener problemas con los líderes religiosos.

Pablo le dijo a Festo: "Usted es el gobernador. Si usted no me puede juzgar, entonces no me entregue a mis enemigos. Solo dicen mentiras sobre mí. Apelo al César".

Pablo estaba haciendo uso de su derecho como ciudadano romano a scr juzgado por el propio Emperador Nerón. Eso significaba que, pasara lo que pasara, no sería entregado a los líderes religiosos. Pero tampoco quedaría en libertad hasta que Nerón lo recibiera.

Festo no sabía qué hacer con Pablo. No tenía más alternativa que asegurarse de que fuera a Roma. Ahí sería juzgado por el emperador. Pero antes de dejar irse a Pablo, Festo le preguntó al rey Agripa qué pensaba del caso.

De nuevo, Pablo contó lo que había sucedido. Esta vez estaba frente al hijo del rey Herodes y frente a muchas personas muy importantes. Cuando terminó, Agripa le dijo: "¿Crees que puedes convertirme en cristiano tan fácilmente?" Entonces

se volvió hacia Félix y le dijo: "Este hombre no ha hecho nada malo. En cierto modo es una lástima que haya pedido ver al César. Ahora no puedo dejarlo en libertad. Debe ir a Roma".

¡Náufragos!

Hechos 27.1-26

Por fin iba Pablo camino a Roma. No en la forma en que había creído que iría. No viajaba como un hombre libre, para ir a visitar a los amigos. Pablo iba prisionero, celosamente cuidado por guardias romanos. Iba a ver al Emperador Nerón.

Uno de los soldados que debían velar por Pablo era un oficial llamado Julio. Él se dio cuenta que Pablo no era peligroso. Lo trataba amablemente. Cuando Pablo fue puesto a bordo del barco que lo llevaría a Roma, Julio dijo que Lucas y algunos de los otros amigos de Pablo podían viajar con él. Cada vez que llegaban a un puerto, cambiaban de barco. Una y otra vez les hizo mal tiempo. Finalmente las tormentas hicieron que fuera prácticamente imposible navegar. El pequeño barco en que viajaba Pablo había anclado en un puerto de la isla de Creta. Pablo les dijo: "Si no pasamos aquí el invierno, no solo perderemos la carga sino también nuestras vidas". El dueño del barco tenía prisa por entregar en Roma el grano que transportaba. No le prestó atención a Pablo y emprendieron de nuevo el viaje.

Al poco tiempo, el barco se vio preso de una fuerte tormenta. La tripulación no podía hacer nada. El viento arremetió contra el barco durante más de un día. Las olas inundaban el puente del barco. La tripulación tuvo que tirar la carga por la borda.

El cielo permaneció oscuro muchos días. El capitán no podía ver la luna ni las estrellas. ¡Estaban perdidos en alta mar! Toda la tripulación sentía náuseas. Nadie había comido desde hacía mucho tiempo. Pablo les dijo: "Tengan valor. Ninguno de ustedes morirá. Anoche, un ángel de Dios me dijo que me presentaría ante el emperador. Ninguno de ustedes morirá. Más bien desembarcaremos en una isla".

A salvo en Malta

Hechos 27.27—28.10

De repente se escuchó el sonido terrible de algo que rechinaba. ¡El barco se había estrellado contra las rocas! Ya comenzaba a partirse en dos. "¡Abandonen el barco!", se oyó.

Las olas estallaban por todas partes. Todos los hombres llegaron a salvo a la playa. Eso era todo lo que importaba. Una vez en la playa se enteraron que estaban en la isla de Malta. Estaban cerca de Italia, después de todo. Las personas que vivían ahí eran muy amables. Pablo estaba a salvo y, después de todo, iría a Roma.

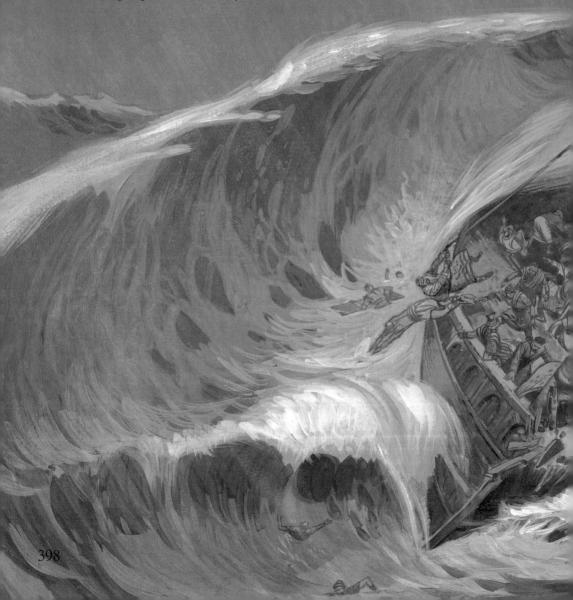

398

399

Por fin, Roma

Hechos 28.11-31

Pablo finalmente llegó a Roma. Los creyentes de todos los alrededores llegaron a conocerlo a él, a Lucas y a los otros. Al verlos, Pablo le dio gracias a Dios. De nuevo sintió valor.

Esta vez los romanos no mandaron a Pablo a la cárcel. Le permitieron ir donde quisiera, siempre y cuando un

soldado lo acompañara. Pablo fue a ver a los líderes religiosos de Roma. Les contó lo que había sucedido. Ellos le dijeron: "Los judíos en Jerusalén no nos han enviado noticias sobre usted. Cuéntenos más".

Una vez más, Pablo les contó que se había encontrado con Jesús camino a Damasco. Les contó que había viajado a todas partes, hablándoles de Jesús a las personas. Les contó la forma en que se encontró con Jesús y la forma en que Jesús cambia las vidas. Les contó que Dios les había enviado a su Hijo a los judíos y a los que no lo eran. "No he hecho nada malo", terminó diciendo.

Los judíos no sabían qué pensar. Algunos le creyeron a Pablo. Otros no estaban tan seguros. Durante los dos años siguientes discutieron sobre Pablo. Mientras tanto, Pablo esperaba a que el emperador lo recibiera. Los romanos lo dejaban ir donde quisiera, siempre que el guardia estuviera cerca. Pablo dedicó el tiempo a predicar y a enseñar. Él recibía a todas las personas. Nadie trataba de detenerlo.

Esos dos años fueron la última oportunidad que tuvo Pablo para predicar libremente. Algunos creen que dedicó parte de ese tiempo a viajar a España y luego a Grecia. Luego fue arrestado de nuevo y enviado a la cárcel. Ahí les escribió cartas a muchos de los amigos que había hecho mientras predicaba. Al final, Pablo fue condenado a muerte en Roma por el Emperador Nerón.

Mensajes especiales

Apocalipsis 1.1—3.22

Cuando el apóstol Juan era un hombre muy, muy viejo, tuvo una visión. Fue como un sueño prodigioso. Jesús le pidió a Juan que escribiera el sueño.

Juan vio a Jesús de pie frente a siete candelabros de oro. Juan escribió que los ojos de Jesús parecían llamas de fuego. Su voz era como el ruido de una cascada. El rostro de Jesús era como el sol cuando brilla en todo su esplendor.

Jesús le dijo a Juan que alertara a los cristianos. Algunos se habían olvidado de lo más importante. "No me aman como lo hacían al principio". Las iglesias más pobres eran ricas en amor. Aquellos que sufrieran por Cristo serían recompensados en el cielo.

Jesús también les envió un aviso a algunas iglesias. Se habían vuelto ciegas ante sus propios problemas. "Los que crean que pueden cuidarse solos, son unos tontos. Si creen que es mejor depender de ustedes mismos que de Dios, están equivocados".

Jesús le dijo a Juan que les recordara eso una y otra vez a los cristianos. Ellos debían amar, dar, buscar a Dios y tener fe.

404

El nuevo mundo de Dios

Apocalipsis 17.1—22.21

El nuevo mundo de Dios comenzará cuando Jesús regrese a la tierra. Los que hayan decidido seguir a Jesús vendrán de todas partes y de todas las épocas. Las personas jóvenes y las viejas, y en especial los niños y niñas, irán con Jesús. Todo el que conozca a Jesús y le haya pedido que tome su mente, su corazón y su vida, estará ahí.